U0611388

2018年
广西**蓝皮书**

广西工业
发展报告

GUANGXI INDUSTRIAL DEVELOPMENT REPORT

广西社会科学院 编

广西人民出版社

图书在版编目（CIP）数据

广西工业发展报告 / 广西社会科学院编 . — 南宁：广西人民出版社，2019.12

（2018 年广西蓝皮书）

ISBN 978-7-219-11002-7

Ⅰ . ①广… Ⅱ . ①广… Ⅲ . ①地方工业经济—工业发展—研究报告—广西—2018 Ⅳ . ① F427.67

中国版本图书馆 CIP 数据核字（2020）第 058014 号

GUANGXI GONGYE FAZHAN BAOGAO

广西工业发展报告

广西社会科学院　编

策　　划　温六零
责任编辑　周娜娜
责任校对　廖　献
装帧设计　子　浩
责任排版　施兴彦

出版发行　广西人民出版社
社　　址　广西南宁市桂春路 6 号
邮　　编　530021
印　　刷　广西桂川民族印刷有限公司
开　　本　787mm×1092mm　1 / 16
印　　张　16.75
字　　数　317 千字
版　　次　2019 年 12 月　第 1 版
印　　次　2019 年 12 月　第 1 次印刷
书　　号　ISBN 978-7-219-11002-7
定　　价　42.00 元

版权所有　翻印必究

2018 年广西蓝皮书编委会名单

主　任　陈立生

副主任　谢林城　刘建军　黄天贵

委　员　（按姓氏笔画为序）

王建平　韦朝晖　邓　坚　冯海英

刘东燕　吴　坚　陈红升　陈洁莲

林智荣　周可达　冼少华　姚　华

黄红星　蒋　斌　覃　娟　覃卫军

覃子沣　曾家华　解桂海　廖　欣

本书编委会名单

主　编　陈禹静　陈洁莲

副主编　杨　鹏　韦艳南

编　辑　柯丽菲　唐　平　黄家章　覃黎宁

　　推动高质量发展是习近平新时代中国特色社会主义思想的重要内容，是新时代经济发展的根本要求。广西作为后发展欠发达地区，正处于转型升级、爬坡过坎的历史关口，面临着解决"有没有"和实现"好不好"的双重任务，推动经济高质量发展的任务更艰巨、时间更紧迫、意义更重大。本报告深入贯彻落实习近平新时代中国特色社会主义思想和习近平总书记对广西工作的重要指示批示及题词精神，主报告、专题研究到热点研究三大板块均牢牢把握住"高质量发展是新时代广西工业发展的根本要求"的鲜明主题，在深入分析研判广西工业经济发展面临的新形势、新挑战基础上，提出下一步广西工业经济高质量转型升级的对策建议，为加快建设美丽富强新广西提供理论支撑。

目录

2018年广西蓝皮书·广西工业发展报告

GUANGXI INDUSTRIAL DEVELOPMENT REPORT

BLUE
BOOK

广西工业发展报告

广西社会科学院 编

主报告

GUANGXI INDUSTRIAL DEVELOPMENT REPORT

广西工业高质量发展的基础条件研究

1. 从总量规模来看，与东部发达地区和重庆、四川、江西等中西部地区差距进一步扩大，云南、贵州等西部地区与广西差距进一步缩小。

当前广西正处于工业化中期阶段，一般在此阶段工业将保持快速增长，但进入新常态后，广西工业增速明显下降。截至 2017 年底，全区全部工业总产值由 2013 年的 19434.55 亿元增加到 27892.91 亿元，较 2013 年增长 43.52％，年均增长 11.2％。工业增加值增速由 12.9％下降到 7.1％，累计下降 5.8 个百分点（见图 1）。

图 1   2013—2017 年广西工业增加值增速分析

　　2017年，广西工业增加值增速比全国工业增加值增速仅高0.5个百分点，远远低于2013年的3.2个百分点。广西全国排名由2013年的第7位下降到17位，西部地区排名由第3位下降到第8位。工业发展步伐落后于云南、重庆、贵州、江西、四川、湖南等中西部地区，工业增加值增速分别低3.5个百分点、2.5个百分点、2.4个百分点、2个百分点、1.4个百分点、0.2个百分点，与浙江、福建、江苏、广东等东部发达省份差距进一步拉大，工业增加值增速分别低1.2个百分点、0.9个百分点、0.4个百分点、0.1个百分点（见表1）。

表1　2013年和2017年全国工业增加值增速排名（单位：%）

地区	2013年	累计增速排位	地区	2017年	累计增速排位
全国	9.7	—	全国	6.6	—
安徽	13.7	1	西藏*	14.2	1
贵州*	13.6	2	云南*	10.6	2
重庆*	13.6	3	重庆*	9.6	3
福建	13.2	4	贵州*	9.5	4
陕西*	13.1	5	江西	9.1	5
天津	13.0	6	安徽	9.0	6
广西*	12.9	7	宁夏*	8.6	7
新疆*	12.9	8	四川*	8.5	8
青海*	12.6	9	浙江	8.3	9
宁夏*	12.5	10	陕西*	8.2	10
江西	12.4	11	福建	8.0	11
云南*	12.3	11	河南	8.0	11
西藏*	12.2	13	江苏	7.5	13
内蒙古*	12.0	14	湖北	7.4	14
河南	11.8	15	湖南	7.3	15
湖北	11.8	16	广东	7.2	16
湖南	11.6	17	广西*	7.1	17
甘肃*	11.5	18	青海*	7.0	18
江苏	11.5	18	山西	7.0	18
山东	11.3	20	山东	6.9	20
四川*	11.1	21	上海	6.8	21
山西	10.5	22	新疆*	6.4	22
河北	10.0	23	北京	5.6	23
吉林	9.6	24	吉林	5.5	24
辽宁	9.6	25	辽宁	4.4	25
广东	8.7	26	河北	3.4	26
浙江	8.5	27	内蒙古*	3.1	27
北京	8.0	28	黑龙江	2.7	28
黑龙江	6.9	29	天津	2.3	29
上海	6.6	30	海南	0.5	30
海南	6.3	31	甘肃*	—1.7	31

　　数据来源：《中国统计年鉴—2014》《中国统计年鉴—2018》；*号为我国西部省区。

工业拉动经济社会发展的作用逐步下降。2013年以来，工业拉动生产总值增长、对生产总值增长的贡献率逐步下降，工业在经济社会发展中的作用进一步弱化。到2017年，工业拉动生产总值增长仅2.57个百分点，远远低于2013年的4.85个百分点。工业对生产总值增长的贡献率下降到35.6%，较2014年的51%下降15.4%（见图2）。

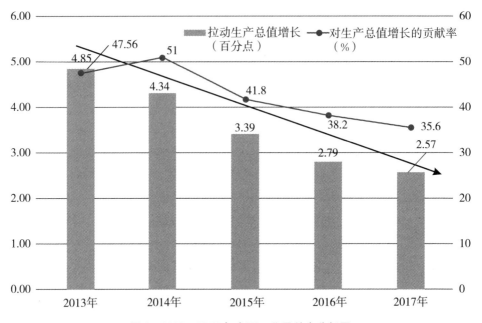

图2　2013—2017年广西工业贡献率分析图

由于增加值数据无法获取，采用总产值数据近似估算比较广西、广东、重庆、贵州的情况。从采矿业看，煤炭开采和洗选、石油和天然气开采、黑色金属矿采选、有色金属矿采选、非金属矿采选等行业中，广西3个行业贡献率提高、2个行业下降，广东1个行业贡献率提高、3个行业下降，重庆2个行业贡献率提高、3个行业下降，贵州2个行业贡献率提高、2个行业下降。从制造业看，农副食品加工、食品制造、医药制造业、有色金属冶炼及压延加工业、汽车制造等行业中，广西14个行业贡献率提高、10个行业下降，广东14个行业贡献率提高、11个行业下降，重庆12个行业贡献率提高、13个行业下降，贵州21个行业贡献率提高、5个行业下降。从电力、热力、燃气及水的生产和供应业看，广西1个行业贡献率提高、2个行业下降，广东2个行业贡献率提高、1个行业下降，重庆1个行业贡献率提高、2个行业下降，贵州1个行业贡献率提高、2个行业下降。

2. 从工业园区来看，产业集聚度偏低，园区贡献突出，质量效益稳步提升，产业结构逐步优化，工业园区成为战略性新兴产业发展的主阵地。

2017年，新投产工业企业129家，入驻工业企业达到9308家，较2016年增长4.4%；规模以上工业企业达到3310家，较2016年增长5.2%，占广西规模以上工业企业的58.8%。园区规模以上工业总产值较2016年增长14.3%，增幅较全区规模以上工业总产值增速高0.4个百分点；增加值增长7.7%，较全区高0.6个百分点，对全区工业增长的贡献率达到70.8%（见图3）；园区增加值占全区工业增加值的比重为65.6%，较2016年提高1.2个百分点。园区规模以上工业企业实现主营业务收入达到15899.1亿元，较2016年增长13.8%，较全区高1.4个百分点；利润总额906.9亿元，增长28.7%，较全区高3.5个百分点；主营业务收入利润率为5.7%，较2016年提高0.6个百分点。

园区与全区规模以上工业增加值增速对比（%）

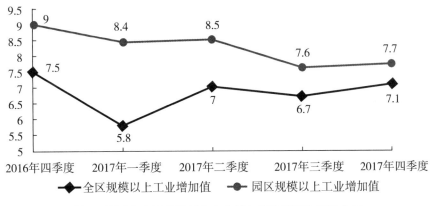

图3 园区与全区规模以上工业增加值增速对比情况分析

产业结构优化，转型升级持续推进。2017年，园区装备制造业增加值较2016年增长9.2%，增幅较园区高1.5个百分点；装备制造业增加值占园区增加值的比重为26.9%，对园区增长的贡献率为33.7%。高技术产业增加值增长15.7%，较园区高8.0个百分点；高技术产业增加值占园区增加值的比重为10.8%，对园区增长的贡献率为21.9%。战略性新兴产业新产品产值大幅增长，2016年园区战略性新兴产业企业445家，实现新产品产值1944.4亿元，较2015年增长31.8%，新产品产值占广西全部新产品产值的91.8%。

国家级开发区领跑，千亿园区实现零突破。2017年，国家级、自治区级园区总产值达到12643.61亿元，较2016年增长10.3%，增加值较2016年达到3189.70亿元，较2016年增长7.22%，实际投资达到10093.38亿元，较2016年下降6.96亿元。13个国家级开发区拥有规模以上工业企业692家，占园区规模以上工业企业的 20.9%；总产值较 2016 年增长 15.8%，较园区高 1.5 个百分点，总产值占全区园区的比重为 23.5%，较 2016 年提高 1.8 个百分点。防城港大西南临港工业园、南宁高新技术产业开发区工业总产值首次超过千亿元，500 亿元～1000 亿元园区 6 个，100 亿元～500 亿元园区 49 个，超百亿元园区数量较 2016 年增加 7 个。

3. 从产业结构来看，以重工业为主导，轻工业为辅。

重工业更重，轻工业更轻。2013 年以来，广西重工业总产值、销售产值占全区工业总产值、销售产值比重进一步扩大，轻工业占比不断下降，轻重工业结构不平衡。到 2017 年，轻工业增加值增长 3.8%，重工业增加值增长 9.1%，轻重工业总产值比重由 2013 年的 28.74：71.26 调整为 27.16：72.84，重工业比重提高 1.58 个百分点；轻重工业销售产值比重由 2013 年的 28.16：71.84 调整为 26.51：73.49，重工业比重提高 1.65 个百分点（见表 2）。

表 2　2013 年和 2017 年广西轻重工业总产值、销售产值占比

序号	指标名称	2013 年	占比（%）	2017 年	占比（%）	增长（百分点）
1	工业总产值（亿元）	18197.67	100	27138.43	100	—
2	♯轻工业	5230.50	28.74	7372.08	27.16	−1.58
3	重工业	12967.17	71.26	19766.34	72.84	1.58
4	工业销售产值（亿元）	17281.94	100	25999.4	100	—
5	♯轻工业	4865.88	28.16	6892.099	26.51	−1.65
6	重工业	12416.05	71.84	19107.3	73.49	1.65

有色金属、冶金工业、建材工业等传统产业占比进一步扩大，医药工业、机械工业等先进制造业占比压缩。到 2017 年，七大重点产业总产值占比由 2013 年的 71.4% 下降到 62.77%，减少 8.62 个百分点，其中有色金属占比由 7.3% 提高到 8.1%，增长 0.81 个百分点；汽车工业占比由 10.48% 下降到 10.47%，减少 0.01 个百分点；食品工业占比由 16.15% 下降到 15.29%，减少 0.86 个百分点；石油化工占比由 11.36% 下降到 9.98%，减少 1.38 个百分点；机械工业占比由 13.3% 下降到 10.34%，减少 2.96 个百分点；医药工业占比由 10.57% 下降到 1.81%，减少 8.76 个百分点；电子工业占比由 2.24% 提高到 6.77%，增长 4.53 个百分点。冶金工业占比较 2013 年增长 2.6 个百分点，电力工业占比较 2013 年减少 1.93 个百分点，建材工业占比较 2013 年增长 7.28 个百分点，造纸与木材加工业占比增长 1.15 个百分点，纺织服装与皮革占比较 2013 年减少 0.01 个百分点，煤炭工业占比较 2013 年增长 0.07 个百分点，其他工业占比较 2013 年增长 1.05 个百分点（见表 3）。

表3 2013年和2017年广西各行业产值占比分析

行业名称	2013年	占比（%）	2017年	占比（%）	增长（百分点）
有色金属	1328.06	7.30	2199.40	8.10	0.81
汽车工业	1906.54	10.48	2841.99	10.47	−0.01
食品工业	2939.20	16.15	4150.47	15.29	−0.86
其中：制糖	650.98	3.58	773.45	2.85	−0.73
烟草	192.45	1.06	207.34	0.76	−0.29
石油化工	2066.84	11.36	2708.47	9.98	−1.38
机械工业	2419.64	13.30	2805.49	10.34	−2.96
医药工业	1923.74	10.57	491.28	1.81	−8.76
电子工业	408.48	2.24	1838.54	6.77	4.53
七个重点产业合计	12992.50	71.40	17035.64	62.77	−8.62
冶金工业	1444.23	7.94	2859.50	10.54	2.60
电力工业	1102.98	6.06	1122.15	4.13	−1.93
建材工业	335.23	1.84	2476.83	9.13	7.28
其中：水泥	680.37	3.74	470.41	1.73	−2.01
造纸与木材加工	1180.30	6.49	2072.71	7.64	1.15
纺织服装与皮革	441.56	2.43	656.83	2.42	−0.01
煤炭工业	36.73	0.20	72.81	0.27	0.07
其他工业	373.05	2.05	841.97	3.10	1.05
总计	18197.67	100.00	27138.43	100.00	0.00

4. 从工业出口来看，以机电产品及高新技术产品为主导，受国外市场需求复苏拉动，劳动密集型产品出口大幅增长。

2013年以来，广西工业品出口交货值增速呈现U型发展，机电产品及高新技术产品出口增势显著，促进传统劳动密集型产品出口恢复增长。到2017年，广西工业品出口交货值由2013年的702.01亿元提高到1095.458亿元（见图4），增长56.05%。广西工业品出口交货值增速较最低值增长20.67个百分点。广西机电产品出口793.9亿元，增长31.8%，较2016年提高3.1个百分点；高新技术产品（与机电产品有重合）出口315.3亿元，增长37.4%，较2016年提高1.9个百分点；传统劳动密集型产品出口504.3亿元，增长26.9%。一般贸易出口539.4亿元，增长73%。其中，机电产品和传统劳动密集型产品分别出口218.8亿元和97.5亿元，分别增长98.1%和2.8倍。

图 4　2013—2017 年广西工业品出口交货值分析图

5. 从工业投资来看，主要集中在传统产业领域，新兴产业领域投资较少。2013 年以来，广西工业投资、制造业投资、更新改造投资增速波动较大，在 2016 年制造业投资、更新改造投资增速出现负增长。到 2017 年，工业投资 6831 亿元，较 2016 年仅增长 6.66%，年均增长 7.41%；制造业投资 5585 亿元，较 2016 年仅增长 7.66%，年均增长 7.53%；更新改造投资 4582.7 亿元（见表 4）。

表 4　2013—2017 年广西工业领域投资情况分析

指标	单位	2013 年	2014 年	2015 年	2016 年	2017 年	年均增长（%）
工业投资	亿元	4778.8	5460.79	6390.8	6404.46	6831	7.41
工业投资增长	%	25.66	14.25	14.12	0.21	6.66	—
制造业投资	亿元	3885.52	4518.09	5253.40	5188.0	5585	7.53
制造业投资增长	%	27.09	16.28	16.27	−1.2	7.66	—
更新改造投资	亿元	4319.06	5038.93	5897.85	5681.63	4582.7	—
更新改造投资增长	%	30	16.7	17.05	−3.67	1.2	—

注：2017 年企业更新改造投资统计口径由全部企业调整为工业企业，数据有所变动。

2013 年以来，广西工业行业投资主要集中在传统产业领域，新兴产业投资偏少且增速较慢，医药工业投资年均下降 25.77%，电力工业投资年均增长 14.97%。到 2017 年，有色金属投资较 2016 年增长 51.1%，汽车工业较 2016 年增长 16.3%，食品工业较 2016 年增长 11.96%，石油化工较 2016 年增长

14.15％，机械工业较 2016 年下降 0.84％，电子工业较 2016 年增长 58.5％，冶金工业较 2016 年增长 6.57％（见表5）。

表5　2013—2017 年广西工业各行业投资情况分析

行业	2017 年	增长（％）	2016 年	增长（％）	2015 年	增长（％）	2014 年	增长（％）	2013 年	较 2012 年增长（％）
有色金属	302.75	51.10	200.37	−26.25	271.70	12.71	234.19	−14.84	275.00	1.94
汽车工业	452.88	16.30	389.49	6.30	366.48	38.10	263.03	13.40	231.93	14.32
食品工业	821.84	11.96	734.03	12.58	652.02	9.30	559.10	12.67	496.23	10.62
石油化工	501.07	14.15	438.96	−8.22	478.28	16.03	398.92	−2.93	409.97	4.09
机械工业	896.86	−0.84	904.44	2.10	885.85	9.59	788.90	28.15	615.62	7.82
医药工业	138.77	15.30	120.33	−13.80	139.57	1.50	128.15	32.60	96.64	−25.77
电子工业	290.37	58.50	183.17	4.90	174.67	14.90	143.50	43.30	100.11	23.73
冶金工业	138.71	6.57	130.15	−33.13	194.64	−14.69	227.14	−6.44	242.78	−10.59
电力工业	697.00	3.00	676.97	35.20	500.63	19.70	410.26	18.20	347.01	14.97
建材工业	1055.81	1.84	1036.73	−5.89	1101.65	17.81	924.96	23.48	749.07	7.11
造纸与木材加工	744.23	−4.48	779.15	−1.02	787.17	12.68	691.54	17.76	587.23	4.85
纺织服装与皮革	221.18	−17.69	268.72	−0.37	269.70	12.12	231.03	19.13	193.94	2.66
煤炭工业	3.87	−19.20	4.79	−55.20	10.68	−15.20	11.27	−22.90	14.62	−23.35
其他工业	565.69	5.31	537.16	−3.69	557.77	22.87	448.80	7.21	418.62	6.21
总计	6831.04	6.66	6404.46	0.21	6390.80	14.12	5460.79	14.25	4778.80	7.41

数据来源：广西工业综合月报。

6. 从企业发展来看，近年来，大中型企业得到稳步发展，2017 年大中型企业总产值占全区工业总产值的比重达到 65.7％，较 2013 年增长 0.85 个百分点。但是大中型企业的产值规模总体较小，强优企业数量偏少。与全国及发达省份相比，广西民营经济欠发达、小微企业数量偏少，经济增长非常依赖大中型企业支撑。

从企业结构来看。广西非公有经济、大中型企业规模总量和占比稳步增长，大中型企业作用进一步增强。2017 年，全区国有企业增加值增长 8.2％，集体企业增长 5.1％，股份合作企业增长 7.6％，股份制企业增长 7.6％，外商及港澳台商投资企业增长 7.3%，其他经济类型企业增长 7.2%。国有企业总产值占比由 2013 年的 11.41% 下降到 1.55%，减少 9.87 个百分点；集体企业占比由 1.02% 下降到 0.93%，减少 0.09 个百分点；股份合作企业占比由 0.7% 下降到 0.09%，减少 0.61 个百分点；股份制企业占比由 58.82% 增加到 75.80%，增长 16.98 个百分点；外商及港澳台企业占比由 18.43% 下降到 18.12%，减少 0.31 个百分点；其他经济类型企业占比由 9.61% 下降到 3.52%，减少 6.09 个百分点；国有及国有控股企业占比由 29.76% 下降到 27.60%，减少 2.16 个百分点；非公有经济占比由 66.96% 提高到 69.83%，增长 2.87 个百分点；大中型企业占比由 64.85% 提高到 65.70%，增长 0.85 个百分点（见表 6）。

表 6　2013 年和 2017 年广西各类型企业工业总产值占比情况

属性	2013 年	占比（%）	2017 年	占比（%）	增长（百分点）
国有企业	2076.86	11.41	419.31	1.55	−9.87
集体企业	186.15	1.02	251.74	0.93	−0.09
股份合作企业	127.74	0.70	23.41	0.09	−0.61
股份制企业	10704.24	58.82	20571.25	75.80	16.98
外商及港澳台企业	3354.23	18.43	4916.26	18.12	−0.31
其他经济类型企业	1748.46	9.61	956.47	3.52	−6.09
国有及国有控股企业	5415.26	29.76	7489.98	27.60	−2.16
非公有经济	12185.69	66.96	18951.61	69.83	2.87
大中型企业	11801.72	64.85	17829.73	65.70	0.85
总计	18197.67	100	27138.43	100	——

数据来源：2013 年、2017 年广西工业综合月报。

从企业类型来看。2016 年，广西国有控股企业 572 家，私营工业企业 3013 家，外商投资和港澳台商投资工业企业 426 家。国有控股工业企业数量均明显少于广东、四川、云南，多于贵州；与重庆相比，国有控股工业企业数量多 61 家、私营工业企业数量少 1229 家、外商投资及港澳台商投资工业企业数量多 35 家；与江西相比，国有控股工业企业数量多 132 家、私营工业企业数量少 2620 家、外商投资及港澳台商投资工业企业数量多 344 家（见图 5）。私营经济和外资经济是当前广西发展的突出短板，今后必须进一步深化改革开放，着力在放开市场准入、鼓励民营经济、积极引进外资、保护外商投资合法权益、营造更加优越便利的营商环境等方面下功夫。

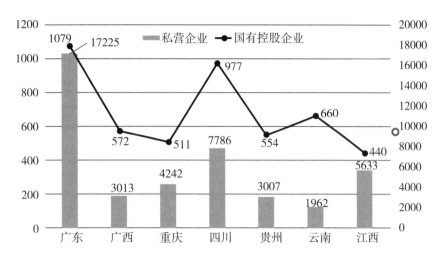

图5　2016年广西与部分省份国有控股企业和私营企业对比分析图

从企业数量看。2016年,广西规模以上工业共有大型企业193家、中型企业1277家、小型企业3836家,分别占全国各类型企业数量的2%、2.42%、1.26%。广西各类企业数量明显少于广东,多于贵州;与重庆相比,广西大型企业少42家、中型企业多150家、小型企业少1156家。2016年,广西大、中、小型企业分别实现主营业务收入7693亿元、7439亿元、6958亿元,基本各占规模以上工业总值的1/3左右。横向对比,全国大型企业产值占主营业务收入的比重为37.66%,广东、重庆大型企业产值占比分别为44%、42%,表明广西大企业产值规模相对偏低。

2018年
广西蓝皮书
广西工业发展报告
主报告

广西工业实现高质量发展环境研究

一、广西工业发展基本态势

（一）广西工业发展的现状及趋势

"十二五"以来，广西工业经济迈上了新台阶，工业"担重担、挑大梁"作用更加明显，为促进全区经济社会发展做出了重要贡献。主要表现为：一是工业经济规模大幅提升。2010—2017年，全区规模以上工业总产值从11671.79亿元提高到2.7万亿元，累计增长1.8倍，并于2014年突破2万亿元大关后继续向3万亿元目标迈进；规模以上工业增加值从3079.73亿元提高到7080亿元，累计增长1.3倍；工业投资从2627.33亿元提高到6831.0亿元，累计增长1.5倍。千亿元产业达到10个，两千亿元产业达到7个，食品成为第一个四千亿元产业。二是产业结构调整扎实推进。六大高耗能行业增加值占全区规模以上工业增加值的比重累计降低1.3个百分点。高技术产业增加值保持较快增长，年均增长15.4%，高于规模以上工业2.2个百分点；先进制造业产值增长1.9倍。三是经济效益稳步提升。全区规模以上工业完成主营业务收入突破2万亿元，年均增长18.9%；利润总额突破千亿元，年均增长18.4%。四是产业集聚发展明显增强。"双核驱动、三区统筹"的工业发展格局进一步完善，园区工业总产值突破2万亿元，工业园区由103个增加到118个，工业集中区实现县（区）全覆盖。千亿元园区从无到有，柳州高新技术产业开发区、南宁高新技术产业开发区工业总产值相继突破千亿元。五是企业规模不断壮大。亿元以上工业企业突破 3000 家，500 亿元以上企业 5 家，百亿元以上企业 26 家。6 家企业入围"2017 中国企业 500 强"榜单，数量位居西部第 5 位，高于甘肃（5 家）、贵州（1 家）等省份。

就工业经济运行情况来看，近年来广西工业经济总体趋稳，但也出现阶段性持续下滑态势。新常态背景下，我国工业经济逐步由高速增长阶段转向高质量发展阶段，增速从过去两位数增长降至 6% 左右的中高速。与全国一样，广西工业经济增速呈现持续下跌态势，但下跌速度逐年放缓。从 2017 年增速来看，一季度、上半年、三季度和全年规模以上工业增加值分别增长 5.6%、7.0%、6.5% 和 7.1%，整体呈现波浪式起伏态势。与同期广西生产总值增速相比较，出现了工业增速低于生产总值增速的现象。一般而言，经济扩张周期，工业增速高于生产总值增速，而经济下行周期，工业增速回落比生产总值增速回落更快，甚至出现工业增速低于生产总值增速的现象。全国以及不少省份都已出现此类现象。如 2017 年全国生产总值增速为 6.9%，工业增加值增速仅为 6.6%。2017 年湖北、湖南、贵州省生产总值增速分别为 7.8%、8.0%、10.2%，而工业增加值增速为 7.4%、7.3%、7.1%。广西 2017 年首次出现规模以上工业增加值增速（7.1%）低于同期生产总值增速（7.3%）情况。2017 年四个季度中，工业增加值增速分别低于生产总值增速 0.5 个百分点、0.5 个百分点、0.6 个百分点、0.2 个百分点。

（二）存在的主要问题

虽然全国已进入工业化中后期阶段，但广西仍然处于工业化中期阶段，具有明显的工业化中期阶段的特征，可以概括为"一高、二低、三不足"。

"一高"，就是经济增速高于全国，工业化中期工业加速扩张典型特征明显。党的十八大以来，虽然广西工业增速进入新常态，工业增速由快速增长步入中高速增长，但工业增速依然高于全国平均水平。2017 年，广西规模以上工业增加值同比增长 7.1%，仍高出全国工业增速 0.5 个百分点，工业经济总量稳居全国第 17 位。在工业强劲增长的拉动下，广西经济发展持续扩张，生产总值增速持续保持快速增长，特别是 2012—2013 年生产总值增速均高于 10%。虽然 2014 年以后增速有所放缓，但仍保持高于全国平均水平，同时这一优势已出现逐渐减弱的趋势。

"二低"，即产业层次偏低、产业外向度低。当前，广西产业层次偏低，缺煤少油乏气的矛盾凸显，对自然资源要素依赖程度高；低端产能过剩矛盾突出，产品技术含量和附加值不高，企业核心竞争力不强。产业外向度低。当前广西进出口总额仅占全国 1.3%，工业产品出口交货值仅占全区工业销售产值的 4.0%，外商及港澳台控股企业在全区工业中权重下降，需要引起关注。

"三不足"，即产业结构不合理、创新能力和高端产业发展不足、高质量经济不充分特征显露。其一，产业结构不合理。传统资源型产业比重过大，高技术产业占比不到 10%，高耗能产业占比近 40%，广西产业层次和全国特别是发达地区相比差距较大，与构建现代化产业体系的要求相距甚远。其二，创新发展能力不足。科技基础薄弱，创新主体能力不足，创新体制机制不健全，综合科技进步水平指数仍然在全国排位靠后，科技创新还存在不少问题。其三，高质量经济供给不充分。当前，广西工业面临不平衡不充分的问题更为突出，制造业整体上仍处于价值链的中低端，难以适应国内外需求的变化。支柱产业相对低端低效，先进制造业发展占比低，高新技术产品空缺严重。如在广西十大支柱产业中，《中国制造 2025》大力提倡发展的先进装备制造业仅有汽车、计算机通信电子设备、电气机械及器材三个行业入围，在列入国家装备制造业的 180 种工业产品中，广西具有生产能力的仅 93 种。广西先进装备制造业增速普遍低于重庆、贵州等地区，高端服装、家用电器、智能手机、集成电路等高附加值轻工业几乎空白，这一点与经济严重失速的东北地区如出一辙，值得反思与警惕。

二、广西工业高质量发展面临的挑战

（一）投资意愿不足，缺乏工业发展热情和动力

当前全球经济仍处于深度调整和再平衡阶段，国内经济下行压力依然较大。全区工业发展受产能过剩矛盾仍然突出、产品价格下滑甚至倒挂、市场需求不足、融资难融资贵、工业投资效率偏低等多重因素综合叠加影响，工业投资增速明显放缓，民间投资意愿有所收缩，工业发展缺乏动力和热情。根据自治区统计局数据，2016 年全区工业固定资产投资总额为 6404.46 亿元，同比增长仅为 3.83%，工业投资增速同时慢于同时期全社会固定资产投资增速。工业投资占比方面，2010 年工业投资占全区固定资产投资的比重为 44.12%，2017年已下滑至 36.28%，回落了 7.84 个百分点。

（二）发展环境不优，缺乏项目培育引进竞争力

产业发展环境分为硬环境和软环境两类。与自然资源、配套产业等硬环境相比，投资者进行产业投资前，往往更青睐于选择具备良好产业发展软环境的地区，对于投资地区政策、政府部门行政效率和服务水平的要求更高。当前，全国范围内工业招商引资竞争激烈，面对其他省区"抢商抢资"的态势，广西工业发展基础要素（主要指土地、道路交通、水电燃气）保障不力、政策优势不够、政务环境不优等问题仍是制约招商引资的主要因素。要素保障领域，工业园区规划编制仍不完善、城规土规不相协调问题普遍，园区基础设施建设不

完善、产城融合推进缓慢。政策保障领域，政策组合叠加优势和政策红利未充分释放，政策制定、落地与产业发展之间协调配合还不完善。政务环境领域，工业项目审批前期手续办理环节多、程序多、时间长，与项目审批有关的中介服务机构监管不到位等问题突出。

（三）创新能力不强，缺乏高质量发展关键保障

自主创新能力是保持经济长期发展、提升经济整体素质和效益的重要支撑，也是新常态下实现工业经济发展动力转换的关键所在。目前，广西工业发展研发投入强度弱、研发机构稀缺等问题在一定程度上制约了工业高质量的发展。研发投入方面，根据国家统计局数据：2016 年，广西规模以上工业企业R&D（研究与试验发展）人员数量、R&D 经费、R&D 项目数量、R&D 强度（R&D 活动经费支出占主营业务收入的比重）分别为 19402 人、82.72 亿元、2664 项、0.37%，在全国的排名分别为第 23 位、第 23 位、第 21 位、第 29 位，处于中下游区间。研究机构方面，全区大中型工业企业属技术研发机构数量并不多，截至 2016 年仅为 118 家，占全区大中型工业企业数量（1465 家）的 8.05%。

（四）人才支撑不足，缺乏高质量发展核心要素

提高经济发展质量和效益的根本动力在创新，创新的关键在人才。资源型地区创新能力不足说到底是人才创造力不足，没有人才优势，就不可能有创新优势、经济优势。根据国家统计局数据：截至 2015 年底，广西全区制造业从业人员总数为 76.21 万人，在全国排名第 20 位。在人才结构上，截至 2015 年底，广西全部就业人口中，未上过学、小学、初中、普通高中、中等职业教育、高等职业教育、大学专科、大学本科、研究生的比例分别 1.7：19.2：50.0：9.3：5.1：1.3：8.1：5.0：0.4。总体而言，全部就业人口中受教育程度仍相对较低。作为后发展欠发达省区，人才紧缺是广西发展最大的制约，全区工业的发展不仅缺乏引领技术进步的科技大师、领军人才、尖子人才，也缺乏推动产业变革所急需的大量金融人才、高技能人才、企业经营管理人才。

（五）专业支撑乏力，缺乏高质量发展基础支撑

工程教育与工业发展紧密联系、相互支撑，工业的转型升级、创新发展、高质量发展都要靠工程教育提供人才支撑，特别是应对未来新技术和新产业国际竞争的挑战，更需要主动布局工程科技人才培养，加快发展和建设新兴工科专业，改造升级传统工程专业，提升工程教育支撑服务产业发展的能力。根据统计，2008 年金融危机爆发之后，美国实施"再工业化"战略。围绕"再工业化"的人才支撑，美国国内工程教育积极响应，2011—2015 年，美国工程领域学士学位授予人数由 83001 人增加到 106658 人，年增长率保持在 5% 以上；硕士学位授予人数由 46940 人增加到 57433 人，2015 年更是实现了 11.11% 的年

增长率；博士学位授予人数也由 9582 人增加到 11702 人。这充分说明了美国在推动工业发展中对于工程教育的高度重视。而反观当前广西的工程教育现状，工程领域学科建设目前在全区仍不完善，存在门类不全、学科不强、布局不合理等多项问题，这极大地制约了工业在广西范围内的可持续健康发展。工程学科门类方面，根据广西高校第四轮工学学科评估结果统计，当前国家划分的 37 个工学学科中，广西仅拥有 13 个，缺失 24 个。工程学科实力方面，区内高校工程学科评估等级中，获评 A 类的没有，主要为 B、B⁻、C、C⁺、C⁻ 类，学科等级相对较低。在高校学科设置与地方产业布局方面，广西也存在明显不协调，工科院校高度集中在南宁、桂林两市，柳州、北海、玉林、梧州、百色等工业强市工科院校没有布局。

（六）国际国内竞争日益激烈

国际层面，新一轮产业变革引发抢占发展先机的激烈竞争。智能化工业装备已经成为全球制造业升级转型的基础，发达国家不一而同地将制造业升级作为新一轮工业革命的首要任务。德国、美国、日本等世界各传统工业强国无不高度重视全面信息化对制造业已有和潜在的影响，思考及采取对策加速自身制造业的转型升级，以期占领未来国际较量的战略制高点。这其中尤以德国提出的"工业 4.0"概念最为引人瞩目，被认为是德国吹响了新一轮工业革命的前进号角。正是认识到"工业 4.0"战略的重要意义，发达国家在制造工程领域的竞争变得愈加激烈。目前，全球在"工业 4.0"领域的竞争可分为以下三大阵营：第一阵营是以德国和美国为代表的制造强国。在这一阵营中，德国和美国正在抢占第四次工业革命的话语权，积极争取成为全球标准的制定者。第二阵营是以日本、法国等为代表的发达国家，这些国家的制造业在全球居于前列。继德国、美国之后，西方发达国家也纷纷制定国家战略，重塑实体经济，力求在后危机时代中占领科技制高点，用新兴产业推动经济增长。这其中，英国推出《英国低碳转型计划》，法国制定《国家研究与创新战略》，加拿大出台《2009 经济刺激计划》，澳大利亚启动《创新投资跟进计划》。第三阵营是中、印等发展中国家，他们是第四次工业革命的追赶者。异于德美，身为发展中国家的中国和印度目前尚未进入世界级的制造业强国，在发展时期上也处于西方国家已经经过了的工业 2.0 和工业 3.0 并行发展阶段。既没有德国在传统工业领域的雄厚基础，也缺乏如美国般引领世界信息技术发展的先进技术。在这样的条件下，中国和印度要达到工业 4.0 的理想水平，在理论和实践上都是挑战性非常大的课题[1]。

---

[1] 引自《计世研究简报》。

国内层面，工业作为国民经济的命脉和主导产业，具有影响范围广、抗风险能力强等特征，历来受到各地方政府职能部门的高度关注。近年来，随着全球工业 4.0 加快普及、国内经济下行压力进一步加大，国内各省市都纷纷出台了强有力的地方性支持政策，围绕工业项目的招商引资和产业孵化展开激烈竞争，积极地参与全球产业链、价值链、创新链的重构，抢占现代工业发展制高点。尤其是在吸引高素质人才方面，自 2016 年以来，已经有 20 余座城市先后加入"抢人大战"序列，纷纷出台新政引进人才。在这一轮"抢商抢资"浪潮中，对于经济发展水平不高、工业化技术积累不强的广西而言，面临的挑战不容小觑。

三、广西工业高质量发展的重要机遇

（一）党的十九大重新定义社会主要矛盾，经济高质量发展获得关注

2017 年党的十九大顺利召开，习近平总书记在党的十九大报告《决胜全面建成小康社会　夺取新时代中国特色社会主义伟大胜利》中指出："中国特色社会主义进入新时代，我国社会主要矛盾已经转化为人民日益增长的美好生活需要和不平衡不充分的发展之间的矛盾。"强调：我国经济已由高速增长阶段转向高质量发展阶段，正处在转变发展方式、优化经济结构、转换增长动力的攻关期，建设现代化经济体系是跨越关口的迫切要求和我国发展的战略目标。推动高质量发展是当前和今后一个时期确定发展思路、制定经济政策、实施宏观调控的根本要求。而工业作为立国之本，新时期走中国特色社会主义新型工业化道路，推进高质量工业化，是新时代决胜全面建成小康社会、全面建设社会主义现代化强国的必然要求，由高速增长转向高质量发展是必须迈过的坎，每个产业、每个企业都要朝着这个方向坚定往前走。

（二）新一轮技术革命和产业变革兴起，工业发展弯道超车存在可能

当今世界正处在新一轮科技革命和产业变革孕育期，颠覆性技术不断涌现，产业化进程加速推进，新的产业组织形态和商业模式层出不穷。虽然当前广西工业发展尚处于增长速度换挡期、结构调整阵痛期与以往刺激经济政策副作用消化期三期叠加的新常态下，但在新一轮科技革命、产业革命的推动下，全国各省区在推进工业 4.0，加快实现《中国制造 2025》发展目标的进程中，实力差距仍不明显，尤其是在当今人才流动迅速、科技创新不断涌出的时代背景下，全区"十三五"及未来更长远时期工业发展实现弯道超车的重要战略机遇仍然存在。具体来说，主要表现在以下几个方面：

一是技术大变革。"互联网＋"引发新一代工业革命和产业升级。当前移动互联网、云计算、大数据、物联网等新一代信息通信技术与新能源、新材料、3D 打印等技术快速突破，并加速与传统产业跨界融合，在创造出新价值的过程中，推动融合创新，重塑商业模式。过去企业聚焦在设计、原材料、生产加工、物流配送以及后期产品维护这五大节点上，但未来可能采用全供应链管理的模式。而大数据的应用使得企业可以更有效地了解、满足需求。在这样新的供应链环境下，特别是3D打印等新的制造技术的出现，使得商业模式有了新变化。以众创、众包、众扶、众筹、个性化定制、O2O（线上到线下）为代表的新业态，以智能手机、智能电视、智能家居、可穿戴设备、服务机器人为代表的新产品，以云计算、大数据为核心的新资源，推动新的产业模式不断发展，产业发展方式正在发生深刻变化。

二是产业大融合。新一代信息技术、生物技术、新能源技术、新材料技术等交叉融合正在引发新一轮的技术变革和产业变革。工业技术与信息技术深度融合成为产业发展的新趋势。产业大融合将全球经济编制成为一个巨大的网络，技术合作、资本渗透、业务交叉无处不在。信息技术与制造业、新兴产业与传统产业、信息化和工业化、一二三产业之间正在进行深度融合，并创造更多的新技术、新业态、新市场、新商机。

三是企业大创新。当前国家战略已经深入人心，以企业为主体的创新体系正在重构。科技创新、产业创新、市场创新、产品创新、业态创新、管理创新一体化推动，创新创意创造将为产业升级转型插上腾飞的翅膀。

（三）国家赋予广西发展"三大定位"，围绕区位做强产业成为核心

2013年以来，国内宏观经济形势发生了深刻变化，在开放型发展领域集中表现为"一带一路"倡议的提出以及自由贸易区战略倒逼和引领我国新一轮的对内对外开放。得益于自身的独特区位优势，广西在新一轮国家发展格局中的开放地位更加凸显，中央赋予广西"三大定位"新使命：构建面向东盟的国际大通道，打造西南中南地区开放发展新的战略支点，形成21世纪海上丝绸之路与丝绸之路经济带有机衔接的重要门户。

围绕"三大定位"，2015年全国两会期间，习近平总书记参加广西代表团审议时强调，广西在国家对外开放大格局中的区位优势明显，在国家加快对外开放开发的时代环境下迎来了历史性的发展机遇。要加快形成面向国内国际的开放合作新格局，应把转方式、调结构摆到更加重要位置，做好对外开放这篇大文章，实行更加积极主动的开放战略，构建更有活力的开放型经济体系，扩大和深化同东盟的开放合作，构筑沿海沿江沿边全方位对外开放平台。由此看来，广西落实"三大定位"主要路径是做好对外开放这篇大文章，归纳起来就是，"一个独特优势"，即发挥广西与东盟国家陆海相邻的独特区位优势；"两个发展动力"，即通过加快推动广西北部湾经济区和珠江—西江经济带的开放开发，形成大面积、规模化的现代产业繁荣；"三重发展目标"，即形成连接海

上丝绸之路与丝绸之路经济带的现代产业带，构建起连接国内大市场与东盟地区生产要素、中间品、终产品的大通道，以及由此形成辐射、带动我国西南、中南腹地发展的引领能力。当前广西产业基础薄弱，工业体量较小，城镇化率偏低，却享有开放发展的独特区位优势。在宏观经济处于赶超发展的关键时期，广西应遵循工业化发展的传统路径，基于投资驱动、出口贸易、消费拉动的赶超性发展逻辑，围绕"引进来""走出去""一带一路"三个基本方向，稳步夯实产业基础，奋力壮大工业体量，从而不断丰富和充实对外开放的建设内容。

（四）泛区域政府间合作不断加深，广西工业发展外部环境不断优化

1. 粤港澳大湾区实质启动，广西加快融入。

粤港澳大湾区是指由香港、澳门两个特别行政区和广东省的广州、深圳、珠海、佛山、中山、东莞、肇庆、江门、惠州等九市组成的城市群，是国家建设世界级城市群和参与全球竞争的重要空间载体，与美国纽约湾区、旧金山湾区和日本东京湾区比肩的世界四大湾区之一。随着粤港澳大湾区写入党的十九大报告和政府工作报告、《深化粤港澳合作 推进大湾区建设框架协议》在香港正式签署、《粤港澳大湾区发展规划纲要》开始编制，粤港澳大湾区进入实质性启动阶段。粤港澳大湾区经济高度集聚，区位优势明显，自然环境优越，拥有国际超级大港、商贸枢纽、全球科技创新、全球知名高校、国际金融服务能力等五大核心要素。以连接粤港澳地区互联互通设施为支撑，依托《内地与香港 CEPA 服务贸易协议》《内地与澳门 CEPA 服务贸易协议》，广西经济社会发展正加速融入粤港澳大湾区建设。在工业发展领域，广西自然资源丰富、汽车制造、中医药研究、电子信息、冶金化工、机械制造等行业拥有非常好的产业基础，粤港澳大湾区技术、资金、人才资源集聚，双方合作互补性很强，广西有望成为粤港澳大湾区的战略腹地。

2. 中新互联互通南向通道开通运营，渝桂黔陇四省区加快融合。

2017 年中新互联互通南向通道正式开通运营，中新互联互通南向通道（简称南向通道）是在中新（重庆）战略性互联互通示范项目框架下，以重庆为运营中心，以广西、贵州、甘肃为关键节点，中国西部相关省区市与新加坡等东盟国家通过区域联动、国际合作共同打造的，有机衔接"一带一路"的国际陆海贸易新通道。按照《广西加快推进中新互联互通南向通道建设工作方案（2018—2020 年）》，随着南向通道的推进建设，未来广西将通过完善通道基础设施、构建多式联运体系、建设物流基地与内陆无水港、组建和培育多式联运主体、提升多式联运服务能力、提升通关便利化水平等多项措施，加快推进渝桂黔陇四省区的一体化发展，借助通道建设、开放合作为广西现代产业尤其是工业的发展壮大提供优越的环境。

（五）广西东盟产业合作不断增多，东盟国家带来广阔工业品市场需求

过去十余年，随着中国—东盟自由贸易区全面建成，中国—东盟博览会、中国—东盟商务与投资峰会、大湄公河次区域合作等一系列合作机制加快完善，广西和东盟国家睦邻友好和务实合作进一步加强，广西与东盟产业合作不断增多。中马钦州产业园区、中泰（崇左）产业园、中国东兴—越南芒街跨境经济合作区、中国—文莱农业产业园、中国文莱（玉林）中医药健康产业园、中泰（玉林）国际旅游文化产业园等一批重大产业项目陆续建设，助推中国—东盟合作正在从"黄金十年"迈向"钻石十年"。近年来，随着东盟国家经济发展水平、城镇化水平的不断提高，工业化进程的加快推进，东盟各国对工业制成品保持着强劲的需求。这为紧邻东盟，拥有沿海沿边区位优势、通道优势的广西工业发展提供了绝佳的发展机遇。根据相关市场调查，近年来东盟国家工业制成品进口量基本保持在总进口量的60％以上，一直保持着非常强劲的进口态势。在制成品（SITC5－9类）需求强度上，东盟市场对机械与运输设备（SITC7）的需求最大，基本保持在总进口的40％以上。其次是轻纺产品、橡胶制品、矿冶产品及其制品（SITC6）和化学品及有关产品（SITC5）。广西可以围绕东盟各国产品市场需求，针对性地调整地方工业结构，加大面向东盟的工业产品的生产，积极抢占这一广阔的新兴市场。

四、推动广西工业高质量发展的对策建议

（一）加快规模以上企业培育，增强工业发展新动能

实现工业快速增长、总量迅速扩大，最直接、最根本的途径是规模以上企业数量的快速增长，不断形成工业发展新的增量和动力。要通过发展工业奋力赶超，与全国同步建成全面小康社会，而不应该是面临"追兵越来越近，标兵越来越远"这样"掉队"的危机局面。为此，广西需要采取超常规措施培育规模以上企业，培育新的动能，化被动为主动，甩开膀子，绝地反击，坚决打赢稳增长保卫战、调结构攻坚战。

（二）加快企业技改升级，推动传统产业提质增效

加强技术改造，是企业实现转型升级、提升发展质量效益的有效途径，也是推进工业供给侧结构性改革的有力抓手。贵州的千企改造、广东的技改奖励等举措均有力推动了工业投资的提升、传统产业的改造升级。为此，广西需要更大力度推进企业技改升级工程，在广西"二次创业"等重点传统产业，通过实施"百千万"计划，即每年实施100个重大项目技改、1000家企业技术改造、10000家中小企业信息化改造等三大计划，着力推动传统资源型产业提质增效。

（三）加快工业引资引才，培育壮大新兴产业

培育新兴产业、培育新动能、培育规模以上企业，仅仅依靠原有企业的发

展和自身的努力难以实现，需要加强对外开放合作，重点是要引进来，需要大力推动工业招商引资引才。当前，不论是发达地区还是欠发达地区，均在大力招商引资，纷纷抢夺高层次人才，其目的就是依靠先进企业、技术、人才等推动本地经济和产业转型升级。为此，广西应更加重视招商引资引才，围绕弥补新兴产业短板，瞄准行业龙头企业和产业技术带头人，制定出台针对性更强、力度更大的工业招商引资引才政策措施，把招商引资引才任务分配到各级各部门，充分调动各方面招商引资引才的积极性。

（四）加快工业产品提升，提高工业供给能力和水平

促进工业产品提质升级，发挥消费对经济发展和产业转型的基础性作用，是推进供给侧结构性改革、扩大内需的重要举措。深入实施增品种、提品质、创品牌等"三品"专项行动，大力发展消费品工业，支持企业开发适应市场需求、满足消费升级需要的产品和服务，加强市场开拓，提高供给质量和效率，推动经济持续健康发展。

（五）加快优化工业发展环境，激发企业发展活力动力

全面对标世界银行营商环境评价指标体系，深化"放管服"改革，更大力度推进降成本工作，建立企业服务和政策落实督查问责机制。要按照今年自治区将召开的全区营商环境大会部署要求，着力做好企业用电、用水、用气、用网等生产要素保障。要谋划好、筹备好 2018 年的全区工业发展大会，力争在营造工业发展氛围、改善工业发展环境、加强工业人才队伍等方面出台一批务实管用的硬措施，增强推动广西工业高质量发展的动力活力。

广西工业发展新旧动能转换研究

产业是强区之本，富民之基，加快发展迎头赶上的根本动力最终得靠产业。随着经济发展进入新常态，在速度的背后，需更加注重加快提升传统产业精深加工能力，大力发展新兴产业，加快建立高端智能制造体系，鼓励制造企业向服务型制造转变等，提升高效高质高端产业供给能力，着力优化产业结构，重点解决传统产业不强、新兴产业薄弱、动能接续乏力等问题，实现新旧动能转换促进工业高质量发展目标。

一、新旧动能转换概念的提出及意义

2015年10月，李克强总理在召开的政府会议中对当时中国经济进行了初步判断："我国经济正处在新旧动能转换的艰难进程中"，"新旧动能"开始正式出现在国家领导人讲话中。

自2015年开始出现在中央和地方政府主要领导讲话和文件后，2016年"新旧动能"在互联网出现的频率逐步提升。2016年末，特别是进入2017年以来，"新旧动能"更是频繁出现在政府相关文件中，内涵也逐渐丰富和完善。"新旧动能"作为政府官方用语，并没有严格的概念界定，但是我们可以从一系列政府文件中和领导讲话中进行理解。

（一）发展"新经济"是培育"新动能"的重要措施

在不同时期，"新经济"有不同的内涵，当前新经济主要是指创新性知识在知识中占主导、创意产业成为龙头产业的新经济形态。而"新动能"的内涵更加广泛，需求端（例如消费能力提升）和供给端（例如第三产业快速发展或新产业形态）都能成为经济发展的"新动能"。2016年政府工作报告正式出现"新经济"，并将"新经济"和"新动能"联系在一起。报告指出要推动新技术、新产业、新业态加快成长，培育壮大新动能，加快发展新经济。因此，我们可以片面理解两者之间的关系：由于技术进步，一种新的产业形态或模式成为促进经济社会发展的新动力。

（二）"旧动能"可转换为"新动能"

如果将"新动能"对应"新经济"，那么"旧动能"应该对应传统产业和传统经济模式，既包括"两高一剩"产业，也包括对经济增长支撑作用下降的对外贸易。对于"旧动能"，实行产业转型升级和提升发展效率和质量，可转换为"新动能"。

（三）"新旧动能"是"新常态"背景下经济增长的"双引擎"

我国经济进入了新常态，主要特征就是：经济由过去高速增长变为中速增长，由过去30年的平均10％下降到如今的6％左右。在经济新常态背景下，消费和服务业取代投资、出口成为拉动经济增长的主要动力，新经济对于经济增长贡献和重要性日益提高，但是传统产业仍然是经济发展的重要支撑。"新旧动能"共同构成新常态背景下支撑经济增长的力量。[①]

进入"十二五"以来，广西工业经济与全国同步出现增速回落，同时也面临着资源环境、土地供应等约束趋紧的问题，旧的动能增长乏力，新的增长动力培育不足。如何加快优化提升传统动能、培育提升新兴动能成为学者和政府研究的重点。

二、广西如何优化提升传统动能

（一）相关省市优化提升传统动能的做法和启示

浙江：狠抓现代产业集群、企业家转型及"两化融合"推动传统产业转型升级的做法。针对传统块状经济能耗高、污染多、附加值低问题，浙江省通过技术改造和创新、淘汰落后产能、品牌建设、龙头骨干企业带动等措施，加快建设产业集群示范区。2017年，浙江制定《两化深度融合国家示范区建设2017年工作方案》，在产业集群层面，运用一批具有行业特色的工业软件；在重点行业层面，建设一批"两化融合"产业示范基地；在企业层面，积极发展

---

① 张远兮：《什么是新旧动能转换，新旧动能转换是什么意思》，搜狐，2018年6月20日。

企业电子商务，对小商品进行品牌建设，提升商品档次，以高端化需求带动转型。民营企业家以往的经营管理思路在企业面临转型升级时暴露诸多弊端，对此浙江出台《关于加强企业管理创新工作的指导意见》，在全省树立精细化管理示范标兵企业、实施精细化管理改造、加强企业文化建设等方面为转型升级营造和谐氛围。

重庆：实施"四大工程"推动传统产业转型升级。一是实施技术改造。实施工业强基工程，启动近百项技术改造项目，鼓励企业加大"四新"改造投入。二是加快构建绿色制造体系。开展绿色制造试点示范和汽车、电子等行业绿色供应链示范，推动海装风电、大江美利信等项目获得国家立项，在大气污染重点行业实施清洁生产改造项目。三是深入去产能。制定年度工作实施方案，强化全面督查，去除"地条钢"产能、封闭煤矿、去煤炭、水泥产能，处置"僵尸"企业。四是持续实施智能制造工程。推动新能源汽车、高端医疗器械等项目落地，实施市级智能制造项目，开展手机及笔记本电脑企业智能制造对接。

四川：政府引导产业升级做法。四川省通过产业发展投资引导基金、政府搭台，资本与产业"联姻"，加速产业转型升级，发起设立和参股设立各类产业发展投资引导基金20余只，投向涵盖了工业科技、军民融合、健康养老、创新创业等重点领域，形成了具有地方特色的较为完善的政府投资引导基金体系。注重顶层架构科学设计，在"引导"二字上下足功夫，充分发挥政府的引导带动作用，着力推动产业转型升级和弥补发展短板。相关产业发展投资引导基金以专业化、市场化的运作模式发现、筛选项目，投资项目，实现了投资精准发力。健康养老产业股权投资基金是四川省政府牵头发起的第一支省级产业投资引导基金，专注于大健康产业的股权投资、并购重组、资源整合和产业投资。

安徽：打造传统产业"升级版"筑牢稳增长基石。安徽省以改革创新为驱动，实施新一轮技术改造，坚持"三改"（改革、改组、改造相结合），不断推进"三创"（技术、产品、管理创新），持续促进"三升"（产品、企业、产业升级），着力改造提升冶金、化工、建材、纺织、食品等五大传统产业的转型升级。高度重视工业技术改造工作，专门制定了《传统产业改造提升工程实施方案》，重点围绕钢铁、有色、化工、医药等九大传统行业，每年上万亿元的工业投资，也重点投向传统产业技术改造，其中70%用于传统产业。安徽省围绕核心基础零部件、关键基础材料、先进工艺和产业技术等工业"四基"薄弱环节，组织实施工业强基工程，形成整机牵引和基础支撑协调发展的产业格局，建设一批"四基"研究中心，突破核心基础零部件、关键基础材料、先进基础工艺的工程化、产业化瓶颈。从增加服务主体、拓宽融资渠道、优化供给结构、提高融资效率等方面，制定《关于金融支持服务实体经济发展的意见》等政策文件（见表1），打出了减税降费等一套"组合拳"，打通金融进入实体经济的通道，促进金融资源向企业特别是中小企业聚集。相关省市推动产业升级政策措施列表如下：

表1 浙江、重庆、四川、安徽推动产业转型升级的政策措施

地区	相关政策文件	主要措施
浙江	《浙江省两化深度融合国家示范区建设2017年工作方案》《关于加强企业管理创新工作的指导意见》	块状经济向现代产业集群、狠抓"两化融合"、强化企业管理
重庆	《关于鼓励企业加大研发投入推动产业转型升级发展的通知》《重庆市绿色制造体系建设实施方案》《关于印发重庆市钢铁煤炭行业化解过剩产能专项奖补资金管理实施细则的通知》《重庆市工业龙头企业采购本地配套产品奖励试行办法》	技术改造、构建绿色制造体系、深化去产能、持续实施智能制造工程
四川	《四川省产业发展投资引导基金管理办法》《四川省省级产业发展投资引导基金财政出资预算管理暂行办法》《四川省PPP投资引导基金管理办法》	规范财政出资设立或参股的投资基金的设立、运营、激励、风险防控与监督管理以及审批程序，精选项目，增强基金引导产业发展作用
安徽	《传统产业改造提升工程实施方案》《关于金融支持服务实体经济发展的意见》《关于充分利用多层次资本市场着力调结构转方式促升级的意见》《关于推进普惠金融发展的实施意见》《关于加快建设金融和资本创新体系的实施意见》	改造提升传统产业、重视工业技术改造、强化工业基础建设、降低融资成本

（二）对广西优化提升传统产业的启示和借鉴

近年，国内经济发展进入新常态，经济增速进入换挡期，结构调整、政策消化期，广西传统产业面临着市场需求不足，产能过剩，生产要素成本不断上升等因素影响，加快推进传统产业转型升级、实现经济发展方式的目标是相同的。通过学习先进省市的发展经验做法，广西应从以下几方面积极着手：

1. 政府适时"入位"，营造良好发展环境。

改造提升传统产业是一项浩大工程，单靠市场一方很难完成，政府应当有所为，适时"入位"，着力于制定完善的政策、提供公共服务和进行产业引导，借鉴四川做法探索筹建实施广西产业发展基金，政府要从"干预"转向"服务"，注重引导，充分尊重、调动、发挥广大企业家的积极性和创造性。同时，各级政府眼光不仅要盯着大项目、大企业，也要关注广大中小企业，加强对中小企业政策支持和技术辅导，为广大中小企业排忧解难。

2. 深化"两化融合"，带动传统产业转型升级。

与传统经济相比，电子商务在发掘商机、推广营销和削减成本方面具有显著优势，对于传统产业中的中小企业，其作用更加突出。第三方电子商务平台为传统产业里的中小企业提供了一个转型升级的信息化平台。在传统产业转型升级过程中，要加强信息化在生产、经营、管理、营销中的应用，积极借助电子商务，改变传统的营销模式，推动传统专业市场向现代商贸物流、现金现货交易向网上交易转变。

3. 承接产业转移要更加注重产业生态系统的打造。

产业与企业的转移就如物种的迁移，需要良好的生态系统。不仅要有搬迁来的主导产业和企业，更要营造良好的产业支持系统（各种配套企业、服务机构等）和产业外部环境（主要是基础设施和政府服务），这是承接产业转移需要着力打造的地方。从长远看，需要在产业支持系统和产业外部环境方面全面提升，既要注重内需市场开拓，又要坚持环保指标不放松，这样才能形成持久的竞争力。

4. 谋划实施重大产业化项目，激发发展新动能。

高质量发展需要有大项目，围绕资源深度转化精准谋划、包装一批重大项目，加快实施重点工业项目工程。在有色金属、石化、建材、食品等资源型产业链延伸上下功夫，提高资源精深加工比重，抓住"一带一路"有机衔接的重要门户建设机遇，瞄准全球五百强、中国五百强和优质民企，谋划引进一批重大产业化项目，按照"存量调结构腾空间、增量优结构拓空间"的调整方向，立足产业链条，按照储备一批、签约一批、开工一批、投产一批、达产一批"五个一批"方向，有序推进重大产业化项目落地实施。

5. 凝精聚力扶持企业，突出"技术改造创新"的核心作用。

重庆、安徽等省市在产业转型升级中均把技术改造创新摆在突出位置，推动以供给侧结构性改革为核心的产业创新。依托广西产业基础和骨干企业，突出产业层次较高、带动性强的机械装备、汽车及核心零部件、有色金属等优势支柱产业的新链条、新业态，推动实施技改工程、机器换人工程，围绕价值链高端延伸产业链，提升优势产业的技术水平，推动技术、产品创新。

6. 布局产业合作园区，积极构建产业示范基地。

要以"优进优出"为方向，充分发挥广西打造"一带一路"有机衔接的重要门户的区位优势，积极推动富余产能向东盟和南亚等国家转移，积极布局合作工业园区，支持水泥、钢铁、机械、汽车等产能过剩行业企业"走出去"策略。同时，要积极承接国际和发达地区先进产能，进一步提升中马钦州产业园在"一带一路"产业合作中的先行先试和推广示范效应。立足产业基础，积极构建产业示范基地，成立产业联盟、智能装备与机器人产业联盟等平台，构建面向东盟的区域性产业集聚中心。

7. 大力扶持中小企业，充分释放民营经济活力。

借鉴浙江、四川做法，积极开展民营经济试点工作，在南宁、柳州、桂林等城市创建民营经济改革示范区，加快建立中小企业和民营经济发展基金，搭建平台，积极组织开展企业家、专业技术人才等培训，加大中小企业科技投入，改造老企业、建设新企业，推动"老字号"向"新字号"、"国字号"向"民字号"转型，"原字号"向"精字号"升级发展。

（三）广西优化提升传统动能的总体方向及路径选择

广西传统产业面对市场需求变化、要素成本上升、节能减排约束趋紧所形成的多重压力和困境，传统制造业的优势不断削弱，生存空间日渐缩小。但经济结构优化、增长动力切换和制度环境的改善，为传统制造企业转型升级带来战略合作、业态创新、技术变革等多方面的机遇和空间，传统产业转型升级，优化提升传统动能已迫在眉睫。

1. 总体方向。

围绕供给侧结构性改革主线，在去产能中减存量、优增量，研发新技术、开发新产品、开辟新市场。运用新技术和先进实用技术改造提升推动有色金属、冶金、建材、造纸等传统优势产业，突出重点，强化扶持，加快推进传统产业转型升级。在做大做强原有体系的基础上，培育新的增长点，补齐工业支柱产业低端低效短板，进一步以技术改造为重点推进铝、机械、冶金等传统产业"二次创业"向纵深发展，实施制造业技改工程、机器换人工程、现代消费工业工程，着力发展消费品工业，强化轻工产品创新开发，培育一批先进制造企业、先进制造车间，促进传统产业全产业链跃升。

2. 重点任务和重要举措。

（1）铝产业"二次创业"。

重点任务：解决电解铝企业成本过高问题，打通产业发展瓶颈，提高氧化铝资源就地转化率，进一步完善生态型铝业链，稳定发展铝土矿和氧化铝，适度发展电解铝，大力发展铝精深加工及铝合金，加快发展赤泥综合利用，在百色、来宾、南宁、柳州、贵港、贺州、梧州、防城港等地规划和布局建设项目，形成产业集群。

重要举措：落实电改政策，加快建设百色生态铝产业示范基地区域电网，支持铝骨干企业与贵州及周边地区企业合作开发，鼓励区内火电企业与铝企业开展战略合作。加快产业发展技术研究平台建设，提高技术研发中心服务铝工业的能力。进一步高标准推动生态铝产业示范基地建设，完善铝产业链。强化用地保障，促进铝产业发展。

（2）机械工业"二次创业"。

重点任务：编制和实施机械工业产业链路线图，重点拓展和强化工程机械和建筑机械两大核心产业板块，全力打造"柳工机械"和"欧维姆"两个国际知名品牌，推动柳工集团在高端市场及海外研发制造获得突破。加大对转载机、挖掘机、推土机、矿用卡车等研发投入，打造全系列设备产品，抢占国内外市场。

重要举措：深化国有企业改革，支持柳工集团完善现在企业制度、玉柴集团发展混合所有制。加强产业转型升级的技术支撑。运用高新技术改造提升电工电器、通用机械等优势传统工业向新型工业跨越发展。采取市场化运作方式设立并购基金支持柳工集团扩展新领域，依托玉柴核心零部件研发制造平台支持玉柴集团适度发展多元化新业务。组建机械装备集团，建立机械工业发展平台，推动机械制造升级发展。

（3）冶金产业"二次创业"。

重点任务：落实国家要求运用市场化、法制化手段压减过剩产能，通过"增品种、提品质、创品牌"调整广西冶金产品结构，扩大有效供给。综合广西资源禀赋及冶金产业发展条件，发展钢材下游深加工、不锈钢冶炼企业引领作用，打造锰盐精深加工基地。遵循贴近市场、优化物流、集约发展、提效降本的发展规律，优化钢铁产业、锰产业、不锈钢产业布局。突破冶金碳捕获、钢铁新材料、锰盐无烙钝化技术等，推广技术创新应用。

重要举措：加大广西冶金"二次创业"重点园区的基础建设力度，强化公铁水港交通体系与园区的联通。加强监督检查，严控产能无序扩张，加速淘汰落后产能和装备，引导兼并重组，促进冶金产业结构优化升级。建立冶金"二次创业"重大项目库，优先推荐入库重大项目争取资金支持。支持以市场化方式设立各类冶金产业投资基金，充分发挥社会资金促进冶金产业发展。加大重点冶金企业创新平台培育，加快冶金重点园区产业链配备体系建设。

（4）制造业技改、机器换人工程。

重点任务：着力发展智能装备和智能产品，推进制造过程智能化。加快人机智能交互、工业机器人、智能物流管理等技术和装备在生产过程中的应用，促进设计与制造、产供销一体、实现智能管控，推广重点行业数字化区间，建设智能工厂试点。

重要举措：结合国家、自治区智能制造相关政策，设立专项产业发展基金，研究制定智能制造城统一要素、资源分配，适当给予南宁、柳州、玉林三大城市政策倾斜支持，配以财税信贷政策优惠投入，引导产业集聚，进一步提升智能制造城发展能力。选取试点智能工厂、数字化车间，推广智能制造技术应用。

三、如何培育壮大新兴动能

（一）相关省份培育壮大新兴动能的做法和启示

1. 安徽：厚植新优势，培育新动力。

安徽省以选准产业发展方向为切入点，以项目为抓手，因势利导重点培育。芜湖作为国家级、省级机器人双基地，精准产业规划，着力打造产业链，实施国际化战略和海外技术并购，扎实构建产业平台，打造强有力的产业团队，构筑产业圈，协同推进产业发展。积极落实"调转促"行动计划，不断完善公共服务平台，推动基地建设。其中蚌埠市积极瞄准强化重大项目支撑、组织推进、规划政策引领、自主创新驱动以及资源要素保障等五个方面推动硅产业基地更好更快发展。

2. 四川：培育新兴产业集群，推进产业向中高端迈进。

四川明确新一代信息技术、高端装备、新材料、数字创意等重点产业的发展方向，充分发挥区域互联互通产业的转移优势，积极打造成都汽车产业集群及医药、旅游、白酒、物流领域等产业集群。重点培育壮大高端成长型产业、新兴先导型服务业等战略性新兴产业，推进经济结构加速战略性调整，推动产业加快向中高端迈进。依托效率源等龙头企业，引进培育信息安全及配套企业，启动建设了信息安全产业园等项目建设。

3. 浙江：六大措施扶持新兴产业。

浙江省研究制定了六大措施扶持新兴产业：一是设立战略性新兴产业专项资金，用于扶持战略性新兴产业发展。二是设立创新强省专项资金，用于扶持战略性新兴产业领域相关企业的科技创新和人才引进培育。三是设立产业特色鲜明的高新园区，着力打通产业链条，推动新兴产业的垂直整合。四是大力实施重点企业研究院、重大技术攻关、重点创新团队"三位一体"的新兴产业技术创新综合试点。五是实施"十百千万"科技型企业培育工程，培育国内顶尖、国际一流的创新型领军大企业，新增科技型上市企业。六是大规模推进"机器换人"，发挥工业设计在"机器换人"中的推进作用，开展现代化技术改造。

4. 贵州：重点培育新兴产业。

贵州积极培育壮大新兴产业：一是大力发展以大数据为引领的电子信息产业，主要在新一代互联网、3G手机生产上实现突破，2017年大数据电子信息制造业增加值增长86.3%。国家大数据工程实验室、云上贵州（班加罗尔）大数据协同创新中心挂牌运行。二是大力发展以大健康为目标的医药养生产业，把中药现代化发展作为带动全省工业和农业发展的一个最佳结合点。三是把新材料作为战略突破口，在铝合金、钛合金、改性聚合物材料以及精细化工产品等方面取得突破。四是大力发展以节能环保低碳为主导的新型建筑建材业，以多晶硅为代表的太阳能光伏产业，以小油桐种植为主的生物产业，以及风电都应该成为贵州开发新能源的重要内容。

5. 江苏：加强规划引导，加大资金投入，突破关键技术，着力培育发展战略性新兴产业。

江苏顺应新科技革命和低碳、绿色经济发展趋势，对新一轮战略性新兴产业发展做出部署，在全国率先出台新能源、生物技术、新医药等六大新兴产业发展规划，适时出台倍增计划。科技资金坚持"确保政府引导性资金投入的稳定增长、确保社会多元化资金投入的大幅度增长、确保企业主体性资金投入的持续增长"（"三个确保"）为新兴产业发展注入强劲血液。支持行业龙头企业建立高水平研究院、大中型骨干企业建立工程技术研究中心、面向中小企业建设公共技术服务平台三大梯队，培育创新型企业群，合力突破关键技术，着力提升企业创新能力。

（二）对广西的启示

1. 充分发挥项目、企业、园区载体作用。

借鉴四川、贵州建立新兴产业园区、产业集群做法，选择一批具有产业基础优势及特色区域建设高新技术产业园区，培育产业化创新基地，以战略的眼光、开放的理念、创新的思路、强力的手段，打破传统的产业培育发展模式，加速形成产业链条，逐步扩大规模，增强企业、园区、产业基地功能，促进新兴产业发展。

2. 积极探索产学研用新模式。

借鉴浙江、江苏产业技术研究院探索模式，尽快组建广西产业技术研究院（简称"产研院"），结合产业发展基础和发展需求，设置相关专业研究所，着力打造全国领先、世界影响的产业研发平台和队伍。充分发挥产研院成果转换作用，加强与企业和社会资本的结合，推行"合同科研"[①] 和"研发作为产业、技术作为商品"等模式，将市场认可度作为核心评价标准，积极为企业提供委托合同科研、技术转移、检验检测、人才培训等技术服务。促进研究技术成果的转化和产业化。

3. 着力大项目建设，完善产业集聚配套。

发展战略性新兴产业落脚点在每一个具体的项目上，大企业发展需要大项

---

① 所谓"合同科研"是指科研机构与企业签署合作，为企业特别是中小企业提供研发服务，有助于解决产业发展创新链中"最后一公里"问题。

目支撑，抓好产业链核心环节的项目建设，靠核心项目延长产业链条，集聚配套企业。参照浙江、安徽做法，对重大产业项目要早谋划、早行动、早申报，抓好项目建设，促进重点产业项目早开工、早竣工、早见效。

4. 配套保障政策。

培育和发展战略性新兴产业，需要有与之相适应的制度保障。建立发展资金增长常态机制，建立产业发展投融资平台，引导和鼓励社会投资；建立战略性新兴产业发展基金，支持以社会资本为主组建较大规模的战略性新兴产业股权投资机构；积极争取对产业发展实行差异化政策，在重点产业和重大项目布局上给予倾斜。要进一步加大对新兴产业的政策扶持，强化政策引导，打好"组合拳"，加强各项政策的协调配合，特别是要突出优惠政策的鼓励、支持和引导作用，激励企业积极发展战略性新兴产业。

（三）广西培育壮大新兴动能的总体方向及路径选择

2010年，国务院颁布了《关于加快培育和发展战略性新兴产业的决定》，提出要抓住机遇，加快培育和发展战略性新兴工业。《广西工业和信息化发展"十三五"规划》也提出要进一步深化和细化，积极探索，加快抢占战略性新兴产业制高点。

1. 总体方向。

紧紧抓住新一代信息技术和互联网技术、数字智能制造带来的新一轮产业革命契机，围绕加快培育壮大新动能，着力推进电子信息、生物医药、智能制造、新材料等新兴产业实现新突破，主力培育一批新兴产业基地，集中力量打造一批新兴产业专业平台和载体，夯实新兴产业基础，强化工业发展新动能，抢占未来发展制高点。

2. 重点任务及举措。

（1）加快发展电子信息产业，扩大信息技术应用领域。加快完善新一代信息技术基础设施，重点推进中国—东盟信息港建设，打造基础建设、技术合作、经贸服务、信息共享、人文交流五大平台，扩大新一代信息技术在工业、交通、物流、能源、医疗等领域的应用。大力发展物联网和云计算，积极引进云计算产业链的相关大企业合作，形成一批具有较强实力的龙头企业，推动发展云计算大数据产业。加快高性能计算机及服务器、工业控制等重点产品的研发和产业化，加大工业软件、云计算软件、智能终端的等关键软件的开发应用力度。

（2）加快推进生物医药产业基地建设与合作研究。加快推进中恒（南宁）生物制造产业基地、南宁百会药业集团系列中成药项目、玉林市中药制药生产项目落地实施，打造新药研发平台，加快研制开发预防、诊断、治疗重大疾病的生物药物，推动生物医药产业开展合作，促进产业迈向中高端。提高先进医疗装备和高端生物医用材料的发展水平，运用生物技术、开发海洋生物药品和半合成药物。

（3）大力发展新材料产业，推进与原材料工业融合发展。依托广西丰富的铝、锰、锑、钛、稀土和碳酸钙等优势资源，大力发展特种金属功能材料、高端金属结构材料等具有广西特色的新材料产业，积极发展与智能制造相关的功能材料、纳米材料、稀土材料，打造一批具有高技术水准、全球首创或国内唯一的新材料产品。加强新材料产业与原材料工业融合发展，在原材料工业改造提升中不断催生新材料，在新材料产业创新发展中带动原材料工业升级换代，研发生产与传统材料产业关联融合的新材料产品。

（4）加强研发内燃机、轻量化材料等关键技术，大力发展新能源汽车产业。加快传统汽车升级换代、提升微型车、多功能乘用车等优势产品，加强研发先进内燃机、高效变速器、轻量化材料等关键技术，加快促进高水平汽车零部件配套产业链形成体系，大力发展新能源汽车产业，集中突破驱动电机系统及核心材料等关键零部件技术，稳步推进节能和新能源汽车试点示范，鼓励和支持具备一定研发能力的新能源汽车企业开展电池关键技术攻关、系统集成产品开发，加快信息化、智能化技术的应用。从发展潜力上看，广西有条件在新能源汽车的产业化方面取得较大突破（见表2），重点发展柳州、桂林、南宁、玉林四大新能源汽车产业基地，并将贵港打造成第二个新能源汽车城，与柳州汽车城形成"两点支撑、护卫带动"的良性格局。

表 2　广西新能源汽车产业布局

基地名称	依托优势	发展重点
柳州	上汽通用五菱及东风柳汽整车	大力发展各类混合动力、纯电动乘用车、货车和专用车等，积极开展三大关键核心技术部件的研发，加快配套能力建设，成为以整车为主、研发能力先进、配套能力齐全的新能源汽车集群化发展生产基地
桂林	桂林客车	以大、中、轻型纯电动和混合动力城市公交客车为重点，加快桂客集团纯电动、混合动力电驱系统，整车控制，电池管理系统研发，加快桂林星辰公司混合动力系统及控制系统的研发和产业化
南宁	五菱桂花玉柴专用、南宁机械厂	重点发展低速小型纯电动乘用车及专用车
玉林	玉柴集团	加快建设以混合动力为主的新能源动力总成及零部件生产

（5）开发高效节能环保技术和产品，大力发展节能环保产业。以推广示范为先导，以资源能源综合利用和再生资源循环利用为方向，重点开发高效节能环保技术和产品，加快"城市矿产"示范基地建设，推进实施绿色再制造、农林废弃物综合利用、矿产资源综合利用、工业固废资源化再利用项目，大力发展热电联产循环经济，积极发展节能环保装备、LED半导体照明电子产品、光伏电设备和节能环保服务。打造特色鲜明、技术起点高、再制造产业链体系，推动传统装备智能化改造和升级。

（6）发展新能源产业，进一步优化技术。安全发展核电，积极发展生物质能发电，光伏电、风能发电等，重点开发太阳能发电集热系统、逆变控制系统、智能电网技术等，加快推动太阳能电池产业化，进一步优化电池制备技术，推进桂林、贺州、玉林、南宁等地区电厂项目建设。

（四）培育壮大广西新兴产业的举措建议

一是激活存量、培育增量。激活现有汽车工业的技术和制造能力，为新能源汽车的发展提供支撑；加强钢铁、石化和有色金属等产业的转型升级，为新材料产业的发展提供基础；做大节能环保、新材料、新能源汽车等战略性新兴产业规模总量；将高新技术与传统产业结合度较高的产业打造成为战略性新兴产业。政府支持、必要的规制和利益的调整，形成良性的人才、资金、市场需求、体制等多元机制，重点从现有与战略性新兴产业相关的高新技术产业中选择具有较强优势的产业进行培育，重点引进一批拥有核心技术、带动力强、市场潜力巨大的新兴产业，推动广西产品从低端走向高端、产业链从窄短迈向宽广、产业效应从分散转向集中，使传统产业得到充分发展。

二是搭建平台，拓宽渠道。充分发挥中国—东盟博览会、中国—东盟商务与投资峰会、沿边金融改革实验区、中越跨境经济合作区，东兴、凭祥国家重点开发实验区平台作用，抢抓机遇，提升重点区域和重要平台的"走出去"和"引进来"载体功能，选择和培育一批战略性新兴产业生产基地，还要以高新技术产业园区和重点企业为依托，加强新兴产业孵化园建设。

三是统筹协调、重点推进。加强统筹规划和宏观引导，完善资源整合，要强化重点推进力度，加强国家级高新区、国家高新技术产业园区、特色产业基地和创新平台的建设步伐，形成以园区高新技术为支持、特色产业为基础、资源优势为依托的战略性新兴产业集群；重点培育发展一批能引导消费、创造市场、催生新产业的骨干型企业，着力突破在电子核心零部件、生物医药、智能装备、新能源汽车等产业领域的核心关键技术。

四是鼓励创新，推广成果。建立健全技术研发、产业组织、商业模式、体制机制等方面的创新机制，创新人才培养与激励工作机制，调动各产业各领域人才的积极性，进一步提高广西科技创新能力。要加大对新产品应用的支持力度，将企业自主创新成果和产品列入政府采购目录，鼓励公共投资领域应用新产品，对消费者购买使用新产品给予政策优惠，帮助和推动具有较强自主创新能力的企业开拓市场。

五是抢抓机遇，优化服务。积极规划引进智能制造、电子信息、新能源汽车、节能环保和新材料等先进制造业和战略性新兴产业招商引资工作，把招商引资摆在更加突出的位置，加强项目全程服务指导，同时，积极争取上级项目资金支持，强化优质服务支撑，全面排查梳理企业遇到的实际困难，坚持"一企一策"，制定具体措施，明确各方责任，凝聚工作合力，切实帮助解决困难。强化人力资源支撑，进一步完善引才引智机制，重点引进一批科技实用型人才、企业经营型人才、高端领军型人才，全面优化人才创新创业环境，努力建设富有竞争力的"人才高地"。

四、结语

本文对新旧动能转换的概念及意义进行了阐述分析，并对广西如何优化提升传统动能、培育壮大新兴动能进行了具体的研究分析，主要研究结论如下：

一是新旧动能转换的概念自2015年提出后，其内涵不断丰富完善，其主要含义是，发展新经济是培育新动能的重要措施，旧动能可以转换为新动能，新旧动能是新常态背景下经济增长的"双引擎"。

二是通过对浙江、重庆、四川、安徽四省市优化提升传统动能的成功做法进行综述分析，可以为广西提供以下方面的启示和借鉴，如政府适时"入位"，营造良好发展环境；深化"两化融合"，带动传统产业转型升级；承接产业转移要更加注重产业生态系统的打造；谋划实施重大产业化项目，激发发展新动能；凝精聚力扶持企业，突出"技术改造创新"的核心作用；布局产业合作园区，积极构建产业示范基地；大力扶持中小企业，充分释放民营经济活力等。

三是研究提出广西优化提升传统动能和总体方向及路径选择，要加快提升推动有色金属、冶金、建材、造纸等传统优势产业，进一步以技术改造为重点推进铝、机械、冶金等传统产业"二次创业"向纵深发展，实施制造业技改工程、机器换人工程、现代消费工业工程，着力发展消费品工业，强化轻工产品创新开发，培育一批先进制造企业、先进制造车间，促进传统产业全产业链跃升。

四是通过对安徽、四川、浙江、贵州、江苏五省培育壮大新兴动能的成功做法进行综述分析，为广西加快培育壮大新兴动能提供充分发挥项目、企业、园区载体作用，积极探索产学研用新模式，着力大项目建设，完善产业集聚配套，配套保障政策等启示和借鉴。

　　五是研究提出广西培育壮大新兴动能的总体方向及路径选择，重点是紧紧抓住新一代信息技术和互联网技术、数字智能制造带来的新一轮产业革命契机，围绕加快培育壮大新动能，着力推进电子信息、生物医药、智能制造、新材料等新兴产业实现新突破，主力培育一批新兴产业基地，集中力量打造一批新兴产业专业平台和载体，夯实新兴产业基础，强化工业发展新动能，抢占未来发展制高点。

2018年
广西蓝皮书
广西工业发展报告
主报告

全面开展"二次创业",助推产业转型升级

近年来,广西传统产业取得了显著发展,但广西产业总体处于产业低端,与国家的整体制造业水平仍有相当大的距离。为全面贯彻落实"创新、协调、绿色、开放、共享"新发展理念,主动适应新常态、引领新常态,结合广西实际制定好实施措施,加快推进广西传统产业"二次创业",将显著加快广西产业转型升级和提质增效步伐,为实现"两个建成"目标提供强大的支撑力量。因此,在对广西传统产业现状和发展趋势进行细致调研的基础上,立足当前、着眼长远,充分认识推进铝产业"二次创业"的重大意义,全面开展广西"二次创业"研究,助推广西产业转型升级发展。

一、"二次创业"的概念和研究意义

(一)"二次创业"的概念

按照《辞海》解释,创业是指创立基业。也就是指创建事业或产业发展的基础。经济领域的"哥白尼革命"带来的是人类二次创业,而我们通常所说的"二次创业",是人类"二次创业"的前兆,并将逐步演变成人类"二次创业"的组成部分。作为概念,"二次创业"有着深刻、丰富、科学的内涵,要从逻辑和历史两方面对其进行科学定位。一般来说,"二次创业"包含两种意义,一是对原

来业绩的破，包括对一些传统做法的大胆舍弃，对过去政策策略的清理，对一些"优良传统"的重新定位等；二是对新思路的立，包括产业结构更新、年轻干部提拔、外来资金、人才引进、先进管理方法的纳入等等。根据这样的定位，对于广西来说，应该坚持贯彻"二次创业"发展战略指导方针。

（二）研究的目的和意义

在党的十九大报告中，习近平总书记对中国新常态下的工业发展做了重要指示，要求各级政府"支持传统产业优化升级"，这为推动广西铝、糖、冶金、机械、汽车等传统产业"二次创业"的转型升级指明了方向。

一是消费需求的高级化，推动产业结构不断升级。近年来，我国居民消费水平逐步由温饱型向小康型过渡，消费重点由生存资料转向享受资料和发展资料，提升生活质量已经成为当前的消费重点，汽车、建材、电子通信器材、家庭装饰装修等新兴消费持续升温，增长迅速。消费需求的高级化过程决定了中国工业发展进入以提高素质为核心、提高增长质量和市场竞争力为方向的新阶段。产业结构调整的目标不再是"补短"和实现一般意义上的比例平衡，而是产业升级和结构高级化过程。从中长期来看，新兴消费品的市场需求将保持较长时间的持续增长，特别是汽车、电子和建材等；家电、轻纺等目前市场需求已趋饱和的产品，将面临产品升级换代的结构调整；为加快传统产业"二次创业"发展，提高国民经济的信息化程度，以信息产业为核心的高新技术产业也将出现高速增长态势。

二是生态环境约束作用日益显著，走新型工业化之路成为越来越紧迫的战略抉择。我国以往的工业化进程以资源的高投入为基础。我国人均资源占有量大大低于世界人均水平，中国经济要持续、快速发展，不可能继续依赖资源的大规模投入，特别是水和石油将成为两大资源瓶颈。工业发展面临的资源约束不仅来自资源供给不足的限制，还表现为环境承载能力造成的束缚。走传统的工业化道路，我国才达到工业化的中期阶段，就造成了严重的环境污染。广西在经济上要赶超发达地区，但不能以资源消耗和牺牲环境的方式实现赶超。这就要求广西未来的工业发展必须走低投入、高产出、低消耗、高效率、可循环、少排放的新型工业化道路，着手建立资源节约型和生态环保型的现代发展模式，缓解日益加大的资源约束和生态环境压力。

三是产能的空间集聚趋势进一步加剧，产业集群的竞争优势凸显。改革开放以来，计划体制下高度分散的工业生产格局迅速集中，产生了一批在全国有较大影响和较高市场占有率的特色产业集群。从实践来看，集聚、分工协作、竞争自强化、协同、网络和"区域品牌"等经济效应构成了产业集群的强大竞争优势，从而使生产能力的空间集聚过程呈现持续发展之势，并不断累积为地区经济高速成长的动力源泉。展望未来，广西产业要素在不同区域间的流动、转移将不断加快，对规模经济效益的追求将持续地促使相关企业在地理空间上相互接近、集中生产。广西产业集群优势将超越低成本而成为吸引外资投向的主导力量，并使"产业联系"成为投资政策的新焦点。

四是培育塑造自有加工制造能力，是实现整个工业结构的优化升级。近年来，跨国公司向我国转移生产能力的重点，已由以往的纺织服装、鞋和金属制品等劳动密集型产品，转向电子、化工、运输工具以及机械等中间产品和零部件的生产活动。产业转移的战略重心也从单纯利用中国的成本优势建立境外市场的加工基地，逐渐转到进占中国市场。跨国公司越来越多地将非核心的生产、营销、物流、研发乃至非主要框架的设计活动，发包给国内的合作企业，进而将其纳入自己的全球生产组织体系。承接国际产业转移，充分利用广西跨国公司的资本、技术和市场优势，培育塑造自有加工制造能力，仍是今后广西工业成长的一条重要战略路径。要通过改善投资环境，全面开展"二次创业"，特别是营造一个鼓励和保护技术创新的外部环境，吸引跨国公司将更多高技术产业以及技术密集型工序转入广西内，带动整个广西工业结构升级，减弱外资对土地和劳动力价格的敏感性，强化外资企业与广西经济的产业关联性，形成扎根型加工制造体系。①

二、广西传统产业发展情况

在广西的工业格局中，传统产业是家底和支柱，传统产业占广西工业比重达 70% 以上，对工业增长的贡献率超过 90%。经济进入新常态后，曾经依托资源优势发展壮大的支柱产业面临着产业优化升级和市场竞争力提升的巨大压力。

（一）广西传统产业发展现状

"十二五"以来，广西传统产业中千亿元产业由 3 个增加到 10 个（食品、汽车、冶金、石化、机械、建材、电力、有色金属、造纸与木材加工、电子信息）；两千亿元产业从无到有，达到 7 个（食品、冶金、汽车、石化、机械、建材、电子信息）；食品成为第一个三千亿元产业。全区汽车产量由 136.6 万辆增加到 209.2 万辆，增长 0.53 倍，占全国汽车总产量的 8.8%；成品糖由 705.5 万吨增加到 1077.2 万吨，增长 0.53 倍，占全国的 65.6%；钢材由 1560.3 万吨增加到 3262.6 万吨，增长 1.09 倍，占全国的 2.9%；氧化铝由 528.8 万吨增加到 796.8 万吨，增长 0.51 倍，占全国的 16.7%；水泥由 7516.5 万吨增加到 1.06 亿吨，增长 0.41 倍，占全国的 4.3%；原油加工量由 418.9 万吨增加到

---

① 刘勇：《中国工业的战略环境及发展趋势》，《中国经济时报》2005 年 1 月 4 日。

1390.5 万吨，增长 2.32 倍，占全国的 2.8％。微型汽车、轮式装载机、车用柴油机、多功能乘用车等产品市场占有率全国第一；食糖产量连续 10 个榨季占全国 60％以上；蚕茧产量占全国 44％，连续 10 年居全国第一，桑蚕丝产量占全国 25％，连续 5 年居全国第一。

表 1 2010 年和 2015 年广西传统产业发展情况

单位：亿元

行业	2010 年	2015 年	年均增长（％）
有色金属	799.46	1598.35	14.86
汽车工业	1246.29	2424.79	14.24
食品工业	1570.54	3526.92	17.56
石油化工	912.84	2244.42	19.71
冶金工业	1166.05	2677.27	18.09
机械工业	1054.53	2401.78	17.89
电力工业	813.06	1089.18	6.02
建材工业	687.22	1954.46	23.25
电子工业	231.08	1312.04	41.53
造纸与木材加工	526.56	1554.61	24.18
纺织服装与皮革	231.63	551.56	18.95
煤炭工业	22.10	54.43	19.75
其他工业	178.40	647.00	29.39

（二）传统产业发展主要问题

广西"三期叠加"特征明显，发展动力青黄不接。工业规模不大、结构不优、基础薄弱的基本状况没有根本改变，传统优势产业链短、产品附加值低。

一是发展水平亟待提升。传统优势产业的装备技术水平和管理信息化水平偏低，自主创新能力偏弱，产品结构不合理，产品附加值较低，产业链较短，产业配套较弱。受传统粗放型发展方式的制约，广西工业产品质量总体发展不平衡，部分产品质量差、档次低，与国际国内先进水平相比有较大差距，同时，部分技术标准水平贯彻实施不力。

二是工业结构亟待优化。广西工业结构不合理，产业层次不高，发展方式比较粗放，高耗能产业占比明显偏高，结构调整和优化升级任务艰巨，化解产能过剩矛盾给转型升级带来一定挑战。大宗商品价格持续下降。食糖、电解铝等重点工业产品价格下跌，部分重点行业转型发展面临很大困难。

三是创新能力严重不足。广西拥有国家级企业技术中心和重点工程实验室的企业数量甚少，大中型企业研发投入仅占主营业务收入的 0.7% 左右，明显低于国家平均水平。由于缺少一批创新型企业，广西产业结构调整和优化升级滞后，学科建设支撑不足，高层次人才供给严重不足，导致企业核心竞争力不强，产品附加值不高。

四是节能降耗形势严峻。广西面临着既要加快经济发展又要大力推进节能减排的双重任务，各地为加快经济发展，必将引进开工一批重大建设项目，将拉高钢铁、水泥等高能耗产品需求量，对工业的转型升级将产生长期的不利影响。重大高耗能项目的相继上马和投产对部分市节能指标产生了负面影响，如南宁、贺州两市受新上火力发电高耗能项目投产的影响，能源消费量出现高速增长。高耗能行业能源消费量在全区工业能源总量的占比仍保持在 94% 以上的警戒线。

五是优势竞争企业缺乏。广西进入中国制造业 500 强企业的仅有上汽通用五菱汽车股份有限公司、广西柳州钢铁（集团）公司、中国石油天然气股份有限公司广西石化分公司、广西玉柴机器集团有限公司、东风柳州汽车有限公司、广西盛隆冶金有限公司等十几家企业，目前，尚未有企业入围世界 500 强企业，企业整体竞争力不强，尤其是缺乏核心竞争力。从根本上讲，广西企业的做大做强做优还缺乏一支优秀的企业家队伍，真正意义上具有创业创新意识的企业家队伍还未形成，而企业家队伍的能力和作用在加快培育创业创新型企业和工业转型升级中具有关键性作用。

近年来，广西先后出台《广西铝产业二次创业中长期方案》《广西糖业二次创业总体方案（2015—2020 年）》《广西机械工业二次创业实施方案》等方案，全面吹响了传统产业"二次创业"的号角，也向外界释放出强烈的信号：广西传统产业重振雄风，并非是重走老路，徘徊在价值链的中低端环节，而是要依托原有基础加大科技创新力度，走出一条创新驱动、转型升级、提质增效的发展新路。

三、加快广西铝产业"二次创业"

目前，广西铝产业已形成年产 1748 万吨铝土矿、840 万吨氧化铝、108 万吨电解铝、228 万吨铝加工的生产能力，还有与氧化铝生产相配套的 20 万吨烧碱、170 万吨碳素，以及综合处理赤泥 900 万吨，并从中提取铁精矿 50 万吨、稀土镓 60 吨的能力，生态型铝产业链初具规模。除电解铝之外的产能基本得到发挥，电解铝产能和生产不足成为限制广西铝产业发展的瓶颈，其根源在于广西电解铝企业用电成本过高，尽管广西采用先进技术的电解铝电耗已经下降到全国先进水平，仍不能完全化解过高的用电成本，造成电解铝企业竞争力不强，不仅限制了现有电解铝产能的发挥，还严重阻碍电解铝的发展。因此，近期要重点解决广西电解铝企业用电成本过高的问题,打通产业发展瓶颈,提高氧化铝资源就地转化率。中长期则以进一步提升广西铝精深加工和创新能力,提高产品附加值为重点,从根本上促进广西铝产业可持续健康发展。①

（一）积极推进煤电铝一体化建设

有色金属行业是用电大户之一,尤其是电解铝类生产成本中的电的比重较大,因此企业采取铝电联营的方式,借以降低用电成本是必然的选择,煤电铝一体化战略已经成为电解铝企业的发展趋势。在未来一段时间,广西应抓住国内电解铝产能布局调整和深化电力体制改革的有利时机,以煤电铝一体化建设为突破口,以满足广西下游铝加工需求为主,通过加快建设百色、来宾、防城港等铝工业专用电力局域网、大力开展铝企业与发电企业直接交易、推动铝工业园区组建电力营销主体、向铝产业配置水电资源、提升电解铝企业自备动力车间发电能力、鼓励发电企业与铝企业开展战略合作建立铝电联合体等多种方式,努力降低电解铝生产成本。在严格执行产业政策和准入条件中,可以适度发展电解铝产能,使广西氧化铝资源大部分就地转化,并直接向下游铝加工产业及铝合金企业供应液铝,尽可能减少铝锭重熔,完善广西铝产业链,保障产业可持续健康发展。

（二）大力发展铝合金和铝精深加工

铝合金是工业中应用最广泛的一类有色金属结构材料,在航空、航天、汽车、消费电子、机械制造、船舶及化学工业中已大量应用。目前,铝合金精深加工产业尚受到规模化程度不高等因素的制约,大力发展铝精深加工,扩大产能、开展新的项目合作显得非常必要。因此,充分利用广西有色金属产业基础,以轻质、高强、大规格、高洁净、高均匀、耐高温、耐腐蚀等为产品发展方向,发展高性能铝合金及其深加工产品和工艺。加快开展航空用高抗损伤容限合金、高强度铝合金品种开发,以及铝合金薄板、厚板、型材和锻件的工程化技术开发,满足航空及国防科技工业对高性能铝合金材料的要求。开发具有自主知识产权的轨道交通用大型型材用铝合金新材料、具有较好成形性能的汽车车身用铝合金板材,以及液化天然气船（LNG）用合金板材生产技术。鼓励加工企业进一步延伸产业链,向铝零部件终端产品制造业方向发展,为下游制造业和消费用户提供加工部件及产品。

（三）支持区域内铝企业联合重组

针对广西铝产能严重过剩的实际,大力发展精深加工,推进企业联合重组,增强技术创新能力,加快企业技术改造,支持优势大型骨干企业开展跨地

---

① 《广西铝产业二次创业中长期方案》。

区、混合所有制联合重组，支持区域内企业联合重组，提高产业集中度，通过多措并举促进铝产业健康发展是很有必要的。充分发挥中铝广西分公司、广西投资集团银海铝业公司、广西信发铝电公司、广西华银铝业有限公司、广西南南铝业股份有限公司、广西南南铝加工有限公司等大型骨干企业的带动作用，形成2～3个具有核心竞争力和国际影响力的企业集团。鼓励区内铝加工企业建立品牌联盟，整合营销渠道，发挥规模效应抵抗市场风险。通过铝产业"二次创业"，努力将南宁市打造成为具有较大区域影响力的铝产品品牌中心、研发中心、交易中心和新产品发布中心。

（四）增强铝企业技术创新能力

大力发展高档铝深加工产品，不能单靠引进国外设备增加产量，更重要的是加强铝加工产品技术研发力量，积极开发和掌握高档铝深加工产品的工艺技术、工艺控制技术、高档生产装备，提高铝加工工业的核心竞争力。广西应大力引进高科技人才，健全产学研用相结合的科技创新体系，加强产业发展技术研发平台建设，提升技术研发中心服务铝工业发展的能力。加快推动铝工业结构从资源型工业向加工制造业、从传统工业向新型工业延伸。围绕铝工业发展重点难点，建立铝行业科技创新平台建设的协同机制，引导企业、科研院校形成多方联动，推动拜耳法高浓度溶出浆液高效分离等氧化铝节能减排技术、赤泥综合利用，高阳极电流密度大型铝电解、低温低电压铝电解及其他新法铝冶炼技术，新型铝合金及性能的研究等方面的应用研究，进一步发挥企业技术创新主体作用，加快技术创新步伐。大力支持高效节能铝电解技术创新等战略联盟开展技术攻关，加快组建交通运输和航空航天用铝、赤泥综合利用等产业技术创新战略联盟，提升铝工业整体技术创新能力，着力突破制约铝工业核心关键技术和共性基础技术，提高产业核心竞争能力。

（五）加快企业技术改造及固废综合利用

技术改造是企业采用新技术、新工艺、新设备、新材料对现有设施、工艺条件及生产服务等进行改造提升，是实现技术进步、提高生产效率、推进节能减排、促进安全生产的重要途径。广西应支持铝工业运用先进适用技术和高新技术，以质量品种、节能减排、环境保护、两化融合等为重点，对现有企业生产工艺及装备进行升级改造，提高企业技术装备水平。重点推广低品位铝土矿生产氧化铝高效节能技术，氧化铝生产过程余热回收利用技术，新型阴极结构铝电解槽等低电压高效铝电解技术，电解铝液直接制备合金锭坯等短流程加工制造技术等。针对广西赤泥碱含量高，铁、铝、镓等有价金属富集的特点，采用低成本赤泥脱碱技术、高铁赤泥及赤泥铁精矿深度还原再选铁技术和强磁选技术、赤泥制备路基固结材料技术、赤泥生产高性能混凝土掺合料和赤泥砂作为水泥生料中的硅质原料生产干法水泥技术、赤泥生产新型建筑材料技术和生产化学结合陶瓷（CBC）复合材料技术、综合回收赤泥中多种有价组分技术等多种技术方法和生产工艺，建设大型赤泥综合利用项目，实现变废为宝、化害为利。

四、增强广西糖业"二次创业"

食糖是关系国计民生的重要战略物资。多年来，广西充分利用区位、资源、政策优势，紧紧抓住产业发展的重大机遇，全力推动糖业快速发展，成为全国最大的原料蔗和蔗糖生产省份，糖料蔗种植面积、原料蔗和食糖产量均超全国总量的60%，为保障全国食糖供给安全、带动农民增收、促进地方经济社会发展做出重要贡献。近年来，由于种植集约化程度低、劳动生产率低、综合利用水平不高等问题未得到有效解决，导致制糖成本高、缺乏竞争力，在当前国际贸易背景下，广西糖业受到很大冲击，影响了产业稳定发展。面对经济发展新常态，谋求广西糖业新发展，推动糖业转型升级，实现降成本、增效益，增强可持续发展能力和国际竞争力已成燃眉之急，必须实施糖业"二次创业"，从甘蔗种植到制糖生产和市场管控，从管理体制到运行机制，从制度、法规保障到政策支持等方面进行全面改革创新。[①]

（一）推进专业化分工及企业战略重组

结合广西500万亩"双高"基地建设布局，在南宁、崇左、来宾、柳州、百色、河池等市糖料蔗种植优势区域，推进原糖、精炼糖生产和综合利用专业化，进一步提高产业集中度和资源配置效率，实施制糖"二步法"生产工艺改造，逐步实现原糖生产与精炼糖生产分离。充分发挥企业主体作用，加强产业政策引导，完善财税政策激励，加快推进制糖企业战略重组。重点支持实力雄厚、技术装备先进、管理水平好的区内八大制糖企业集团，以及国内外年主营业务收入超过百亿元的其他企业集团通过参股、控股、资产收购等多种方式兼并重组广西制糖企业，促进资源向优势企业集中，进一步提高产业规模化和集约化水平。引导企业利用国内国际两个市场、两种资源，加强广西糖业国际合作，重点在食糖精深加工、技术合作与市场开发等方面寻求新的突破。同时，支持制糖企业在境内外上市融资，筹集发展资金。

（二）开展"双高"基地建设技术改造

"双高"基地建设是糖业的基础。"双高"基地建设促进制糖企业转型升级，倒逼制糖企业技术改造，培育甘蔗生产服务产业，构建现代农业全产业链

---

① 《广西壮族自治区人民政府办公厅关于印发广西糖业二次创业总体方案（2015—2020年）的通知》（桂政发〔2015〕128号）。

服务体系。"双高"基地建设能促进糖料蔗进厂以10%以上的增幅保证原料蔗供应稳定，增加农民收益，提高制糖企业效益，推动广西糖业转型升级。因此，广西应以制糖企业为龙头，以实现合理机械化生产为目标，开展机收压榨一体化项目试点。在一体化种植、中耕培土、收获、装载、运输等环节实施机械化作业。对试点企业压榨槽进行技术改造，使其适应切段式机收甘蔗的入榨要求。重点对糖厂装卸平台、压榨输蔗槽、撕解机等实施技术改造，增加机收糖料蔗含杂物清洗工艺和设备。优先抓好农垦金光糖厂、崇左东门南华糖厂、来宾东糖迁江糖厂等企业压榨槽改造试点项目建设。

（三）加快糖业循环经济发展

广西是我国最大的蔗糖生产和销售基地，甘蔗糖业主要采用"甘蔗原料—食糖—废弃物—再生资源利用"的循环模式，这种模式是形成精深加工、副产物综合利用、节能减排的甘蔗糖业循环经济产业化系统，最终实现推动传统甘蔗糖业提质增效及迈向新型特色农业产业化发展道路等目标。因此，广西要加快糖业循环经济发展，一是拓展循环经济与综合利用新领域，加强产学研用合作，加快科研成果产业化。在蔗渣利用方面，除继续推进蔗渣生物质发电外，重点探索生产糠醛、木糖、木糖醇、阿拉伯糖等高附加值产品；在糖蜜利用方面，以酒精为基础，深入开发高附加值化工产品；在滤泥利用方面，着重加强滤泥环保处理，实现肥料还田。二是提高蔗叶、蔗梢综合利用水平，重点推进以养牛业为纽带，食用菌、乳品、肉品加工、饲料加工等多个产业共同发展的生态农业循环经济产业链发展，促进农民增收。

（四）推进甘蔗多样性产业发展

在工业领域，要大力推进甘蔗多样性产业发展，切实提高产业抗市场风险能力，推进甘蔗向生物化工工业、食品工业、发酵工业、医药工业等产业体系发展，形成甘蔗制糖与甘蔗制非糖产品可调可控，努力开创甘蔗除制糖外的产业链，解决甘蔗加工产品单一的问题。因此，广西应引导和鼓励企业加强产学研用合作，推进甘蔗多样性产品研发和生产。探索甘蔗多样性产业发展新途径，引导甘蔗转向生产其他高附加值产品，进一步拓宽产业带、延伸产业链，按市场需求实现甘蔗制糖和相关高附加值产品可调可控的产业技术格局。一是发展生物化工产业，包括醇及醇的衍生物：乙醇、丁醇、丙二酮等；有机酸及其衍生物：苹果酸、L-乳酸等；酯类及衍生物：乙酸乙酯等；高分子化合物及其他生物基化学品：聚氯乙烯、聚乙烯醇、高分子材料、黄原胶、凝胶等。二是发展食品工业，包括功能性糖：低聚果糖、异麦芽酮糖及异麦芽酮糖醇等；酒类：朗姆酒、果酒等；饮料：蔗汁浓缩液、蔗汁饮料等；食品添加剂：焦糖色素、酵母提取物等。三是发展发酵工业：氨基酸产业（赖氨酸、谷氨酸），多糖产业（黄原胶、凝胶多糖）等。

五、完善广西冶金产业"二次创业"

冶金产业是广西传统支柱产业，经过多年的发展已经形成较好的基础，拥有广西柳州钢铁集团有限公司、广西盛隆冶金有限公司、广西贵港钢铁集团有限公司等多家大型国有或民营具有较强市场竞争力的企业。尽管如此，广西冶金产业依然存在有效供给不足、各市各地方发展不平衡不充分的问题，在产品结构、产业链延伸、多元发展、智能制造等方面与全国先进水平相比还存在较大差距。因此，需要进一步完善提升发展战略、思路、举措，坚持以转型创新发展为主线，逐步解决发展不平衡不充分问题，加快推进广西冶金产业"二次创业"，实现转型升级，增强产业创新发展能力。[1]

（一）改善产品结构，扩大有效供给

广西尽管拥有较好的产业基础，但不容忽视的是，与先进水平相比，广西冶金产业发展不平衡不充分的问题也日益突出。综合来看，广西冶金产业的有效供给不足，产品结构优化、产业链延伸、多元发展、智能制造等方面，与全国先进省区市和企业尚有较大差距。因此，要通过"增品种、提品质、创品牌"，有效破解供需结构矛盾，着力调整改善广西冶金产品的供给结构，提高供给结构对需求变化的适应性和灵活性，提高全要素生产率，扩大有效供给。一是结合建筑业需求，特别是钢结构等装配式建筑的发展，提高量大面广钢材产品的质量和稳定性。二是围绕汽车、海洋工程、高端装备制造、船舶等用钢需求，与用户协同推进先进钢铁新材料产品研发应用。三是面向东盟等国际市场，研发适合海洋环境使用的耐腐蚀、长寿命钢材产品。四是发展服务型制造，完善物流配送，加强技术支持和服务，在具备条件的领域构建先期研发介入、后期持续改进模式。五是支持企业建立以质量为中心的品牌体系，贯穿研发创新、生产制造、质量管理和营销服务全过程，打造具有国际影响力的企业品牌和产品品牌。

在具备条件的重大冶金项目、先进冶金企业大力推动云制造服务，支持广西冶金企业、互联网企业、信息技术服务企业跨界联合，实现制造资源、制造能力和物流配送开放共享，推动创新资源、生产能力和市场需求的智能匹配和高效协同。支持建设以重点冶金企业为中心的网络化协同制造服务体系，突破资源约束和空间约束，实现企业间协同和社会制造资源广泛共享与集成。

---

[1] 《广西壮族自治区人民政府办公厅关于印发广西冶金产业二次创业实施方案（2017—2025年）的通知》（桂政办发〔2017〕157号）。

表 2　冶金"二次创业"重点发展内容

产业	重点发展内容
钢结构用钢	引导和扶持广西钢铁企业主动参与钢结构及装配式建筑示范产业基地建设，研发生产与钢结构建筑构件需求相适应的定制化、个性化钢铁产品，推广 390 兆帕及以上高强钢结构用钢，研发防火、防腐高性能钢结构用钢，探索生产标准化程度高的钢结构配件，建立钢结构配件统一配送中心。
高品质特殊钢	依托广西柳州钢铁集团有限公司、广西贵港钢铁集团有限公司、广西盛隆冶金有限公司等优势企业，重点发展高强汽车板材、汽车动力系统钢材、高标准轴承钢、齿轮钢、工模具钢等高性能专用特种优质钢材。大力开发新一代核电装备用特殊钢及配套构件与焊接材料、高性能耐磨钢与高速工具钢，积极开发海洋工程装备用特种耐蚀钢、高技术船舶用钢、高性能长寿命齿轮钢、弹簧钢、高强韧非调质钢、12.9 级以上高强度紧固件用钢等基础零件用钢。
不锈钢	依托北海诚德公司、广西中金金属科技股份有限公司、广西梧州市金海不锈钢有限公司、梧州市永达钢铁有限公司、梧州市鑫峰特钢有限公司等重点不锈钢企业，重点发展以铁素体不锈钢、高氮不锈钢、经济型双相不锈钢等为代表的资源节约型不锈钢，以环保设备、国防装备、新能源、海工、航空航天用不锈钢等为代表的特殊领域用高性能不锈钢，以及以耐热不锈钢、抗菌型不锈钢、高硬高韧高耐磨性不锈钢为代表的高功能型不锈钢。
铁合金	以服务钢铁工业为主，重点发展镍铁、铬铁合金等高附加值新材料，积极探索与铸造业联合发展模式，共同开发装备制造用新材料，如高锰耐磨铸铁、含镍铬铸铁、铸钢材料等。
电解金属锰	重点服务钢铁、不锈钢和铝等产业，延伸发展软磁铁氧体材料及制品。积极研发新合金材料产品，推进电解金属锰向电子技术、化学工业、食品卫生、航天工业等重点领域应用和发展。
电解二氧化锰	重点服务电池行业，开发锰系锂离子动力电池正极材料，推进锰基础原料向锂动力电池、电动汽车、轨道交通应用型深加工方向发展。

（二）挖掘产业价值，延伸产业链条

综合考虑广西冶金产业的资源禀赋、下游产业、关联产业和发展条件等，以充分挖掘产业链价值、提高竞争力为导向，纵向贯通、横向耦合，延伸产业链条。一是结合建筑、汽车、海工、船舶、轨道交通等下游行业需求，发展产业型的钢材下游深加工，纵向往下打通产业链条。二是发挥不锈钢冶炼企业引领作用，以龙潭产业园、北海产业园、梧州市不锈钢制品产业园区等为依托，集聚化发展民用、家电、工业、建筑、交通、汽车等领域所需的不锈钢制品。三是发挥锰资源优势，打造锰盐精深加工基地，重点发展软磁材料、锰系正极材料及动力电池等系列产品。四是高效回收利用冶金二次能源、固体废弃物等，提高资源综合利用价值，探索与化工、建材、电力、食品等产业耦合发展。

（三）优化产业布局，推动集聚发展

目前，广西正调整优化布局、拓宽发展空间、促进产业集聚、培植产业生态，但囿于传统计划体制下形成的以资源开发为导向的经济区划和产业布局的影响，至今全区冶金产业仍面临着产业空间集聚不足、产业联系不够紧密、产业发展平台质量不高等突出问题。因此，广西要利用好"两种资源、两个市场"，遵循贴近市场、优化物流、集约发展、提效降本的基本规律，推动具备条件的企业向创新环境最好、综合成本最低、集约发展最优、支撑条件最佳的区域转移，将广西冶金产业建设形成"一核、三带、九基地"总体布局。

1. 钢铁产业布局。

以广西柳州钢铁集团有限公司为核心，沿柳州—防城港铁路布置广西钢铁企业，发挥沿海优势、交通优势，以及梧州靠近珠三角和建设西江黄金水道中心城市的区位优势，合理设置钢材物流配送节点，积极开拓和发展国内外资源和市场，带动下游产业群发展。

表 3　钢铁产业布局

市域	"二次创业"主要内容
柳州市	以广西柳州钢铁集团有限公司为核心，规划全面技术改造生产线。完善综合利用产业群，建设二氧化碳回收示范工程，实现"两化融合"和绿色发展、绿色智造。重点开发汽车、船舶等高端装备制造用钢材和精品建材用钢材，担负开发钢铁新材料任务，带动钢铁下游产业发展，努力打造绿色发展、绿色智造的柳州钢铁基地。
梧州市	以再生钢铁为核心，大力发展再生资源产业，借助靠近广东的区位优势，利用珠三角充足的五金加工废边角料为生产原材料，消纳废旧不锈钢，实现钢铁行业循环回收再利用，将梧州市不锈钢制品产业园打造为"城市矿产"示范基地的重要组成部分。
防城港	以防城港钢铁基地项目一期工程为支撑，配套综合利用产业群，积极搭建产业链和产业集群，注重发展海洋工程、船舶和耐腐蚀等领域用的钢材。按照"两化融合"、绿色发展、绿色智造要求建成千万吨级防城港钢铁基地项目。
贵港市	实施产品升级改造工程，形成特钢生产规模 500 万吨，特钢深加工总产能 120 万吨。重点生产钨钢、锰钢、钼钢、钨铬钢和模具钢等特种钢产品。担负开发特种钢新材料任务，积极利用沿海镍合金资源，争取开发非不锈钢的镍基特种钢产品。

2. 锰产业布局。

充分发挥广西锰矿资源优势和区位优势，综合考虑交通运输、环境容量、市场分布和利用国外资源等条件优化广西铁合金及锰盐产业布局，形成百色—桂林—钦防的广西锰三角区。广西锰三角区涵括百色市、崇左市、桂林市、柳州市、来宾市、钦州市和防城港市，有广西铁合金有限责任公司、中信大锰矿业有限责任公司、百色百矿集团有限公司、广西新振锰业集团有限公司、来宾市汇元锰业有限公司、广西桂柳化工有限责任公司、广西沙钢锰业有限公司、桂林翔云锰业有限责任公司、普瑞斯伊诺康有限公司和百色市光大锰业有限公司等重点龙头企业。延续崇左百色锰深加工基地规划，努力将百色和崇左建设成为中国绿色的生态锰业深加工基地。积极开发纳米二氧化锰粉体材料、锰基超级电容器、软磁材料制品和锰系锂离子动力电池等高科技高附加值产品，延伸产业链。加强与钢铁、不锈钢和铸造等领域的合作，努力提升本地消化电解金属锰、电解二氧化锰和硫酸锰等产品的能力。

3. 不锈钢产业布局。

发挥广西区位优势、沿海港口优势，利用东盟红土镍矿资源，发展广西不锈钢及镍铁铬铁等合金产业，以北海诚德公司、广西中金金属科技股份有限公司、广西金源镍业有限公司和广西华汇镍业有限责任公司为核心，以大西南临港工业园、北海铁山港工业区、玉林龙潭产业园、梧州进口再生资源加工园区、梧州市不锈钢制品产业园区和钦州市钦南区金窝工业园区为承载，重点发展不锈钢产业，积极开发新材料新产品。积极引导不锈钢制品企业或项目向沿海地区集中，降低不锈钢材配送成本，构建不锈钢制品产业集群。推动"两化融合"和发展综合利用产业，努力打造绿色的广西沿海不锈钢产业基地、不锈钢制品加工基地。

（四）开展产学研，促进技术创新

由技术进步推动的科学技术向生产力的转化越来越多，并随着科技进步和经济社会发展，在科学技术转化为生产力的动力系统中，技术进步的地位和作用越来越重要。只有深入开展产学研，才能更好地促进科学技术转化为生产力，所以技术进步是产学研联合的推动型动力机制。因此，广西要加强推进冶金产业产学研用相结合的创新模式，发挥企业的创新主体作用，通过市场化运作机制和多元化合作模式，形成1~2家国家级创新平台、3~4家省级创新平台。加大创新投入，以高效、绿色、智能等为主导方向，充分整合现有科技资源，发挥创新引领发展的作用，应用先进适用技术，推进企业改造升级。重点突破冶金碳捕集及高效利用技术，红土镍渣综合利用技术，硫铁矿综合利用技术，锰盐无铬钝化技术，钢铁新材料技术，产品工艺质量参数采集与存储、追溯分析技术，生产制造流程多目标实时优化在线运行技术等。加快推动企业从单一技术创新向涵盖技术、管理、商业模式等在内的系统性创新转变。建设广西特钢研发中心，联合海内外专业科研院校，建立"大数据＋云计算＋云制造"体系，结合广西发展海工装备、轨道交通等高端装备制造要求，重点开发高性能特种钢新材料、不锈钢新材料，优化冶炼和深加工工艺，并具备关键专用设备的研发能力。

（五）推进绿色发展，促进转型跨越

党的十九大报告指出，必须树立和践行绿水青山就是金山银山的理念，坚持节约资源和保护环境的基本国策，形成绿色发展方式和生活方式。因此，必须推进绿色发展革命，建立健全绿色发展体制机制。一是建设绿色工厂，全面普及先进适用以及成熟可靠的节能环保工艺技术装备，建成覆盖企业厂区主要污染物排放的环保在线监控体系，系统优化物流体系，减少物流过程中无组织排放。二是建设绿色园区，落实发展循环经济，推进冶金渣、尘泥等固体废弃物综合利用产业规范化、规模化发展，探索冶金与建材、电力、化工等产业及城市间的耦合发展，实现"产品制造、能源转换和废弃物消纳"三大功能。三是打造绿色供应链，以重点冶金企业为依托，加快建立以资源节约、环境友好为导向的采购、生产、营销、回收及物流体系，积极应用物联网、大数据和云计算等信息技术，建立绿色供应链管理体系。四是引导冶金企业借鉴"六位一体"绿色发展模式，形成个性化的绿色发展道路，即根据企业实际和自身特点，从"绿色产品、绿色制造、绿色产业、绿色矿山、绿色采购、绿色物流"等方面，发挥优势，突出重点，推进企业绿色发展。

（六）培育先进强企，增强企业凝聚力

先进企业文化的丰富内涵表明，它能增强企业凝聚力，调动员工实现企业目标的积极性和创造性，从而提高企业经济效益。因此，广西应针对冶金企业特点，发挥专业化机构作用，支撑环保、安全、质量、能耗等方面执法，以建设公平竞争的市场环境，促进广西冶金企业优胜劣汰。一是引导冶金企业开展竞争力评估，鼓励企业以提高竞争力为中心制定发展战略，结合自身的竞争形势和实际状况，走差别化的转型发展道路，避免转型升级中的新一轮同质化发展和重复建设。二是推动广西柳州钢铁集团有限公司、广西盛隆冶金有限公司、北海诚德公司、中信大锰矿业有限责任公司、广西新振锰业集团有限公司等成为国际知名、具有极强市场竞争力的企业集团，有效带动发展一批具有较强竞争力的企业群体和产业集群。

表4 有关铝企业集团"二次创业"内容

公司名称	"二次创业"主要内容
广西柳州钢铁集团有限公司	实施"1+4+X"产业发展战略（1是指钢铁主业；4是指重点发展四大多元板块，即物流与贸易、能源与化工、环保与资源综合利用、服务业；X是指培育发展若干个新兴产业），以"本部转型升级，沿海有序发展，多元聚焦集群，集团战略管控"为四大转型重点，以"降本增效、总量控制、多元并举、绿色发展、资本运作、智能升级"为六大战略举措，以"集团管控、深化改革、科技创新、财务优化、人才保障、企业文化和风险管理"为七大保障措施，把广西柳州钢铁集团有限公司打造成为华南及西南地区最具竞争力的综合型钢铁企业集团和科学高效的国有资本投资运营集团。
广西盛隆冶金有限公司	以调结构、提品质、促转型为主攻方向，继续全面推进产业结构调整及优化产品结构，围绕创新驱动、服务型制造、智能制造、绿色制造等方面，开展高水平技术改造，加速淘汰落后装备和低效产能，促进企业提质增效和转型升级。规划建设1780毫米热带钢轧机1套，重点发展高性能、高质量及升级换代钢材产品，主要包括汽车用钢、管线用钢、锅炉压力容器用钢、集装箱用钢、工程机械用钢等高附加值热轧板带，满足下游高端装备制造业的需求。同时，通过技术创新，加快推进石墨烯基海洋用防腐钢材的研发，进一步提升产品的耐蚀性、延展性，满足热带、海洋气候环境下的使用需求。
北海诚德公司	以市场为主导，加大科技研发力度，积极发展适合《中国制造2025》的不锈钢新材料，满足节能环保、轨道交通、海洋装备、航空航天、汽车等领域的需求。依托自身不锈钢母材产品优势，拓展不锈钢产业链，做大做强民用领域用不锈钢制品，培育和发展工业领域用不锈钢制品，重点发展先进装备制造业用原材料和基础件，大力增强装备制造相关配套能力。坚持制造服务化、产品高端化、生产高效化、管理精细化，将公司在汽车、机械、家电、船舶等高端不锈钢板材产品领域打造成为国内一流的生产服务制造商。
中信大锰矿业有限责任公司	坚持以"资源立矿、深加工强矿、产品纵向一体化"为抓手，积极优化产能结构、调整产品结构、延伸产业链条、推动绿色发展，通过中信大锰布东锰系列项目、锰系锂离子动力电池项目等项目建设，推动公司发展成为国内外具有重要影响力的锰业集团。
广西新振锰业集团有限公司	以发展中碳锰铁、低碳锰铁、硅铝合金等稀缺高性能锰加工产品为主，加快完成锰业研发中心建设，通过实施区域内铁合金企业的整合和技术改造，重点推进年产20万吨中低碳锰铁合金项目、年产6万吨电解金属锰二期工程、矿山扩产建设工程等项目，实现区域内铁合金产业的整体升级，推动公司成为国内锰合金行业的优势企业。
百色百矿集团有限公司	以建设生态型产业链为主攻方向，重点发展"生态锰"产业。通过在靖西市锰工业区建设百矿集团锰矿石选冶—金属锰深加工—锰渣综合利用基地，重点推进电解金属锰整合项目、电解二氧化锰整合项目、硫酸锰项目、镍钴锰酸锂材料及配套动力电池项目等项目建设，推动公司发展成为区内外具有重要影响力的生态锰产业集团。

六、提升广西机械工业"二次创业"

机械工业是广西的支柱型产业之一。经过长期培育和发展，广西机械工业形成了较为完备的制造体系，拥有工程机械、电工电器、石化通用机械、农业机械、机床工具、仪器仪表、重型矿山机械、机械基础件、食品及包装机械、其他民用机械等十个分行业，形成了较好的产业基础。在推进机械工业"二次创业"中，要推进实施"178"（产值翻一番、七个转变、八项措施）发展战略，推动广西柳工集团有限公司（以下简称"柳工集团"）成为世界级的工业装备与服务产业集团；推动广西玉柴机器集团有限公司（以下简称"玉柴集团"）成为世界知名品牌、大型跨国企业集团，有效带动发展一批具有核心竞争力的企业群体和产业集群，促进广西机械工业提质增效、转型升级和健康发展，为全区经济社会发展提供强力支撑。[①]

（一）推动传统制造向数字化制造、智能制造转变

近年来，制造业数字化、网络化、智能化已成为新一轮工业革命的核心技术，全球制造业迎来了数字化变革转型的新时代，传统制造向数字化制造、智能化制造升级、蜕变是必然的。广西应将智能制造作为推进工业化和信息化深度融合的突破口，着力发展智能装备和智能产品，推进全产业链制造过程智能化，培育新型生产方式，全面提升企业研发、生产、管理和服务的智能化水平。一是组织研发具有深度感知、智慧决策、自动执行功能的智能制造装备以及智能化生产线，促进产业结构向中高端迈进，助力工业经济提质增效，加速产业转型升级。推进制造过程智能化。二是加快人机智能交互、工业机器人、智能物流管理、增材制造等技术和装备在生产过程中的应用，促进制造工艺的仿真优化、数字化控制、状态信息实时监测和自适应控制。着眼于推动高端装备制造业智能化升级，在南宁、柳州、玉林等市重点建设三座智能制造城。

（二）推动技术创新向技术、金融、管理、商业模式等综合创新转变

科技体制创新在广西创新体系中处于重要地位，对企业发展具有决定性的作用。企业技术创新的发展，只有通过科技体制的不断创新，才能从根本上解决长期存在的"两张皮"现象，为企业技术创新活动的组织实施和过程管理提供必要的支撑和保障。因此，广西应加大力度推动技术创新向技术、金融、管理、商业模式等综合创新转变，一是加快制造业创新体系建设，不断完善以企业为主体、市场为导向、政产学研用相结合的制造业创新体系。依托科研院所和骨干企业，建设重点实验室、企业技术中心、制造业创新中心等，打造跨领

---

① 《广西壮族自治区人民政府关于印发广西机械工业二次创业实施方案的通知》（桂政办发〔2017〕46号）。

域、协同化、网络化创新平台。二是促进关键技术突破和产品化发展，组织编制和实施机械工业产业链路线图，指导企业围绕产业链进行生产和创新布局。引导企业加强核心技术开发，加快研究开发一批具有自主知识产权、自有知名品牌、较高附加值和市场竞争力的工业新产品，加快由产业链低端向产业链高端提升。三是强化企业技术创新主体地位，不断深化科技体制改革，强化企业技术创新主体地位，健全技术创新市场导向机制。优化综合创新生态体系，构建多要素联动、多领域协同的综合创新生态体系，加快推动企业技术创新从单一技术创新向技术、产业、金融、管理、商业模式等综合创新转变。

（三）推动柳工集团向国际化、智能化、服务型制造企业转变

加快实施"走出去"战略，是发挥广西对东盟开放前沿和窗口作用，是广西企业参与国际竞争合作，提升核心竞争力，形成一批有影响力的大型跨国公司和国际知名品牌，推动广西产业优化升级的必由之路。重点拓展和强化工程机械、建筑机械两大核心产业板块，全力打造"柳工机械"和"欧维姆"两个国际知名品牌。推动柳工集团在欧美高端市场和海外研发制造获得突破性进展，实现在海外市场的扩张，进入世界工程机械企业前15强，成为国内领先、国际一流的世界知名企业，确保中国工程机械国际第一品牌。一是加快工程机械在海外市场的扩张，通过加强与国家开发银行、丝路基金有限责任公司、亚洲基础设施投资银行以及国有大型施工企业等组织和企业的深度合作，积极参与"一带一路"沿线国家的重大项目。二是加快海外并购步伐，积极推动柳州欧维姆机械股份有限公司（以下简称"欧维姆"）发展，支持实施海外并购优势企业实现快速发展。三是加快发展服务型制造，以产品为中心转向以服务为中心。从工程机械设备产品大类的增加，转向贯穿设备全生命周期并满足客户各阶段需求服务大类的增加。四是实现全面智能化，加大对智能产品研发、智能工厂升级改造、智能服务和智能管理的资金投入。五是深化柳工集团改革，按照国家关于做强做优做大国有企业的指导思想，支持柳工集团深化改革工作。

（四）推动玉柴集团向一业特强、适度多元化转变

支持玉柴集团不断推进体制创新，加快实施"一业特强、适度多元化"发展战略，在体制、资产结构、核心技术、产品市场面等方面不断提升核心竞争力，推动玉柴集团综合实力进入中国制造业企业前100位，中国机械500强企业前10位，成为大型跨国企业集团。一是适度发展多元化新业务，依托玉柴专汽和玉柴股份新能源事业部两大平台优势，建成玉柴新能源汽车产业链。依托玉柴集团运营管理光伏发电项目经验，整合区内丰富的光伏资源，大力发展绿色清洁能源，优化能源结构，助力社会经济发展。二是深入实施智能制造，

充分利用大数据和云平台技术，加快产品全生命周期管理系统建设，加大对智能产品研发、智能工厂升级改造、智能服务和智能管理的投入，将制造技术与信息技术深度融合。三是持续拓展国际合作，加强与德国菲德烈斯哈芬有限公司（MTU）合作，生产高端、高速、大马力 S4000 系列发动机产品，适用于船用、发电、油气田和钻井动力市场，共同打造具有世界顶尖技术水平的高品质大马力非道路发动机。

（五）推动企业生产经营向国际化转变

紧紧抓住国家推进"一带一路"建设、国际产能和装备制造合作机遇，发挥机械工业产品在出口中的重要作用。支持企业扩大对外贸易投资，建设一批境外生产基地和工业园区，以"工程＋装备＋运营"方式，推动工程机械、轨道交通装备、电力装备等产品出口和国际产能合作。支持企业在境外开展并购和股权投资、创业投资，建立研发中心、实验基地和全球营销中心及服务体系；依托互联网开展网络协同设计、精准营销、增值服务创新、媒体品牌推广等，建立全球产业链体系，提高国际化经营能力和服务水平。鼓励优势企业加快发展国际产能合作。深化产业国际合作，加快企业走出去。积极参与和推动国际产业合作，加快推进与周边国家互联互通基础设施建设，深化产业合作。发挥沿边开放优势，在有条件的国家和地区建设一批境外制造业合作园区。

七、做大广西汽车工业"二次创业"

根据汽车产业国际发展趋势和国内发展现状，并结合广西汽车产业实际，以协同创新为动力，依托上汽通用五菱汽车股份有限公司、东风柳州汽车有限公司、广西汽车集团有限公司、桂林客车工业集团有限公司、一汽解放柳州特种汽车有限公司、广西源正新能源汽车有限公司、中国重汽集团柳州运力专用汽车有限公司、柳州延龙汽车有限公司、广西玉柴机器股份有限公司等核心企业的研发优势和技术积累，围绕整车、零部件、新能源汽车和公共平台等重点领域，努力打造广西汽车产业发展的核心竞争力。[①]

（一）大力推进创新驱动

1. 整车方面。

建立整车集成设计开发流程，提高二次开发与应用能力，提高车身与底盘开发能力以及整车、发动机、变速器的性能优化匹配能力，掌握整车标定和结构优化、系统性能控制等整车开发关键技术。重点进行整车、发动机和动力传动系统的噪声仿真与控制技术、制动噪声分析与控制以及声品质评价技术的研究，开展各种车辆振动与噪声的结构解决方案与降噪措施研究，完善振动故障

---

① 《广西壮族自治区汽车工业发展"十三五"规划》。

诊断及综合评价体系。针对汽车产品研发和制造需求，大力加强系统级车辆性能路试台架及关键总成检测设备的研发生产，增强试验技术研究开发和能力建设投入，形成面向汽车产品开发全过程的功能完备的汽车试验技术开发和验证能力。

2. 零部件方面。

立足现有产品升级配套，着眼未来产业发展，重点围绕乘用车、商用车和发动机，打造专业化、规模化、研发型的汽车零部件配套产业。对区内现有零部件配套体系进行整合，加快发展具备自主开发能力、产品技术含量高的企业，提高区内零部件企业的竞争力。与国外优势企业开展合资合作，积极参与国际分工，引进国外先进技术企业，按专业化分工。立足国内市场，进入国际市场，在为主机厂配套的同时注重服务社会市场，努力扩大出口。提高发动机、变速箱、车桥（悬挂）、制动、转向五大关键总成的设计和制造能力，掌握关键核心技术。提高车身内饰和电控系统附件的技术附加值，提高系统研发能力，实现在整车厂商的产品策划和预开发阶段承担同步开发任务。

（二）加快推广新能源汽车

21世纪世界汽车市场竞争的热点将聚焦在掌握具有原创性的新型能源清洁汽车技术上，发展新能源汽车是广西汽车产业实现技术跨越的突破口。加快新能源汽车的发展，是落实创新驱动发展战略的重要环节，是推动广西汽车产业转型升级，实现汽车产业做大做强跨越发展的关键。以科技创新驱动新能源汽车产业快速发展，深化关键技术研究，加强前瞻部署，攻克核心技术，提升创新能力，实现插电式混合动力与纯电动汽车、整车控制系统、锂离子动力电池、燃料电池、驱动电机等各个方面核心技术突破和关键零部件的制造，完善新能源汽车产业链。实现插电式混合动力客车、纯电动客车，插电式混合动力与纯电动乘用车规模生产。同时，以市场主导和政府扶持相结合，建立长期稳定的新能源汽车发展政策体系，创造良好发展环境，加快广西新能源汽车推广应用，以推广应用促进新能源汽车产业发展，以产业发展支撑新能源汽车推广应用。

（三）提升零部件核心技术

世界各主要汽车生产国发展汽车零部件产业的进程表明，零部件产业与整车制造产业基本上是同步进行的。广西在发展整车生产的同时，要积极扶持零部件企业迅速做大，形成产业集群，提高配套能力。一是大力发展零部件企业，加大零部件企业的投资力度；二是要鼓励零部件企业与整车企业建立长期战略伙伴关系，积极参与整车企业产品开发，不断提高系统零部件开发水平，提高配套能力；三是加强汽车零部件开发平台建设，建立广西汽车零部件测试中心，为企业提供产品测试服务，缩短零部件的开发周期，适应汽车整车厂的配套要求。

（四）做大做强企业集团

具有国际竞争力的汽车企业集团的形成是汽车产业真正强大的重要标志，也是广西实现从汽车大省向汽车强省转变的重要表现。在未来一段时间，应针对广西汽车生产企业数量多、规模小的结构特点，应按照"由专业化到规模化"的原则，通过横向并购实现资源的整合。在整车市场上，针对不同车型的市场结构采取横向并购的方式，淘汰劣势企业，组建大型汽车企业集团，提高整个行业的规模效益和竞争力，促使市场结构向寡头型过渡。同时争取培育5到10家初具相当竞争力的零部件大型企业集团。

（五）打造国际化出口基地

鼓励企业为适应出口要求而实施技术改造和研发项目。在企业对外宣传、出口渠道建设、海外营销网络建设等方面给予支持，拓展广西汽车及零部件产品出口的广度和深度。积极帮助本土企业开拓海外市场，组织广西企业在东盟国家举办或参加各种工业品展览，宣传广西产品。利用本土企业在海外的营销渠道，带动一批企业加快出口步伐。以国家汽车及零部件出口基地建设为契机，大力发展自主品牌，培育一批有出口能力的企业和产品。有计划地组织企业参加国内外知名的汽车展会，提高产品知名度，拓宽出口渠道。积极鼓励企业拓展海外业务，到国外投资设厂。重点支持建设汽车出口信息、产品认证、共性技术研发、试验检测、培训等公共服务平台。推进企业外向型国际化发展，在境外建厂设点，实施跨国并购，扩大海外生产规模，贴近销售市场，带动汽车产品、技术和服务出口。设立研究开发中心，吸引国外技术、人才，在消化吸收的基础上，开发具有自主知识产权的新产品和新技术。增强广西汽车产业资源配置能力，提升自主品牌在国际上的竞争力。构建境外自主营销体系和配套物流服务体系，通过多种形式建立境外营销中心和营销网络，完善出口产品的零配件供应、维修服务体系。

八、促进广西"二次创业"的对策建议

广西仍需加强贯彻落实国家化解过剩产能的要求，改善铝、糖、冶金、机械、汽车等产品供给结构，与广西自身优势相结合，以创新驱动引领转型升级、以结构调整促进转型升级、以重大项目带动转型升级、以企业培育助推转型升级等方式，打造广西特色产业链条，通过一系列行之有效的方案措施，切实提升广西传统产业"二次创业"发展的质量效益和核心竞争力。

（一）以创新驱动引领转型升级

实施创新驱动是提升企业核心竞争力、克服经济下行压力、在激烈的市场

竞争中立于不败之地的制胜法宝。因此，广西要深入实施创新驱动发展战略，完善以企业为主体、市场为导向、政产学研用相结合的工业创新体系。围绕产业链部署创新链，坚持面向需求，开展重大科技研发和创新，争取在一系列关键技术上取得重大突破。组建一批创新平台，加强关键核心技术攻关，加速科技成果产业化。加强创新驱动的顶层设计，整合科技布局和资源，完善政府对基础性、战略性、前沿性科学研究和共性技术研究的支持机制。突出成果的创新性、成熟性、实用性及对行业发展的实际贡献，进一步完善科技成果评价办法。建立和完善人才激励机制，加强人才队伍建设，注重人才培育和引进，为广西工业转型升级提供人才和智力支撑。

（二）以结构调整促进转型升级

深入贯彻《中国制造 2025》，结合自治区人民政府《关于贯彻落实〈中国制造 2025〉的实施意见》（桂政发〔2016〕12 号）的精神，精心选择一批重点产业和重点领域予以重点突破，大力推动传统产业改造升级，加快发展生产性服务业和消费品工业。加大技术改造力度，突破一批关键核心技术，研发一批有市场竞争力的标志性产品，进一步提升广西传统产业的发展层次，壮大发展规模，向中高端迈进，走出一条广西工业转型升级的新路径。

（三）以重大项目带动转型升级

积极争取国家在重点工程、重大项目、重大政策的布局和安排上给予倾斜。继续深入实施工业跨越发展项目建设突破行动计划。做好重大前期项目的谋划、对接、储备等工作，建立重大前期项目的"储备仓库"，加快项目研究、论证、立项、申报等工作，广泛储备项目，为"二次创业"发展提供源源不断的项目支撑，确保有效投资持续扩大。加大重点产业招商力度，瞄准世界 500 强企业、大型央企、优质民企、创新型企业，重点引进产业链、价值链高端环节和缺失环节等具有牵动力的重大项目。加强与国家部委、大企业大集团、重点高校和科研机构的战略合作，共同推进重大合作项目建设。

（四）以企业培育助推转型升级

自我国进入世贸组织后，国内企业面向更广阔的市场环境，其竞争力应全面有效地提升，这样才能更好地促进企业良好发展。当前国际资金与实力雄厚、市场占有率大的企业逐渐进入到市场，给我国企业发展带来很大的挑战，导致广西中小企业的经营环境逐渐向严峻化发展，想要保障广西中小企业在当前的市场氛围下更好发展，就必须全面有效地提升中小企业的核心竞争力，这样才能保障中小企业在当前市场环境下更好发展。因此，鼓励广西企业兼并重组，形成一批主业突出、拥有品牌优势、具有较强竞争力的大型企业（集团），积极培育产业领域骨干企业，大力发展"专、精、特、新"的中小企业，进一步发展高新技术企业，着力培育一批科技型和创业创新型中小企业，加大对小型微型企业服务力度。

（五）以园区建设承载转型升级

当前，园区经济已成为世界许多国家和国内一些发达地区经济发展的重要增长极。工业园区作为发展园区经济的一种类型和途径，在全国各地呈蓬勃发展之势。工业园区是发挥投资的规模效应，吸引资金、技术、人才、信息集聚的有效途径，对经济发展起到了不可替代的重要推动作用。因此，广西要加快推进现有产业园区转型升级，着力打造具有专业特色和比较优势的产业园区，积极推进体制机制先行先试，加快产业园区行政管理体制改革，支持国家级产业园区按照国家区域和产业发展战略共建跨区域合作园区或合作联盟，引导各类产业园区创建知识产权试点示范园区，深入推进产城互动试点园区建设，推动建立严格有效的知识产权运用和保护机制。探索建立国际合作创新园，打造一批现代产业园区，成为带动全区传统工业转型升级的重要载体。

（六）以绿色发展倒逼转型升级

面对新常态下经济增速放缓的下行压力和结构调整的阵痛，面对生态建设要求不断提高的倒逼，广西必须以更大的力度、更宽的视野、更实的举措推进深度转型。因此，广西要加快资源型产业绿色改造升级，加大先进节能环保技术、工艺和装备的研发应用力度。加大企业绿色生态化改造力度，完善企业退出机制，加快淘汰落后产能和"僵尸企业"，提升资源高效循环利用水平，构建高效、清洁、低碳、循环的绿色制造体系。实施产业园区生态化改造。强化监督管理，加大节能减排监测执法、目标责任评价考核和问责力度，加大对违规、违法企业责任人的责任追究力度。

（七）以质量品牌强化转型升级

推进品牌建设、促进质量提升是转变经济发展方式、加快产业转型升级的重要载体，通过研发创新、质量管理等，整合战略品牌资源，储备品牌势能，以质量和品牌引领结构升级之路，推动广西"二次创业"发展步伐。因此，广西应提升质量控制技术，完善质量技术标准和监管体系，推广先进质量管理技术和方法，优化质量发展环境。实施工业产品质量提升行动计划和重点行业工艺优化行动，加快提升工业产品质量。扶持广西制造业名品名牌建设，鼓励打造拳头产品，做强现有知名品牌，培育自主创新品牌，全面提升广西制造的知名度和影响力。

（八）以深化改革保障转型升级

当前，广西正处于深化改革的攻坚期、加快转型的关键期。因此，广西要通过全面深化改革，加快转型升级，进一步加强简政放权力度，减少行政审批事项和微观事务管理。改革技术创新管理体制机制和项目经费分配、成果评价和转化机制。深化资源性产品价格改革，推行节能量、碳排放权、排污权、水权交易制度改革，按中央统一部署，推进资源税改革、环境保护费改税改革工作。推行实施峰谷分时电价政策。进一步破除各种形式的行业垄断。健全产业安全审查机制和法规体系，加强制造业重要领域投融资、并购重组、招标采购等方面的安全审查。

广西工业实施"群链区"战略研究

2018 年
广西蓝皮书
广西工业发展报告
主报告

实施"群链区"创新发展战略，对于工业高质量发展至关重要。广西应重点打造一批高质量的产业集群、构建一批高水平的产业链、建设一批高能级的产业集聚区，重点解决工业产业链短、精深加工能力薄弱、产业集聚度低等问题。

一、打造一批高质量的产业集群

（一）部分省市打造产业集群经验做法

河南省：加快产业集群化发展。坚持完善产业集聚区载体功能和支撑配套体系，突出链式整合和横向联合，以省辖市为主体培育千亿级主导产业集群，引导各县（市、区）发展百亿级特色产业集群，围绕装备制造、电子制造、汽车制造等高端制造领域，推广"整机＋配套"产业链模式，打造龙头带动型产业集群；围绕食品制造、材料等传统领域，大力推广"原材料＋制成品"产业链模式，打造资源深加工产业集群。

重庆市：实施垂直整合一体化集群发展战略。打造电子、汽车、装备、材料、化医、能源、消费品工业的"6＋1"产业体系。促进电子信息、汽车和高端交通装备制造等三大产业形成上下游产业集聚，打造产业集群度高、配套带动力强、核心竞争优势明显的高端产业集群。在笔记本电脑产业集群方面，通过"整机加零部件垂直整合一体化"，打破加工贸易"两头在外"的传统思路，在电子信息等外向型产业中创造出"一头在外"的"整机＋配套"的垂直整合发展模式。

四川省：打造万亿级产业集群。通过近年来不断对产业集群的深耕发展和产业链的垂直整合已形成了"双七双五"的产业发展格局，其中电子信息产业已形成从 IC 设计、芯片制造、封装测试到终端制造、配套应用于一体的完整产业布局，成为四川省的第一大支柱产业。

表 1　相关地区培育产业集群的经验做法及特征

地区	培育重点	培育举措
河南	4 个传统产业集群：装备制造、汽车和零部件、农产品加工、化工、纺织服饰 4 个新兴产业集群：新材料、电子信息、新能源、生物医药 3 个服务业产业集群：文化旅游、商贸物流、健康养老	1. 突出链式整合和横向联合，以省辖市为主体培育千亿级主导产业集群 2. 围绕装备制造、电子制造、汽车制造等高端制造领域，推广"整机＋配套"产业链模式，打造龙头带动型产业集群 3. 围绕食品制造、材料等传统领域，大力推广"原材料＋制成品"产业链模式，打造资源深加工产业集群
重庆	"6＋1"产业体系：电子、汽车、装备、材料、化医、能源、消费品工业	1. 实施垂直整合一体化集群发展战略 2. 形成上下游产业集聚的电子信息、汽车和高端交通装备制造等三大产业 3. 构建以"品牌商＋整机企业＋零部件企业""研发＋制造＋结算"为主要特征的世界级电脑产业集群
四川	万亿级产业集群：电子信息产业、饮料食品产业 五千亿级产业集群：油气化工、装备制造、能源电力、钒钛钢铁、稀土产业 千亿级产业集群：轨道交通、生物医药、航空与燃机产业	1. 建立推动工业发展的领导机制，成立省制造强省建设领导小组 2. 着力推进产业集群的深耕发展和产业链的垂直整合

（二）产业集群重点发展方向

结合广西工业产业发展的潜力和优势，按照产业集聚、资源集约、功能集合的要求，采取"大企业＋配套"的发展方式，推动产业集群精细化、协调发展。我们认为可以打造 26 个高质量的现代产业集群，其中包括培育 10 个具有全国影响力的产业集群以及打造 16 个具有区域影响的特色产业集群。选择这些主攻产业集群，主要基于四个方面考虑。一是符合当前国家鼓励发展的产业政策方向。二是具备较好的市场前景。三是在广西具备良好的资源禀赋、产业基础。四是具备比较优势和后发优势：（1）主要受益于广东等东部地区轻工业等劳动密集型产业加快向中西部地区转移的机遇，广西近年来电子信息产业发展势头迅猛、后劲十足，目前几乎断层缺位的消费品工业也有极大发展空间。（2）受益于广西丰富的动植物、矿产资源、水、土等自然资源禀赋。（3）受益于广西长期积淀的重工业基础，以柳州汽车城为核心的汽车产业集群已成为广西的工业支柱产业，进一步做强做大汽车产业潜力巨大。

（三）重点任务及重要举措

1.培育10个具有全国影响力的产业集群。

10个产业集群主要包括汽车产业集群、计算机通信电子设备产业集群、石化工业产业集群、钢铁产业集群、铝精深加工产业集群、竹木加工及造纸集群、粮油加工产业集群、工程机械产业集群、医药制造产业集群、茧丝绸产业集群。

——汽车产业集群。2017年，广西汽车工业总产值达2842亿元，同比增长7.33%，增加值增速达5.1%，汽车产量248.61万辆，同比增长1.28%。下一步一是要加快传统汽车升级换代，提升微型车、多功能乘用车等优势产品，重点发展中型越野车、大中型客车、城市公交车和专用车、重型和轻型载货车。二是要加强研发先进内燃机、先进车身底盘、高效变速器、轻量化材料等关键技术，尽快在传统汽车的节能环保、清洁化、轻量化、电动化、智能化和网络化等方面形成领先的研发能力。三是要加快促进高水平汽车零部件配套产业形成体系，大幅提高本地配套率。加快推进柳州汽车城建设，尽快发挥汽车研发、整车制造、配套服务、汽车商务、汽车展会、汽车教育培训等完整产业链的整体示范作用。四是要大力发展新能源汽车产业，集中突破高比能动力电池、燃料电池电堆、驱动电机系统及核心材料等关键零部件技术。稳步推进节能和新能源汽车试点示范，合理布局，适度超前，加快充电、换电设施建设。鼓励和支持具备一定研发能力的新能源汽车企业开展燃料电池关键技术攻关、系统集成和产品开发。建成以柳州为中心，桂林、玉林、贵港、南宁为基地的汽车产业集群。依托上汽通用五菱、东风柳汽、华奥、腾骏等整车龙头企业，引进汽车产业配套企业和项目，大幅提升整车自主研发能力，力争到2020年总产值达到3500亿元，年产突破330万辆，汽车工业规模和实力位居全国前列。

——计算机通信电子设备产业集群。2017年，广西电子工业行业总产值达1838亿元，同比增长16.28%，增加值增速达19.7%。下一步要依托临近广东地理优势，承接广东等东部地区电子信息产业转移。引进全国电子百强的中国电子、全球最大的液晶显示器制造商台湾冠捷科技集团等龙头企业。加快完善新一代信息基础设施建设，推进中国—东盟信息港建设，打造基础建设、技术合作、经贸服务、信息共享、人文交流等平台，加强智慧城市、智能家居、电子政务建设，推进三网融合发展。发展高端电子信息产业，加快发展笔记本电脑、平板电脑、节能型液晶模组平板显示器、便携式存储产品、北斗导航产品、穿戴式智能设备等产品。形成以北海市、南宁市、桂林市 3 个城市为区域中心的电子信息产业集群，力争到 2020 年总产值达到 3500 亿元。

——石化工业产业集群。2017 年，广西石化行业总产值达 2708 亿元，同比增长 19.45%，增加值增速达 9.47%，其中原油加工量 1435 万吨，同比增长 11.9%，化肥产量 84.9 万吨，同比下降 11.6%。下一步要依托中石化、中石油等龙头企业，重点发展原油加工、油气开发、化工新材料等产业。加快推进华谊钦州化工新材料、广西投资集团 100 万吨/年乙烷制乙烯及芳烃等重大项目建设，延伸石化产业链，发展精细化工。重点打造北部湾石化产业集群，力争到 2020 年总产值超 3000 亿元。

——钢铁产业集群。2017 年，广西冶金产业总产值达 2860 亿元，同比降低 1.37%，增加值增速下降 16.7%，钢材材料 3270 万吨，同比下降 9%，铁合金 521 万吨，同比增长 0.53%。下一步要重点承接区外优质钢铁企业产能向广西转移。发展优质薄板材和应用汽车、家电等领域的中高端品种钢，发展核电用钢、超超临界火电用钢、高品质不锈钢等特殊钢产品。打造钢铁产业集群，力争到 2020 年总产值达到 3000 亿元。

——铝精深加工产业集群。要立足广西铝资源、港口及境外资源优势和产业基础，优化产业布局，以生态型铝产业示范基地建设为载体，加快铝精深加工产品开发，发展高性能铝合金及其深加工产品和工艺。加快开展航空用高抗损伤容限合金、高强度铝合金品种开发，以及铝合金薄板、厚板、型材和锻件的工程化技术开发，满足航空及国防科技工业对高性能铝合金材料的要求。开发具有自主知识产权的轨道交通用大型型材用铝合金新材料、具有较好成形性能的汽车车身用铝合金板材等。发挥百色百矿集团、中国铝业广西分公司、广西投资集团银海铝业公司、广西信发铝电公司、广西华银铝业有限公司、广西南南铝业股份有限公司、广西南南铝加工有限公司等大型骨干企业的带动作用，支持优势大型骨干企业开展跨地区、混合所有制联合重组，鼓励区内铝加工企业建立品牌联盟，整合营销渠道，加快落户建设铝基新材料和高附加值铝材深加工项目。实现重点打造具有全国影响力的现代铝产业群，建设以百色—南宁—沿海为核心的铝产业集群及柳州—来宾新兴铝产业集群，力争到 2020 年总产值达到 2000 亿元。

——竹木加工及造纸集群。2017 年，广西造纸与木材加工总产值达 2072 亿元，同比增长 18.99%，增加值增速达 12.8%，其中，机械纸 301 万吨，同比增长 4.14%。下一步要大力发展地板、家具和门、衣架等竹木精深加工产品，积极推进林浆纸一体化发展。形成以贵港市、来宾市、梧州市、贺州市为基地的产业集群，力争到 2020 年总产值达到 2000 亿元。

——粮油加工产业集群。依托西江内河、北部湾港口优势，重点发展粮食、特色食用油等产品。形成钦州市、北海市、防城港市、南宁市粮油加工产业集群，力争到 2020 年总产值达到 1500 亿元。

——工程机械产业集群。依托柳工集团等龙头企业，重点发展装载机、推土机、建筑机械、凿岩机、塔式起重机等整车及零部件产品。打造柳州、南宁、玉林工程机械产业集群，力争到 2020 年总产值达到 1000 亿元。

——医药制造产业集群。2017 年，广西医药工业总产值达 491 亿元，同比增长 12.37%，增加值增速达 7.8%。依托玉林制药集团、梧州中恒集团、桂林三金集团、柳州金嗓子等龙头企业，加快发展中医药、壮药、医疗器械设备等系列产品。形成南宁市、桂林市、梧州市、玉林市医药制造产业集群，力争到 2020 年总产值达到 1000 亿元。

——茧丝绸产业集群。一是加快茧丝绸初级产品向精深加工产品转化。二是大力发展捻线丝、丝织、印染、家纺等，生产高档礼服、夏季女装、丝绸和多种纤维混纺服装等产品。打造南宁市、河池市、来宾市茧丝绸产业集群，力争到 2020 年总产值达到 500 亿元。

2. 打造 16 个具有区域影响的特色产业集群。

16 个特色产业集群包括轨道交通装备产业集群、新能源汽车产业集群、高端饮用水产业集群、发动机产业集群、休闲食品加工集群、旅游商品加工集群、水产品加工集群、蓄（储能）电池产业集群、数字家电产业集群、智能电网产业集群、陶瓷产业集群、铜产业集群、电工电气集群、果蔬加工集群、高档服装加工产业集群、工业设计产业集群。

——轨道交通装备产业集群。布局在南宁市、柳州市、桂林市等市，依托南宁中车轨道交通装备有限公司、柳州轨道交通产业发展有限公司、比亚迪等龙头企业，重点发展地铁、轻轨、云轨等整车及零部件产品。力争到 2020 年总产值达到 400 亿元。

——新能源汽车产业集群。布局在柳州市、桂林市、贵港市、南宁市等市，依托上汽通用五菱、比亚迪桂林分公司等龙头企业，重点发展新能源客车、新能源乘用车等整车及零部件产品。力争到 2020 年总产值达到 400 亿元。

——高端饮用水产业集群。布局在河池市、百色市等市，依托巴马丽琅、巴马活泉等龙头企业，重点发展高端桶装水、瓶装水等产品。力争到 2020 年总产值达到 300 亿元。

——发动机产业集群。布局在玉林市、柳州市等市，依托玉柴集团，重点发展船用发动机、车用发动机、军用发动机、航空航天发动机等发动机，力争到 2020 年总产值达到 200 亿元。

——休闲食品加工集群。布局在南宁市、崇左市、桂林市、梧州市、玉林市等市，主要发展干果、膨化食品、糖果、肉制食品等深受广大人民群众喜爱的食品，满足消费者不断增长的对于休闲食品数量和品质的需求。力争到 2020 年总产值达到 200 亿元。

——旅游商品加工集群。布局在桂林市、北海市、防城港市、河池市等市，依托广西丰富的旅游资源，主要发展面向旅游消费者的工艺美术品、文物仿制品、风味土特产、旅游纪念品、旅游日用品、服装丝绸、陶器瓷器、字画等。力争到 2020 年总产值达到 200 亿元。

——水产品加工集群。布局在南宁市、北海市、钦州市、防城港市等市，主要发展鱼、虾、蟹、贝、藻等的可食用部分制成冷冻品、腌制品、干制品、罐头制品和熟食品等。力争到 2020 年总产值达到 200 亿元。

——蓄（储能）电池产业集群。布局在北海市、南宁市、贵港市等市，重点发展应用于手机、分布式发电、风力发电、水力发电、家用等领域的蓄（储能）电池产品及动力电池系列产品。力争到 2020 年总产值达到 100 亿元。

——数字家电产业集群。布局在北海市、南宁市、桂林市等市，依托三诺等龙头企业，重点发展智能电视机、智能音箱、智能冰箱、智能空调等数字化的家用电器。力争到 2020 年总产值达到 100 亿元。

——智能电网产业集群。布局在柳州市、南宁市、桂林市等市，重点发展智能输变电、智能配用电、电网监控等装备。力争到 2020 年总产值达到 100 亿元。

——陶瓷产业集群。布局在玉林市、钦州市、梧州市等市，重点发展釉中彩、骨质瓷、硬质瓷、象牙瓷、坭兴陶、环保高档酒店瓷等高端产品和自洁陶瓷、保健陶瓷等新品种。力争到 2020 年总产值达到 100 亿元。

——铜产业集群。布局在防城港市、崇左市等市，依托广西金川有色金属有限公司、广西南国铜业有限公司等龙头企业，重点发展应用于电力电缆、漆包线、汽车线、通信电缆等领域的产品。力争到 2020 年总产值达到 100 亿元。

——电工电气集群。布局在柳州市、南宁市、桂林市、梧州市等市，重点发展电工电气类的电子、电气、机械方面的产品、设备、装备、系统，以及电工电气领域方面的科研、设计、标准、检测及新技术、新工艺、新材料等。力争到 2020 年总产值达到 100 亿元。

——果蔬加工集群。布局在南宁市、来宾市、柳州市、桂林市、玉林市等市，重点发展果蔬罐藏品、果蔬糖制品、果蔬干制品、果蔬速冻产品、果蔬汁、果酒、蔬菜腌制品等。力争到 2020 年总产值达到 100 亿元。

——高档服装加工产业集群。布局在玉林市、南宁市、柳州市等市，重点发展休闲装、牛仔裤、运动服、中高档西装、中高档羽绒服装和童装等。力争到 2020 年总产值达到 100 亿元。

——工业设计产业集群。布局在南宁市、柳州市、桂林市等中心城市，通过打造几个工业设计园区平台，招募一批工业设计企业入驻，不断壮大工业设计中心，提高广西工业产品的设计水平。力争到 2020 年总产值达到 100 亿元。

二、构建一批高水平的产业链

（一）重庆市构建产业链经验做法

重庆市通过先与笔记本电脑品牌商宏基、惠普等洽谈，待品牌商落户重庆后，再吸引富士康、广达等代工商相继而至，最后围绕核心品牌商和代工商发展零配件配套企业。经过多年的经营，重庆逐步形成了"5＋6＋800"的笔记本电脑产业集群。在生产的基础之上，重庆又开通"渝新欧"铁路大通道，解决笔记本电脑出口物流的问题。引进惠普、富士康的结算中心，将销售功能纳入产业链，解决产业增值的问题，还引进宏基的全球研发中心，解决产品的研发设计等问题。形成研发设计—整机制造—零部件配套—物流—结算的深度融合外向型产业的产品链和价值链，成功构建以"品牌商＋整机企业＋零部件企业""研发＋制造＋结算"为主要特征的世界级电脑产业集群。

（二）产业链发展方向

产业链是实现经济从高速增长转向高质量发展的主要手段；是推动产品、产业、价值链从中低端迈向中高端的主要抓手；是大力发展先进制造业，振兴实体经济的突破口；也是构建现代产业发展新体系，实现经济转型升级的必由之路。结合广西区情及产业优势，进一步集中资源，聚集政策，优化布局，培育和发展战略性新兴产业，构建特色鲜明、优势突出的产业体系，加快推动广西产业链经济做大做强。推动"龙头＋配套"，强化上下游企业配套协作，实施产业链培育发展行动，瞄准未来发展方向，重点建设轨道交通装备、新能源汽车及汽车工业、农机及工程机械、铝精深加工、电子信息、新材料、石化、冶金等八大产业链并积极开展强链、补链、延链，打造延伸特色产业链条，尽快形成"布局合理、特色鲜明、链条完备、结构优化、效益明显"的特色产业链，推动产业向全链循环发展。

（三）重点任务及重要举措

培育和打造八大重点产业链，具体包括轨道交通装备产业链、铝全产业链、农机及工程机械产业链、稀土合金新材料产业链、电子信息产业链、化工新材料产业链、新能源汽车工及汽车业产业链、冶金工业产业链。

——轨道交通装备产业链。坚持整车装备与关键系统、核心零部件协同发展，加快集聚一批高起点、专业化、具有国际竞争力的配套企业，形成设计研发、整车生产、基础材料、零部件生产，直至后续服务的完整产业链。

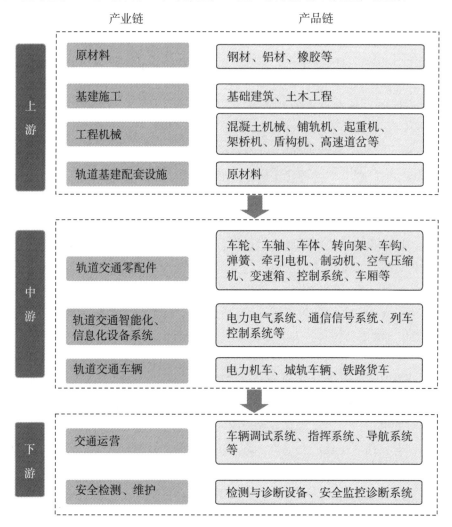

图 1　轨道交通装备产业链结构

——铝全产业链。保障产业基础，稳定发展氧化铝。在稳定百色市现有铝土矿和氧化铝生产的基础上，重点推动百色市、崇左市低品位铝土矿的开发和利用，鼓励各种所有制企业发挥各自优势组建混合型所有制企业，形成合力共同开发；积极与"一带一路"沿线铝资源富集的国家与地区开展铝产业互惠合作，夯实铝产业链资源基础。强壮产业链主干，适度发展电解铝。继续加快煤电铝一体化项目，完成百色生态铝示范基地电解铝产能目标任务，积极承接区外电解铝产能转移，努力提升氧化铝资源就地转化率。基本克服广西铝产业链

"中段塌陷"痼疾,支撑下游铝精深加工产业发展。丰富产业链顶端,大力发展铝精深加工。利用广西丰富的有色金属资源和相当规模的有色金属产业,建设铜、锰、硅、镁、锌、锡等系列高性能铝合金项目,以满足各类用途铝加工企业的需要,在南宁、柳州、百色、来宾、梧州、崇左、河池等地布局建设系列高性能铝合金项目。实现采矿—铝土矿—氧化铝—电解铝—铝加工—铝精深加工—铝新材料全产业链协同发展,将广西铝产业打造成为产业优势突出、协作配套完善、资源利用节约、生态环境友好、全面协调可持续发展的生态型产业。

——农机及工程机械产业链。围绕农业结构调整方向,加快农业机械开发由产中向产前和产后延伸,从主要服务于种植业向更多服务于养殖业和农产品加工业转变。大力培育柳工和引进知名农机具企业,加大配套农机具开发,提升农产品加工业水平。加快建设工程机械技术研发平台,抢占行业发展制高点,进一步培强工程机械专业化产业体系。

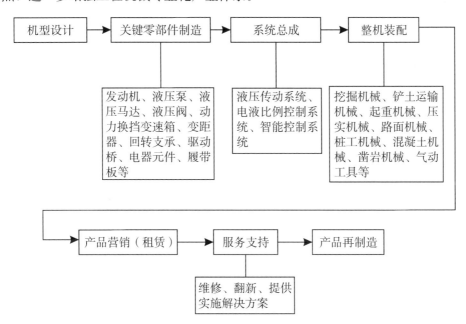

图2 农机及工程机械产业链结构

——稀土合金新材料产业链。立足广西原材料产业基础,重点发展稀土功能材料、建筑环保新材料、高性能特钢等新材料、高端金属结构材料、新性能铝及铝合金材料、新型磁性材料。依托广西南南铝加工有限公司、南南铝业股份有限公司、广西银亿新材料有限公司为龙头企业,积极支持南南铝、中铝等企业联合产业链上下游企业,构建新材料产业联盟。

——电子信息产业链。电子元器件及材料—电子整机—软件与信息服务业。以高端化、服务化为主攻方向,加快构建以电子元器件为基础,电子整机终端为中游，逐步向软件和信息技术服务拓展延伸的电子信息全产业链，着力突破消费类电子整机产品发展短板，全面提升电子消费品产业创新发展能力。在南宁，重点发展高端路由器、高端交换机网卡、智能仪表、新型电子元器件等高端电子产品，加快发展云计算、大数据、移动互联网和工业软件、行业解决方案与信息安全服务等信息技术服务产业；在钦州，抓住承接东部沿海地区产业转移机遇，重点发展数字电视、液晶显示器、计算机整机及周边配件、LED、手机、变频器、配套工业控制等产品；在北海，重点发展笔记本、平板电脑、高性能台式机、教育类电脑、智能手机、显示器、彩电等产品；在桂林，重点发展通信设备（光电光通信和微波通信）、医疗器械、测量器具、激光器芯片级组件与封装、军工电子、LED、可穿戴设备、太阳能光伏等产品。

——化工新材料产业链。依托北部湾石化产业集群，以中石油炼化一体、中石化北海炼化一体化、华谊新材料一体化、广投乙烷裂解制乙烯为龙头，打造国家级沿海石化产业基地，重点延伸芳烃、烯烃下游产业链，大力发展精细化工。利用石油裂解深加工所形成的聚丙烯、芳烃、苯、甲苯、混合二甲苯等石化副产品，为涤纶、腈纶及丙纶等合成纤维提供化工原料，延长石油炼化加工产业链，填补广西化纤纺织原材的空白。

——新能源汽车工及汽车业产业链。以轻量化、电动化、智能化为主攻方向，开发一批带动性强的汽车整机产品，重点提升微型车、多功能乘用车等优势产品，加快发展中型越野车、大中型客车、城市公交车和专用车、新能源汽车，推进载货车向重型及轻型两端延伸。加强汽车核心零部件研发，突破整车设计、发动机、变速箱等关键工艺技术，推进零部件等汽车配套产业通用化、模块化，延伸汽车配套产业链，增强对整车配套协调能力。通过研发先进内燃机技术，推动传统汽车节能技术不断升级，力争在节能环保、轻量化、电动化、智能化和网络化等方面尽早形成领先的研发能力。

——冶金工业产业链。冶金初级产品—冶金高终端产品。以充分发掘产业链价值、提高竞争力为主攻方向，综合考虑全区冶金产业的资源禀赋、下游产业、关联产业和发展条件等，纵向贯通、横向耦合，延伸冶金产业链。钢铁产业，大力发展产业型的钢材下游深加工，重点发展优质薄板材和应用汽车、家电等领域的中高端品种钢，发展核电用钢、超超临界火电用钢、高品质不锈钢等特殊钢产品，配套发展建筑、机械、汽车、家电及家用、包装、电工、修船船用钢，以及集装箱板、冷轧薄板、镀锌板、镀锡板以及锰铁合金、镍铁合金等关联产品，纵向往下打通钢铁产业链，推进钢材在汽车、机械装备、电力、船舶等领域扩大应用和升级。锰产业，重点发展软磁材料、锰系正极材料及动力电池等系列产品。不锈钢产业，集聚化发展民用、家电、工业、建筑、交通、汽车等领域所需的不锈钢制品。

三、建设一批高能级的产业集聚区

(一)部分省市建设产业集聚区经验做法

湖北省主要做法：注重统筹产业布局，建设新能源汽车、智能制造等工业特色产业集聚区、农业特色产业园区，引导产业集中集聚集群发展。规划建设公共检验检测、金融服务、中介服务等专业公共服务平台，建设人才公寓、蓝领公寓、白领公寓。注重产城融合，实现工业园区向产业集聚区转变。

河南省主要做法：一是坚持"多规合一"。即产业集聚区发展规划、城市总体规划、土地利用总体规划实现相互衔接、严密套合，为产业集聚区依法合规建设提供遵循和保障。二是突出主导产业。要求各产业集聚区按照"竞争力最强、成长性最好、关联度最高"原则，优先选择1~2个主导产业作为主攻方向，注重抓好上中下游产业链集群和同类产品同类企业集聚，以集群模式推动支柱产业发展，集中优势资源做大做强主导产业。

重庆市主要做法：一是以集群为导向，大力发展临空物流、临空制造、临空商务、服务贸易四大临空产业，打造中西部临空高端制造业基地和临空现代服务业集聚区，以临空产业发展推动区域经济转型升级。二是深入实施创新驱动发展战略，优化创新功能布局，建立以企业为主体配置全球要素资源的创新机制，加快构建创新圈层特色化、要素功能系统化、资源配置全球化、产业集群高端化的创新生态圈，成为重庆市创新驱动引领示范区。

表2 相关地区打造产业集聚区的经验做法及特征

地区	出台政策文件	培育举措
湖北	《中共湖北省委湖北省人民政府关于印发湖北产业转型升级发展纲要（2015—2025）的通知》（鄂发〔2015〕25号）、《湖北省产业集聚发展专项行动计划》	1. 加快开发区产业集聚发展 2. 建立现代产业体系 3. 构建"专精特新"的中小企业集群 4. 加快推进老工业区综合改造
河南	《河南省政府关于印发2016年河南省加快产业集聚区建设专项工作方案的通知》（豫政办〔2016〕63号）	1. 推动产业产品结构升级 2. 提升产业集群发展水平。大力实施"百千万"亿级优势产业集群培育工程，提升竞争优势，打造区域品牌 3. 增强基础支撑能力。围绕优势产业集群培育和产业转型升级需要，进一步强化基础设施和公共服务设施建设，持续完善载体功能
重庆	《重庆市人民政府关于印发重庆临空经济示范区建设总体方案的通知》（渝府发〔2017〕16号）	1. 构建高端临空产业集群 2. 建设国际一流的临空都市区 3. 打造创新驱动引领区

（二）集聚区发展方向

所谓产业集聚区，是指工业企业相对聚集，有较完善的基础设施和全配套服务体系的工业制造生产区域。产业集聚区可以把服务、土地、劳力等优势聚集在一起，形成规模效应，产生集聚效应和辐射效应，成为加速工业化进程的有效途径，并成为经济发展的带动区体制和科技创新的试验区、城市发展的新区。结合广西重点打造的千亿元产业集群，按照不同空间功能划为不同产业集聚区，出台功能规划、产业和财政政策、考核评价等配套措施，推动产业跟着功能走，推动区域间差异发展、特色发展、联动发展，着力优化产业空间布局。

（三）重点任务及重要举措

加快推动十大全国影响力的千亿元产业由分散形态向集中形态转变，提高产业集聚发展水平，打造一批汇聚创新要素的产业园区。一是推进南宁、桂林、柳州、北海国家级高新区高起点谋划创新发展战略、高规格布局创新发展格局，全面提升创新载体功能，持续增强要素资源集聚能力，打造一批国内领先的产业园区，支持符合条件的开发园区积极申报国家级新区、国家级经开区、国家双创示范基地、国家新型工业化优势产业示范基地等；二是引导高校与高新区之间开展更加紧密的合作，发挥其连接上游科学研究与下游科技成果转化的桥梁作用。

具体来看：一是全力推动产业园区规范整合。对现有产业园区进行全面整合，统筹确定产业园区的规划范围和空间布局。大力提升重点园区传统优势产业，推动以铝、机械、冶金、汽车等产业为优势产业的园区的全产业链建设，并带动周边园区配套发展，通过汇聚多家行业企业，围绕一个产业，错位发展、抱团取暖，不断降低发展成本、不断提高抵御风险能力，形成集聚效应，获得集聚效益。二是全面创新产业园区优惠政策。自治区层面从财政、税收、金融、土地、价格、环保等方面制定支持产业园区发展优惠政策。各地各产业园区依据自身区位特点、优势条件、主导产业制定差别化优惠政策。优惠政策制定要符合国家相关规定和发展导向、符合产业转型升级要求，因地制宜，灵活掌握。三是培育壮大一批以新一代信息技术、电子信息、智能装备制造、新材料、新能源汽车、节能环保、大健康等产业为主的高新技术产业园区。进一步推进特色产业园区建设，各工业园区根据当地优势资源，积极打造主导产业，促进产业集聚，推进特色产业园区建设。四是科学建立产业园区考核激励机制。借鉴河南省产业集聚区考核激励机制，科学制定自治区产业园区考核指标体系和奖惩办法，实行通报、集中观摩和年度评比，按照考核指标实行晋退奖惩，对于发展较好产业园区升级奖励，对于发展较差产业园区降级淘汰，产业园区干部选任、行政级别、管理职能、编制扩充与园区发展状况直接挂钩。

广西工业发展报告

广西社会科学院 编

研究篇

GUANGXI INDUSTRIAL DEVELOPMENT REPORT

广西工业战略性新兴产业发展状况分析

　　战略性新兴产业代表新一轮科技前沿和产业发展新方向，是引导未来经济社会发展的重要力量。发展战略性新兴产业已成为抢滩新兴产业布局、抢占新一轮经济和科技发展战略制高点、抢先经济发展新动能培育，推动产业结构向高端化、服务化、集聚化方向转型的产业。"十二五"以来，在全国各地竞相发展战略性新兴产业的背景下，广西初步形成了节能环保、新一代信息技术、生物产业、高端装备制造、新能源、新材料、新能源汽车、大健康和海洋等战略性新兴产业体系。本研究面对供给侧结构性改革的新形势、经济发展的新常态、创新驱动发展战略的新要求，分析广西战略性新兴产业发展的优势和短板，为广西工业培育发展新动能、提高产业竞争力、引领经济转型升级提供有益参考。

一、战略性新兴产业的主要特征

　　战略性新兴产业是新经济的重要组成，体现当今绿色环保产业经济的潮流，具有知识技术密集、物质资源消耗少、带动系数大、市场需求前景广、综合效益好的特征，对经济社会全局和长远发展具有重大引领带动作用。

（一）战略性新兴产业具有技术前沿性

　　战略性新兴产业科技含量高，属于知识密集、技术密集、人才密集的高科技产业，是新兴科技和新兴产业的深度结合，其"新兴"主要在于技术的创新和商业模式的创新，对技术、科研有极高的要求，从而使战略性新兴产业在初始阶段面临较高的成本。

（二）战略性新兴产业战略地位明显

新一代信息技术、生物、高端装备制造、新能源、新材料、新能源汽车等技术开发和产业发展，不仅能带动一批产业的兴起，推进产业结构升级和经济发展方式转变，影响经济社会全局，而且与国防安全联系密切，具有极大的战略价值。

（三）战略性新兴产业市场前景光明

战略性新兴产业的绿色技术产品、与尖端产业融合的产品、高附加值服务的产品等"新兴"产品具有广阔的市场需求，其所形成的规模效应终将使战略性新兴产业在市场中占据重要地位。

（四）战略性新兴产业效益性极高

战略性新兴产业的技术前沿性、"新兴"产品市场前景的广阔性、物质资源消耗少的环保性，使战略性新兴产业产生极高的经济技术效益。

（五）战略性新兴产业成长潜力大

战略性新兴产业的新兴科技、新兴产业以及战略性等特征，有别于高技术产业、主导产业、支柱产业等相关产业。随着时间的推移，当前市场中占比还不高的战略性新兴产业，经过各地的大力培育和产业自身的充分发展后，会成为新一轮经济增长的动力，并发展成为新的先导产业和支柱产业。

二、广西战略性新兴产业的重点领域

2010 年 10 月 10 日，国务院印发了《关于加快培育和发展战略性新兴产业的决定》（国发〔2010〕32 号），首次明确重点培育和发展节能环保、新一代信息技术、生物、高端装备制造、新能源、新材料、新能源汽车等七大战略性新兴产业，由此启动了全国各省竞相发展战略性新兴产业的序幕。

2011 年 3 月 23 日，广西壮族自治区政府印发《广西壮族自治区人民政府关于加快培育发展战略性新兴产业的意见》（桂政发〔2011〕17 号），确定重点培育发展生物医药、新材料、新能源、节能环保、新一代信息技术、新能源汽车、生物农业、先进装备制造、海洋、养生长寿健康等十大战略性新兴产业，其中，与国家的提法相比，增加了"生物农业、海洋和养生长寿健康"三项，用"先进装备制造业"的概念代替"高端装备制造"，提出到 2015 年战略性新兴产业增加值占国内生产总值的比重达到 6％左右；2012 年 9 月 14 日，广西壮族自治区政府印发《加快推进战略性新兴产业发展实施方案》（桂政办发〔2012〕208 号），将 2015 年战略性新兴产业增加值占地区生产总值比重调高至 8％左右。

2016 年 9 月 5 日，广西壮族自治区政府印发《广西战略性新兴产业发展"十三五"规划》（桂政办发〔2016〕108 号），确定重点发展领域包括新一代信息技术、智能装备制造、节能环保、新材料、新能源汽车和大健康等六大类产业，加快推进战略性新兴产业发展，其中，与国家的提法相比，增加了包括生物医药在内的"大健康"一项，减少"新能源"一项，用"智能装备制造业"的概念代替"高端装备制造"，形成六大重点领域和 26 条产业链构的新时期广西战略性新兴产业，主要目标是：到 2020 年，力争战略性新兴产业增加值年均增长 15％以上，占地区生产总值比重为 15％左右。

2015 年，广西壮族自治区发展改革委牵头制定了《广西战略性新兴产业重点产品和服务指导目录》（2015 年），同时，结合国家统计局制定的《战略性新兴产业分类（2012）（试行）》，组织开展战略性新兴产业企业认定工作；2016 年，广西成立自治区新兴产业发展办公室，组织开展了包括区域调研、重点行业调研和政策问题专题调研等系列调研活动，制定相关领域发展指导目录，建立产业发展工作机制，统筹推进包括战略性新兴产业在内的新兴产业工作。

三、广西规模以上工业战略性新兴产业的发展状况

经过近几年的培育与发展，广西战略性新兴产业企业数量增加、产业经济总量占比提高、企业整体效益增速好于全部规模以上工业，对广西工业经济发展的积极拉动作用已逐步显现。一是企业数量逐年增加。广西规模以上工业战略性新兴产业企业数，从 2014 年的 343 家、2015 年的 361 家，增加至 2016 年的 469 家，占全部规模以上工业企业数的比重达到 8.5％。二是产业增加值比重不断提高。2016 年，广西战略性新兴产业新产品产值达 2176.7 亿元（现价，下同），占全部规模以上工业的 8.9％，比 2015 年提高 3.5 个百分点。据初步测算数据，广西规模以上工业战略性新兴产业实现增加值占规模以上工业增加值的 8.2％，比 2015 年提高 2.6 个百分点，比 2014 年提高 0.6 个百分点。三是产业增长贡献作用大。2016 年，广西战略性新兴产业增加值同比增长 28.1％，比 2015 年高 18.3 个百分点，比 2016 年规模以上工业平均水平高 20.6 个百分点，对广西规模以上工业增长的贡献率达 20.9％，拉动广西规模以上工业增长 1.56 个百分点，分别比 2015 年提高 11.5 个百分点和 0.81 个百分点。四是企业效益明显提高。2016 年，广西规模以上工业战略性新兴产业企业实现主营业务收入 5279.1 亿元，同比增长 14.7％，高于广西平均水平 5.7 个百分点；实现利润总额 281.1 亿元，同比增长 41.7％，高于广西平均水平 32.8 个百分点。

（一）节能环保产业平稳增长

广西节能环保产业企业有 140 家，主要分布在南宁市、柳州市、桂林市、北海市和贺州市，以生产节能型工业锅炉、变压器、制冷设备用压缩机等设备，以及其他非金属废料和碎屑加工再利用为主，北海银河生物产业投资股份有限公司、桂林漓佳金属有限责任公司、柳州市龙昌再生资源回收有限责任公司、广西博世科环保科技股份有限公司等企业具有较大的规模。2016年，广西节能环保产业新产品产值310.85亿元，产业实现工业增加值占全部规模以上工业的1.3%，比2015年提高0.2个百分点，占比居战略性新兴产业第三位；工业增加值同比增长23.6%，比2015年提高9.4个百分点；企业实现主营业务收入同比增长9.2%，实现利润总额同比增长11.5%，是广西具有企业数量最多、产品传统属性强、发展前景看好的战略性新兴产业。

（二）新一代信息技术产业经济总量大

广西新一代信息技术产业企业有49家，主要分布在北海、南宁与桂林，以生产计算机及通信、光电子器件、电子元件、仪器仪表等产品为主，基本形成以北海为龙头，南宁与桂林齐头并进的发展格局，拥有南宁富桂精密工业有限公司、广西朗科科技投资有限公司、广西三诺电子有限公司和冠捷显示科技（北海）有限公司等一批实力企业。2016年，广西新一代信息技术产业新产品产值766.64亿元，产业实现工业增加值占全部规模以上工业的2.3%，比2015年提高1.78个百分点；工业增加值同比增长61.4%，比2015年提高31.6个百分点，是广西战略性新兴产业中占比最高、增长较快的产业；2016年广西新一代信息技术产业企业实现主营业务收入同比增长17.7%，实现利润总额同比增长23.7%，是广西具有基础较好、产品种类多样、产业链发展潜力较大的战略性新兴产业。

（三）生物产业规模优势初显

广西生物产业企业有134家，主要分布在南宁市、柳州市、桂林市、梧州市、贵港市和玉林市，形成以广西梧州制药（集团）股份有限公司、桂林三金药业股份有限公司、桂林华诺威基因药业有限公司、广西圣保堂健康产业股份有限公司、广西玉林制药集团有限责任公司等为龙头的生物医药产业企业，以贵港瑞康饲料有限公司为代表的生物农业企业。2016年，广西生物产业新产品产值380.9亿元，产业实现工业增加值占全部规模以上工业的1.79%，比2015年提高0.32个百分点，占比居广西战略性新兴产业第二位；工业增加值同比增长14.6%，企业实现主营业务收入同比增长20.3%，实现利润总额同比增长31.9%，是广西具有原材料基础性强、特色优势明显、生产效益较好的战略性新兴产业。

（四）高端装备制造业增速降幅收窄

广西高端装备制造业企业有25家，主要分布在南宁市、柳州市和桂林市，广西柳工机械股份有限公司的机械装备产业较具规模，南宁中车轨道交通装备有限公司和南宁中铁广发轨道装备有限公司的轨道交通装备为后起之秀，桂林鸿程矿山设备制造有限责任公司生产的矿山设备在国内外市场占据一定份额。2016年，广西高端装备制造业产业新产品产值128.58亿元，产业实现工业增加值占全部规模以上工业的0.5%，比2015年提高0.17个百分点；工业增加值下降5.9%，增速比2015年收窄16.3个百分点；企业实现主营业务收入同比增长21.1%。广西高端装备制造业的发展主要受制于传统装备制造业，随着城市轨道装备制造的兴起、海洋工程装备产业的发展、智能监控装备制造的引进，广西高端装备制造业有望成为产业度较集中、带动工业转型升级的战略性新兴产业。

（五）新能源产业快速发展

广西新能源产业企业有24家，主要分布在桂林市、防城港市、贵港市、玉林市和贺州市，以风力发电、核电、太阳能、生物质发电、电池及组件研发与制造为主，广西防城港核电有限公司、桂林尚华新能源有限公司和桂林众阳光能科技有限责任公司为新能源产业的佼佼者。2016年，广西新能源产业新产品产值103.82亿元，产业实现工业增加值占全部规模以上工业的0.5%，比2015年提高0.16个百分点；工业增加值同比增长119.9%，是战略性新兴产业中增速最高的产业；企业实现主营业务收入同比增长100.4%，实现利润总额同比增长118.2%，是广西具有资源优势、产业结构清晰、发展后劲巨大的战略性新兴产业。

（六）新材料产业企业盈利能力下降

广西新材料产业企业有45家，主要分布在南宁市、柳州市、桂林市、北海市和来宾市，以生产高端金属结构材料和新性能铝及铝合金材、新型建筑材料为主的广西南南铝加工有限公司、南南铝业股份有限公司、广西银亿新材料有限公司等企业基础初步成型。受钢铁、石化和有色金属等上游产业的影响，2016年，广西新材料产业新产品产值386.61亿元，产业实现工业增加值占全部规模以上工业的1.3%，比2015年回落0.2个百分点；工业增加值同比增长2.1%，比2015年回落2.5个百分点；企业实现主营业务收入同比增长12.8%，实现利润总额下降327.5%，是战略性新兴产业中工业增加值占比和增速回落、效益下降的产业。广西拥有的石墨烯前沿材料尚未得到充分开发利用，分布在贺州、崇左和梧州的稀土新材料产业企业，河池、来宾的高端稀有金属产业企业尚未达到规模，随着关键材料技术研发的突破、骨干企业的培育与扶持引进、产业创新能力建设的提升，广西新材料产业将成为区域优势明显、产业层次提升的战略性新兴产业。

（七）新能源汽车产业风生水起

广西新能源汽车产业企业有29家，主要分布在南宁市、柳州市、玉林市和贵港市，汽车工业现有的技术积累和生产制造能力已具基础，以广西源正新能源汽车有限公司、广西久久星新能源车辆科技有限公司、广西玉柴机器股份有限公司、上汽通用五菱汽车股份有限公司和东风柳州汽车有限公司等一批企业为骨干企业，初步形成纯电动汽车、插电式混合动力汽车及其关键核心零部件和配套产业体系。2016 年，广西新能源汽车产业新产品产值 46.62 亿元，产业实现工业增加值占全部规模以上工业的 0.18%，工业增加值同比增长66.4%，居战略性新兴产业第二位；企业实现主营业务收入同比增长 17.5%。新能源汽车产业业已成为广西工业发展的新增长点，是优化工业结构、开拓消费市场、促进产业升级的战略性新兴产业。

（八）养生长寿健康产业崭露头角

广西养生长寿健康产业企业有 23 家，主要分布在桂林市、河池市和贺州市，巴马统一矿泉水有限公司、广西巴马丽琅饮料有限公司、巴马活泉食品饮料有限公司等企业生产的健康饮用水成为国家地理标志保护产品，广西亿健生态产业有限公司生产的绿色有机茶备受青睐。2016 年，广西养生长寿健康产业新产品产值 59.72 亿元，产业实现工业增加值占全部规模以上工业的 0.27%，工业增加值同比增长 38.6%，是最具广西特色优势、最具消费潜力、最具发展前景的战略性新兴产业。

四、广西规模以上工业战略性新兴产业发展的主要问题

从全国范围看，方兴未艾的战略性新兴产业已构成产业结构优化升级的重点和方向，竞相发展已然形成"风起云涌"之势。从广西自身发展看，虽然广西各级政府高度重视和大力支持发展战略性新兴产业，发展格局初步成型，但仍存在需要重点解决的以下几个方面问题。

（一）企业数量少、产业规模小

2016 年，广西规模以上战略性新兴产业企业数仅占全部规模以上工业企业数的 8.5%，按照全国统一口径为 8.1%，比重庆市低 2.5 个百分点，相对多数省份而言属偏低状态；2016 年，广西规模以上工业战略性新兴产业企业中，产值超过百亿的只有 1 家，产值超过十亿的有 34 家，两者占比 7.8%；2016 年，广西规模以上工业战略性新兴产业增加值在规模以上工业增加值中占比为8.2%，按照全国统一口径为 6.9%，在全国排倒数第四位；2016 年，新产品产值占广西规模以上工业战略性新兴产业产值超过三成的新一代信息技术产业企业，仍以来料加工附加值含量较低的电子终端组装为主，附加值高的战略性新兴产业产品的生产占比不足；2017 年，由广西企业与企业家联合会发布的制造业企业五十强中，具有生产新产品能力的企业只有 14 家。虽然广西规模以上战略性新兴产业增长速度快于全部规模以上工业增速，但总量偏小，产业层次较低，难以大规模快速发展，对广西经济增长拉动作用欠强。

（二）结构调整力较弱、基础支撑不够强

与沿海其他地区相比，广西战略性新兴产业发展的基础支撑有待加强。一方面，工业结构转型升级成效并不明显。2016 年，广西六大高耗能行业增加值占全部规模以上工业的 37.9%，经济体量接近四成，对工业经济增长的贡献率高达 44.3%，同比提高 6.1 个百分点；而高技术行业增加值占比只有 8.4%，增加值同比增长 8.9%，同比回落 8.5 个百分点，对广西工业经济增长的贡献率只有 9.6%，广西工业经济转型动力仍受制于资源型、高能耗行业，不利于战略性新兴产业集群和产业体系的形成。另一方面，战略性新兴产业缺乏龙头企业带动。广西现有规模以上工业企业中不乏科技含量高的企业，但既没有像深圳华为作为新一代信息技术产业的"巨头"企业，也没有核心技术独有、"战略"和"新兴"地位及作用明显的知名企业，更缺乏技术领先、品牌响亮、实力雄厚、带动力强、贡献率高的核心企业，不利于战略性新兴产业比较优势的形成。

（三）创新能力不强、战略性新兴产业产品不多

与全国多数省份相比，广西战略性新兴产业发展处于低端产业比重较高、高端技术较弱、产品附加值偏低的状态。2015 年，广西全部工业企业研发经费内部支出规模为 76.9 亿元，同比下降 9.4%，同期全国增长 8.9%；2015 年，广西 R&D 经费投入强度为 0.48%（其中，高技术产业 R&D 经费投入强度为 0.44%），低于全国平均水平 1.58 个百分点。企业研发经费投入的不足，使得一些战略性新兴产业领域的企业选择处于产业链的加工制造环节，依靠具有比较优势的生产要素条件进行简单的扩大再生产，科技成果的研发及转化能力较弱，部分战略性新兴产业的核心技术和装备受制于人，产品品牌效应差、产业化能力水平低，以模仿生产、组装加工、贴牌生产的企业占有一定的比例，导致企业高端化占比低、产品附加值低、效益利润低，限制企业自主创新能力的提升。按照最新战略性新兴产业分类目录（工业部分）分类，在全部七大类 70小类中，广西涉及或接近的产品只有 27 个小类，产品分布面偏窄；从国家 15类主要工业新产品产量看，广西除生产太阳能电池、智能手机、新能源汽车和城市轨道车辆等产品外，包括石墨稀、工业机器人、3D 打印设备、集成电路、光纤光缆等其他新产品全部空白，产品结构单一；在新近公布的广西 239 种名牌产品中，基本属于战略性新兴产业产品的只有 15 种，新产品种类偏少。广西战略性新兴产业产品整体上并没有充分体现出新兴产业高附加值、高效益的特点。

（四）规划实用性不够强、相关政策针对性弱

自国家启动战略性新兴产业发展以来，广西制定出台了相关的规划、实施

方案和专项行动计划以及配套的相关政策。但规划中确定的任务和目标实用性并不强：追求高精尖的概念化表述较多，鼓励技术研发的针对性措施偏少；新材料产业包括了国家确定的新能源产业，企业对两者的概念容易混淆；较能体现广西特色的海洋产业未能独立设置成为关键领域，失去海洋产业发展良机；大健康产业主要产品指导目录未能及时出台，新产品统计困难重重；发展目标设置偏高，实现难度过大；传统产业与战略性新兴产业布局不够清晰，易导致有的战略性新兴产业同质同构布设，埋下产能过剩隐患。而出台的涉及财税、金融、科技、土地等方面的政策，部分仍存在片面性，针对性较弱，比如财税扶持政策，注重以财税政策推动战略性新兴产业技术研发、项目投资和产业化发展，缺少对战略性新兴企业培育、业绩突出的战略性新兴企业给予激励的政策措施；又比如科技支撑政策，注重加大对知识产权创造、运用、转化的奖励扶持，缺少对科技研发过程的奖励政策、对可获优惠政策的条件设置等。

五、加快发展广西战略性新兴产业的建议

"十三五"时期，是供给侧结构性改革的关键时期，也是工业经济结构转型升级的重要阶段，战略性新兴产业在经济发展中的地位及作用将愈加凸显。尽管当前广西战略性新兴产业发展还面临着诸多制约与瓶颈，但立足广西现有产业基础、资源禀赋和科研条件，通过制定符合广西区情的发展战略和有针对性、实效性的产业政策，广西战略性新兴产业的发展仍将具有带动经济发展的巨大潜力。

（一）激活存量、培育增量

广西传统产业量大面广，对当前乃至今后相当一段时期广西经济社会发展仍具有举足轻重的作用，也是广西战略性新兴产业发展的基础和条件。激活现有汽车工业的技术和制造能力，为新能源汽车的发展提供支撑；加强钢铁、石化和有色金属等产业的转型升级，为新材料产业的发展提供基础；推进现有医药工业的产业化，为大健康产业的发展提供依托，做大节能环保、新材料、新能源汽车等战略性新兴产业规模总量；加快发展技术成熟、开发潜力大的信息产业、装备制造业，将现有比较成熟而且具有优势的传统产业提升为战略性新兴产业。

广西高技术产业潜力巨大，是推动广西经济社会发展的重要引擎，也是广西战略性新兴产业发展的关键。通过新技术的产业化和传统产业的改造提升实现产业的升级换代，运用高新技术对已经存在的产业、产品进行更专业、更精细的分工，依靠重大科技创新突破推动高新技术广泛应用而产生有别于传统产业的新产业，将高新技术与传统产业结合度较高的产业打造成为战略性新兴产业。

广西招商引资优势明显，是借助外力发展广西经济社会的关键要素之一，也是广西战略性新兴产业发展的重要动力。通过政府的支持、必要的规制和利益的调整，形成良性的人才、资金、市场需求、体制等多元机制，重点从现有

与战略性新兴产业相关的高新技术产业中选择具有较强优势的产业进行培育，重点引进一批拥有核心技术、带动力强、市场潜力巨大的新兴产业，推动广西产品从低端走向高端、产业链从窄短迈向宽广、产业效应从分散转向集中，使传统产业既得到充分发展，又能迅速培育出具有竞争力的战略性新兴产业。

（二）统筹协调、重点推进

加强统筹规划和宏观引导，完善资源整合，是促进战略性新兴产业发展的重要保障。要加强规划的实用性，宏观上体现战略性新兴产业的新布局和新任务，方向上显示新兴产业发展的侧重点和路线图，措施上明晰扶持新兴产业的新体制和新政策，在此基础上对新兴产业的规划事项具体化，包括完善《广西战略性新兴产业重点产品和服务指导目录》，为战略性新兴企业认定和培育提供依据。要加强产业布局协调，优先对地区资源禀赋明显并具有比较优势的产业进行布局，避免产业同构与重复建设；优先对涉及战略性新兴产业的各类项目在审批、服务、资金等方面给予相应优惠政策，加快项目落地投产出效益；优先对具有带动作用并能产生集聚效应的战略性新兴产业给予扶持，尽快做大产业规模总量。要强化重点推进力度，加强国家级高新区、国家高新技术产业园区、特色产业基地和创新平台的建设步伐，形成以园区高新技术为支持、特色产业为基础、资源优势为依托的战略性新兴产业集群；重点培育发展一批能引导消费、创造市场、催生新产业的骨干型企业，着力突破在电子核心零部件、生物医药、智能装备、新能源汽车和大健康等产业领域的核心关键技术，争取广西特色战略性新兴产业的发展更具话语权。

（三）鼓励创新、推广成果

创新能力是推动战略性新兴产业发展最核心的要素，其中，拥有高科技人才在创新过程中起到主导作用。要在建立健全技术研发、产业组织、商业模式、体制机制等方面的创新机制中，创新人才培养与激励工作机制，调动各产业各领域人才的积极性，进一步提高广西科技创新能力，驱动广西战略性新兴产业的可持续发展。要认真研究已有优惠政策的落实渠道，建立战略性新兴产业创新创业差异化政策支持制度，对具有带动作用的领军型企业，从政府投资、优惠补贴、财税金融、配套基础设施建设等方面给予较强的支持；对有研发实力与潜力的团队，从政府资金中给予提供专项工作经费；对有重大创新贡献的人才，在薪酬、社保、医疗、住房、子女入学等方面给予配套政策，通过以点带面、点面结合的激励措施，助推广西战略性新兴产业发展。要加大对新产品应用的支持力度，将企业自主创新成果和产品列入政府采购目录，鼓励公共投资领域应用战略性新兴产业产品，对消费者购买使用新产品给予政策优惠，帮助和推动具有较强自主创新能力的企业开拓市场。

广西高铁经济带工业优化布局及创新发展研究

根据国际铁路联盟给高速铁路的定义，高速铁路（简称高铁）是指列车最高运行时速 200 千米以上的铁路。2013年，广西第一条高铁开通，到 2015 年底，广西有南广、贵广、钦防、钦北、南钦、衡柳、柳南客运专线、南昆客运专线等 8 条铁路相继开通，总里程占全国高铁总里程的 1/3，通达 11 个地级市，形成了四通八达的高铁格局，广西也成为全国第一个进入高铁时代的少数民族地区。高铁开行，将对广西经济社会发展产生重大影响，给广西工业发展带来新的机遇和挑战。本研究在高铁影响区域经济社会发展的相关理论指导下，依据广西高铁工业发展现状及未来趋势，全面分析了高铁对广西工业发展的影响，在学习借鉴国内外依托高铁推动工业发展做法与经验的基础上，提出了高铁背景下促进广西工业优化布局及创新发展的对策建议。

一、高铁对广西工业优化布局和创新发展的影响

高铁对区域经济社会发展的影响一直是国内外学者关注的热点。许多国内外专家学者提出了不少著名的理论，阐述了高铁对区域社会经济发展带来的巨大影响。

（一）高铁影响区域经济社会发展的相关理论

1. 生长轴理论。

德国学者沃纳·松巴特（Werner Sombart）于 20 世

纪 60 年代提出生长轴理论，该理论直接把交通运输与区域经济发展结合起来，并强调交通干线建设对经济活动具有引导和促进作用。该理论认为，随着连接区域中心城市主要交通干线（铁路、公路）的建设将形成有利的区位，方便人口流动，降低运输费用，从而降低产品成本。新的交通干线对产业和劳动力有吸引力，形成有利的投资环境，使产业和人口向交通干线聚集，产生新的工业区和居民点。以交通线为"主轴"逐渐形成一条产业带，交通干线就是产业带形成的生长轴。我国著名学者陆大道先生于 1984 年提出"点—轴"开发理论，该理论将中心城市、交通干线、市场作用范围等统一于一个增长模式中。在三者相互关系中，点居于主导地位，轴是多层次中心点间沟通连接的通道，而通过市场配置资源要素是点与点之间、点与轴之间发生联系的根本动因，揭示出区域经济发展的不均衡性，即可以通过点与点之间跳跃式配置资源要素，进而通过轴带的功能，对整个区域经济发挥牵动作用。广西高铁的建设可以根据生长轴理论，以高铁站为点，高铁路线为轴，主要通过改善交通条件来调节区域投资大小和人口流动方向，引导产业带的建设，拉动沿线地区经济的发展。

2. 交替推动关系理论。

在特定的运输系统中，随着经济的发展，社会对交通运输的需求提出了新的要求，这些要求在逐渐积累的初期，往往位于原有运输方式的极限之内，因而可以通过对原有运输系统的改造来满足。这期间，交通运输业对经济发展的作用往往比较隐蔽，主要体现在支持经济增长上，处于相对被动的地位，如果交通运输业的发展能够跟上经济发展的步伐，交通运输业的作用好像不存在，往往不为人们关注。如果交通运输业的发展跟不上经济发展的步伐，就会以阻碍经济发展的消极方式，来显示其在经济发展中的作用。这时经济的发展就得带动交通运输业。然后，随着积累的进一步扩大，它将突破原有运输系统的极限，迫使新的运输方式产生和发展，由于新的运输方式的产生及随之而来的迅速发展，必然要向社会提出强大的物质需求，从而造就一批新兴产业的产生与壮大。高铁就是交通运输业发展到一定程度的产物，高铁的开通不仅表现在支持高铁本身产业链的发展，而且还体现在刺激高铁沿线房地产、商贸服务等经济的发展上，从而在一定程度上推动经济社会的发展。

3. 增长极理论。

佛朗索瓦·佩鲁最早提出增长极理论，汉森对这一理论进行了系统的研究和总结。该理论从物理学的"磁极"概念引申而来，认为受力场的经济空间中存在着若干个中心或极，产生类似"磁极"作用的各种离心力和向心力，每一个中心的吸引力和排斥力都产生相互交汇的一定范围的"场"。这个增长极可以是部门的，也可以是区域的。该理论认为区域经济的发展主要依靠条件较好的少数地区和少数产业带动，应把少数区位条件好的地区和少数条件好的产业培育成经济增长极。通过增长极的极化和扩散效应，影响和带动周边地区和其他产业发展。增长极的极化效应主要表现为资金、技术、人才等生产要素向极点聚集；扩散效应主要表现为生产要素向外围转移。在发展的初级阶段，极化效应是主要的，当增长极发展到一定程度后，极化效应削弱，扩散效应加强。广西应抓住高铁快速发展的历史机遇，促进沿线条件较好的区域或产业的发展，进而扩大辐射带动效应。

4. 路桥经济理论。

该理论主要从地理的角度研究经济发展变化，认为地理经济经历了三个阶段，即江河经济、海洋经济和路桥经济。江河经济是农业革命的产物。在古代，人类社会经济主要依托江河发展，江河成为主要运输通道，使得人口向江河边聚居，推动城市的产生。海洋经济是工业革命的结果。工业革命时代，工业生产急剧发展，国际贸易推动了航海技术和航海事业发展，海洋运输成为主要贸易通道，几乎所有国家的海岸线都出现了繁荣的城市。而路桥经济是信息革命的产物。随着交通网络和信息网络的高速发展，公路、铁路、航空、航运突破了江河湖海以及高山大漠阻隔向内陆延伸，已经把世界连为一体，从而导致人类社会经济发展的环球空间布局与结构发生新变动。高铁的建设是路桥经济理论的重要实践，它将进一步突破地域的界限，缩短时间和空间的距离，密切城市之间的联系，带动经济社会发展。

（二）广西"一纵一圈两横"高铁经济带的形成

2009 年，广西高速铁路建设开启新的纪元，贵阳至广州高铁、南宁至广州高铁（含南宁至黎塘段）、南宁至柳州城际高铁、南宁至钦州高铁、钦州至防城港高铁、钦州至北海高铁相继建成运营，广西基本形成"一纵一圈两横"高铁经济带，全面进入高铁经济时代。

1. "一纵"高铁经济带。

"一纵"高铁经济带主要指沿湘桂高铁（广西段）的经济带建设，重点涵盖桂林市、柳州市、来宾市和南宁市。此高铁经济带是桂、琼、粤西地区联系内地的重要桥梁，也是湘鄂赣等省的又一条出海通道，更是我国内陆地区与东南亚地区的重要国际纽带。

2. "一圈"高铁经济带。

"一圈"高铁经济带主要指北部湾高铁经济圈，以广西沿海城际铁路为依托，北接南宁市，南连东南亚，向东连接湛江可与国家沿海经济走廊相连，涵盖南宁市、北海市、钦州市和防城港市，是广西北部湾经济区的主要城市及产业基地。

　　3."北横"高铁经济带。

　　"北横"高铁经济带主要指沿贵广高铁（广西段）的经济带建设，重点涵盖柳州市（三江侗族自治县）、桂林市、贺州市。此经济带面向珠江三角洲，背靠西南腹地，是西南地区继南昆线之后的又一条重要的出海通道，它为长期与外界阻隔、无直接出海口的大西南（除广西外）提供了一条便捷的出海通道，是贯通西南和珠三角地区的一条重要的开发轴。

　　4."南横"高铁经济带。

　　"南横"高铁经济带近期主要指沿南广高铁（广西段）的经济带建设，远期将随着云桂高铁的建成相应延展，形成粤桂滇高铁经济带，涵盖南宁市、梧州市、贵港市、百色市，辐射带动河池市、崇左市和玉林市。南广高铁经济带跨越广西、广东两省区，是两广交通经济大动脉，是桂粤两省区最便捷的快速通道，是广西经济腾飞的大平台，对于促进广西融入泛珠三角区域合作具有重大而深远的意义。

　　（三）高速铁路对广西工业发展的影响

　　高速铁路主要通过"三特性""三效应""三转变"对广西工业转型产生影响。高铁缩小了时空距离，加速了人员、物质、资金、信息、技术等生产要素的流动，增强了城市间的交流与合作，带动相关产业在空间上集聚和结构调整优化，助推高铁核心区工业转型升级，同时辐射带动高铁周边地区产业发展。

　　1."三特性"将改变广西工业发展环境。

　　"三特性"是指快速交通的通达性、便捷性、高效性。高铁的开通提高了广西的通达性，将形成南北通达、东西畅通、通江达海的铁路网，有利于外来要素的流入，加强广西与外界尤其是珠三角、中东部经济发达地区及西南资源富集地区的联系与互动，同时也加强广西与东盟国家的沟通和联系。需要指出的是，当前广西正在加快中新互联互通南向通道建设，高铁在其中也将发挥特殊的作用，随着广西北向贵州，通往重庆、兰州高速铁路建设的推进，以及中远期南下经越南、泰国直达新加坡跨国高速铁路的建设，高速铁路在中新互联互通南向通道建设中的地位将进一步凸显。便捷性则体现在广西到达沿线其他地区时间的缩短以及其他地区到达广西的便捷，促进地区间人员、物资、资金、信息、技术等生产要素的流动和集聚，放大广西招商引资的"洼地效应"，有利于承接东部地区工业转移，有利于利用西南地区丰富的资源，有利于扩大与东盟国家的经贸往来。此外，高铁的开通为科技和人才资源流动提供了更为便利的条件，有利于广西引进人才和先进技术，实施创新驱动，促进产业发展水平的整体提升。高效性则体现在高铁运行的高时效与强流量，将极大地提升列车运行速度和运输能力，特别是对道路运输能力的释放，将提升传统铁路运输、公路运输、港口铁路集疏运能力，缓解广西工业发展的运输"瓶颈"制约，满足工业发展对原料及产品运输的需求，为产业发展提供强大的运力支撑。同时，高铁带来的客流量、物流量大幅度增长，将为广西旅游、现代物流、商务、会展等第三产业加快发展提供重要契机。

2. "三效应"将强化广西工业发展动力。

"三效应"指的是集聚效应、同城效应和开放效应。集聚效应是指各种产业和经济活动在空间上集中产生的经济效果，以及吸引经济活动向一定地区靠近的向心力。广西高铁的开通使沿线区位优势更为凸显，增强沿线及周边地区集聚能力，促进生产要素向集聚区合理流动，有利于沿线"产业走廊"的形成，加快优势产业集聚发展，而产业的集聚发展，则有助于推动产业转型升级。同城效应是指对在相邻地区或更大范围内发生重要的作用和联动效应。广西"一轴四纵四横"现代化快速铁路运输网络，缩短了空间距离，放大了同城效应，有效推动相邻城市的"同城化"，推动区域间在产业发展上的相互配合、错位互补，提升产业水平。开放效应是指高铁快速交通的发展，为沿线拓展了新的开放领域和空间，加强了各地区之间的联系与互动，使广西更快融入"珠三角经济圈""长株潭城市群""西南经济圈"，同时通过高铁网节点融入"武汉城市圈""环渤海经济圈""长江三角经济圈"，有利于加强省际产业合作，承接来自东部地区的产业转移和辐射，为广西产业调结构、促转型注入新的活力。

3. "三转变"将明晰广西工业发展的路径。

由于高铁的"三特性"及由此产生的"三效应"，将明晰广西工业发展的路径：一是优化产业整体布局，由分散无序转变为集聚布局，走园区集聚、产业集群的道路，串"点"成"线"、拓"线"为"带"，构建高铁产业走廊、高铁经济带。二是提升产业战略定位，由传统产业体系转变为现代产业体系，走新型工业化之路，从整体上统筹考虑高铁沿线工业的发展定位及发展战略，构建层次分明、高效集约、各具特色、互动协调发展的新型工业体系。三是加强产业区际联系，由相互竞争转变为合作共赢，走优势互补、分工协作、错位发展、共同繁荣之路，构建高铁核心区、非核心区区域经济协调发展格局。

二、广西高铁经济带工业布局与发展现状

高铁经济带工业主要布局在沿线的各类工业园区，这些工业园区成为各高铁经济带工业发展的重要载体和平台，有力推动各高铁经济带工业的集聚发展。对"一纵一圈两横"高铁经济带的工业园区进行分类整理后，2017年，四条高铁经济带（圈）的主要工业园区实现工业总产值18262.51亿元。其中沿海高铁经济圈园区实现工业总产值8018.3亿元；湘桂高铁经济带（广西段）

园区实现工业总产值6019.87亿元；南广高铁经济带（广西段）园区实现工业总产值3729.48亿元；贵广高铁经济带（广西段）园区实现工业总产值最低，为494.86亿元（见图1）。

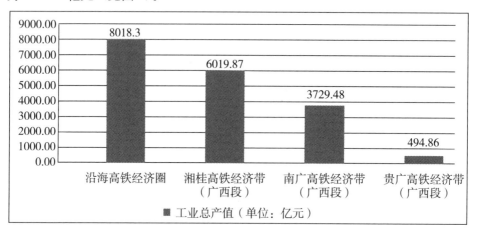

图1 2017年广西"一纵一圈两横"高铁经济带主要工业园区发展情况

（一）"一纵"高铁经济带工业布局特点及发展现状

湘桂高铁经济带（广西段）主要途经桂林市（全州县、兴安县、灵川县、永福县）、柳州市（鹿寨县、柳江县）、来宾市、南宁市（在"一圈"高铁经济带分析）、崇左市（扶绥县、凭祥市）五市。该经济带工业主要布局在沿线的18个工业园区（集中区）。截至2017年底，18个工业园区实现工业总产值达6019.87亿元。其中，柳州主要工业园区实现工业总产值3804.62亿元，占到该经济带18个工业园区实现工业总产值的63.20%（见表1）。

表1 2017年湘桂高铁经济带（广西段）工业布局情况

单位：亿元

位置	名称	级别	主导产业	工业总产值
总计				6019.87
桂林（全州县、兴安县、灵川县、永福县）	小计			1690.11
	桂林高新技术产业开发区	国家级	电子信息工业、机械	1013.69
	广西桂林经济技术开发区	自治区级	机械、医药制造、电子信息、食品工业、造纸、木材加工	410.41
	广西灵川八里街工业园区	自治区级	机械、竹木加工、物流	100.60
	兴安县工业集中区	A类产业园区	光电信息、建材、食品	69.13
	全州工业集中区	自治区级	有色金属、机械、食品	96.28

续表

位置	名称	级别	主导产业	工业总产值
柳州（鹿寨县、柳江县）	小　计			3804.62
	广西柳州高新技术产业开发区	国家级	汽车、新材料	1802.82
	广西鹿寨经济开发区	自治区级	化工、建材、造纸与木材加工	163.80
	广西柳州阳和工业园区	自治区级	汽车及零部件制造、机械制造、重大装备制造	470.14
	柳州市柳江新兴工业区	自治区级	汽车零部件、机械制造	327.91
	广西柳州河西高新技术产业开发区	自治区级	汽车零部件、工程机械制造	564.62
	柳州市柳北工业区	自治区级	汽车、机械、纺织服装与皮革、节能与环保	386.41
	柳州市洛维工业集中区	A类产业园区	汽车零部件、现代物流业、文化与信息、电子电器、环保产业、金融保险信息服务业	88.92
来宾	小　计			279.27
	来宾市河南工业园区	自治区级	电力、有色金属、建材、冶金、电子信息、汽配	203.54
	广西来宾高新技术产业开发区	自治区级	信息技术、先进制造、新材料、科技创新服务	45.52
	来宾市兴宾区工业集中区	A类产业园区	电子信息、光伏机电、环保生态	30.21
崇左（扶绥县、凭祥市）	小　计			245.87
	凭祥边境经济合作区	国家级	木材加工、糖酒生物肥、食品加工、太阳能电子、车辆及机械	30.84
	广西中国—东盟青年产业园	自治区级	有色金属、冶金、化工	24.60
	崇左市城市工业区	A类产业园区	食品工业、冶金工业、新材料产业、建材、机电	190.43

资料来源：广西壮族自治区工业和信息化委员会。

湘桂高铁经济带上的桂林、柳州等市的主要园区工业总产值都达千亿元。桂林市形成了以汽车及其零部件制造、医药及生物制品、电子信息、橡胶制品、食品饮料、机电一体化、高新技术产业为支柱的工业体系。柳州市形成了以微型汽车和中重吨位汽车为主的汽车及零部件制造业、以工程和通用机械为主的机械制造业、以钢铁和有色金属和深加工为主的冶金工业以及化工、制糖、造纸、建材、日化、生物制药、新材料、新能源等现代化工业格局。来宾市形成了电力、冶金、制糖、造纸、建材、化工、农副产品加工等工业格局。崇左市形成了食品工业、有色金属、冶金工业、新材料产业、建材等特色产业。总的来看，该经济带工业主要以汽车及其零部件制造、机械制造、冶金、医药及生物制品、电子信息、橡胶制品、食品工业、建材、高新技术产业为主。

（二）"一圈"高铁经济带工业布局特点及发展现状分析

沿海高铁经济圈主要涵盖南宁、北海、钦州、防城港四个市，该经济带工业主要布局在沿线的 25 个工业园区（集中区）。截至 2017 年底，25 个工业园区实现工业总产值达 8018.30 亿元。其中，南宁主要工业园区实现工业总产值最高，占到该经济圈 25 个工业园区实现工业总产值的 49.33％（见表2）。

表2　2017 年沿海高铁经济圈工业布局情况

单位：亿元

位置	名称	级别	主导产业	工业总产值
	总　计			8018.30
南宁	小　计			3955.23
	南宁经济技术开发区	国家级	节能环保、食品制造、机电制造	564.32
	南宁高新技术产业开发区	国家级	生物工程及制药、机械制造与汽车零配件、电子信息	1844.17
	广西—东盟经济技术开发区	国家级	纺织服装与皮革、食品、机械	341.77
	广西良庆经济开发区	自治区级	食品、有色金属、建材	166.35
	南宁仙葫经济开发区	自治区级	粮食精细加工、仓储物流、生物制药	39.22
	南宁六景工业园区	自治区级	茧丝绸及轻纺服装加工、农副产品加工、船舶配套、化工、电力	186.79
	南宁江南工业园区	自治区级	铝加工业、电子工业、仓储物流	493.56
	隆安华侨管理区	A类产业园区	生物制造业、食品、建材	32.78
	广西宾阳县黎塘工业园区	自治区级	建材、木材加工、食品工	156.68
	南宁市伊岭工业集中区	A类产业园区	建材、农产品加工、制药	114.59
	上林县象山工业集中区	B类产业园区	钒、铝加工	15.00

续表

位置	名称	级别	主导产业	工业总产值
北海	小　计			2423.28
	广西北海出口加工区	国家级	电子信息、机电一体化，新材料新能源、体育用品、保税物流业	391.54
	广西北海工业园区	自治区级	电子信息、机械制造、轻工	872.94
	广西北海高新技术产业园区	国家级	电子信息、海洋产业	118.18
	广西合浦工业园区	自治区级	生物质能源、电子、水产品及农产品深加工	135.76
	北海市铁山港临海工业区	A类产业园区	石油化工、林浆纸、新材料	904.86
防城港	小　计			460.43
	东兴边境经济合作区	国家级	食品、物流	111.55
	上思县工业集中区	A类产业园区	食品、建材、木材加工	100.99
	防城港市防城区工业园区	自治区级	冶金、有色金属、化工	120.89
	防城港经济技术开发区	自治区级	钢铁、有色金属冶炼、电力	127.00
钦州	小　计			1179.36
	广西钦州保税港区	国家级	出口加工、物流	14.63
	钦州港经济技术开发区	国家级	石化、精细化工、造纸、冶金	631.71
	浦北县工业集中区	A类产业园区	医药制造、电子五金、建材	126.02
	灵山工业区	自治区级	冶金、电子信息、纺织服装与皮革	255.42
	广西钦州高新技术产业开发区	自治区级	电子信息、生物技术与医药、新能源和新光源	151.58

资料来源：广西壮族自治区工业和信息化委员会。

沿海高铁经济圈上的南宁、北海、防城港三市主要工业园区工业总产值均达千亿元。南宁形成了铝加工、电子信息、食品加工、机械装备制造、生物制药、清洁能源等支柱产业；北海形成了电子信息产业、石油化工、临港新材料三大支柱产业；钦州形成了石化、装备制造、建筑建材、粮油食品加工、电子信息、能源等工业体系；防城港形成了钢铁、有色金属、能源、食品、石化、装备制造等工业体系。总的来看，该经济圈工业主要以铝加工业、电子信息、生物制药业、冶金业、石油化工、食品工业、海洋产业、仓储物流业为主。

（三）"北横"高铁经济带工业布局特点及发展现状

贵广高铁经济带主要涵盖柳州市（三江侗族自治县）、桂林市（阳朔、恭城）、贺州市（钟山、贺州）三个市。该经济带工业主要布局在沿线的 7 个工业园区（集中区）。截至 2017 年底，7 个工业园区实现工业总产值 494.86 亿元。其中，贺州主要工业园区实现工业总产值 376.42 亿元，占到该经济带 7 个工业园区实现工业总产值的 76.07%（见表 3）。

表 3　2017 年贵广高铁经济带（广西段）工业布局情况

单位：亿元

位置	名称	级别	主导产业	工业总产值
总计				494.86
柳州	小计			3.37
	三江侗族自治县工业园区	B类产业园区	茶叶、茶油、竹木加工、服装产业	3.37
桂林（阳朔、恭城）	小计			115.07
	恭城瑶族自治县工业集中区	A类产业园区	有色金属、食品、建材	79.91
	桂林市阳朔县工业集中区	B类产业园区	建筑装饰用石深加工、竹木深加工、农副食品加工、旅游工业品制造	35.16
贺州（钟山、贺州）	小计			376.42
	广西贺州旺高工业园区	自治区级	新材料、食品（药品）加工	189.54
	粤桂县域经济产业示范区信都工业区	自治区级	金属制品、建材、木材加工	103.46
	贺州市钟山工业园区	自治区级	有色金属加工、日用陶瓷、木材加工	71.92
	广西贺州华润循环经济产业示范区	自治区级	建材、电子信息、电子元器件	11.5

资料来源：广西壮族自治区工业和信息化委员会。

贵广高铁经济带上的柳州市（三江侗族自治县）主要以茶叶、茶油、竹木加工、水电风电产业为主；桂林市以有色金属、食品、建材、竹木深加工、农副食品加工、旅游工业品制造为主；贺州市以信都工业区、贺州华润循环经济产业示范区、旺高工业园区、钟山工业集中区为核心形成了电子信息、林产、冶金、电力、建材、食品药品、新材料等支柱产业。总的来看，该经济带工业主要以电子信息、机械、食品加工、建材、日用陶瓷、新材料等为主。

（四）"南横"高铁经济带工业布局特点及发展现状分析

南广高铁经济带（广西段）主要涵盖梧州（藤县）、贵港（覃塘、根竹、厚禄、桂平、平南）、南宁（在"一圈"高铁经济带分析）、百色（平果、田东北、田阳、右江）四个市，该经济带工业主要布局在沿线的 17 个工业园区（集中区）。截至 2017 年底，17 个工业园区实现工业总产值达 3729.48 亿元。其中，梧州市主要工业园区实现工业总产值最高，占到该经济带 17 个工业园区实现工业总产值的 57.29%（见表 4）。

表 4   2017 年南广高铁经济带（广西段）工业布局情况

单位：亿元

位置	名称	级别	主导产业	工业总产值
总　计				3729.48
梧州	小　计			2136.72
	广西梧州长洲工业园区	自治区级	电子、钢材加工、纺织	4.90
	广西梧州工业园区	自治区级	制药、食品、光电信息、林浆纸、物流、机械装备、光伏	418.11
	藤县工业集中区	A 类产业园区	化工、建材、修造船、能源等	69.00
	苍梧工业园	A 类产业园区	有色金属冶炼、林产林化、机械电子	24.60
	梧州进口再生资源加工园区	自治区级	金属和非金属拆解及深加工	427.56
	梧州东部产业转移园区	A 类产业园区	食品、林产化工、电子产品、钢材加工	539.20
	梧州陶瓷产业园区	其他	建筑陶瓷、陶瓷制品等	208.17
	粤桂合作特别试验区	A 类产业园区	新能源、电子信息、食品医药	205.13
	岑溪市工业集中区	A 类产业园区	新材料、石材、陶瓷、家电电子、林产	240.05
贵港	小　计			759.12
	贵港市产业园区	自治区级	羽绒、热电、制糖、造纸、建材、木业加工	182.23
	广西贵港覃塘产业园区	A 类产业园区	服装（羽绒）与皮革、石化、造纸与木材加工	102.35
	桂平市产业园	自治区级	生物、机械产业、建材、纺织服装	203.45
	平南县工业园	自治区级	新型建材、机械、电子信息、农林加工、纺织	160.22
	贵港国家生态工业示范园区	自治区级	电子信息、纺织服装、糖纸循环、热电联产、能源、造纸	110.87

续表

位置	名称	级别	主导产业	工业总产值
	小　计			833.64
百色	广西百色高新技术产业开发区	自治区级	铝加工相关产业、有色金属、化工产业、木材加工、机械加工	178.07
	平果工业区	自治区级	铝产品加工	284.62
	广西田东石化工业园区	自治区级	石油、烧碱、PVC、氧化铝	145.08
	百色新山铝产业示范园	自治区级	液态铝、再生铝、铝精深加工、铝机械装备制造、铝新材料	225.87

资料来源：广西壮族自治区工业和信息化委员会。

南广高铁经济带上的梧州市主要工业园区的工业总产值达到千亿元。梧州市基本构建了再生资源、再生不锈钢制品、电子信息、陶瓷、制药、食品、林产林化、钛白制品、建材、化工等产业体系；贵港市依托工业园区培育了建材、电力、化工、机械、食品、饲料、电子、造纸与木材加工、纺织、皮革等十大骨干产业；百色市形成了铝加工、冶金、石化、煤电、建材、制糖、造纸、农林产品加工等特色工业。总的来看，该经济带工业主要以制药、金属和非金属拆解及深加工、修造船、电子信息、机械、铝加工、农林产品加工等为主。

（五）广西高铁经济带工业布局及发展存在的主要问题分析

1. 整体工业产业结构层次不高。

各高铁经济带工业没有呈现出高级化的特征，工业结构尚未实现高加工度化，尚未实现以原材料工业为重心的向以加工、组装工业为重心的转变。加工工业和采掘原材料工业比例失调，其中各高铁经济带的轻工、冶金、有色金属、制糖、电力、建材等6个资源型产业占各地规模以上工业总产值近60%。由于原材料工业大多是"两头在外"，依托资源优势建立的能源、原材料为主的工业体系，只完成了上游工业的发育过程，没有很好地转化为深度加工增值的产业优势，把价值增值过程留在了区外。

2. 技术创新能力弱。

全区14个地级市创新基础不一，创新驱动发展水平差距较大。根据《2015年广西科技进步统计监测报告》，全区14个城市综合科技水平可分为三类：第一类为集中了全区90%科教资源及70%产业资源的南宁、柳州、桂林，综合创新指数超过全区平均水平，均达40%以上；第二类为近两年异军突起的沿海新兴开发城市北海、防城港及与广东接壤的老牌工业城市玉林、梧州，综合创新指数超30%，但低于全区平均水平；第三类为新建市来宾与贺州、革命老区百色与河池、人口密度超高市钦州和贵港，综合创新指数低于30%。其中，南宁综合创新指数为50.2%，全区最高；而最低的贵港只有18.01%，相差近2倍。按照高铁经济带来分类，湘桂高铁经济带和沿海高铁经济圈的创新能力最强，贵广高铁经济带和南广高铁经济带创新能力相对较弱。此外，目前广西企业自主创新能力差，科技成果转化率低，2014年全区企业申请专利数仅为12220件，占全区专利申请数的37.84%。科技投入规模偏小，R&D经费内部支出占生产总值比例和地方财政科技拨款占地方财政支出比例分别居全国28位和30位，多元化科技投资体系尚未完成，产学研结合机制尚未有效建立。

3. 工业产品市场竞争力不强。

目前广西各高铁经济带工业总体上处于产业链初段和价值链"微笑曲线"底部，中间附加值低的加工制造占大头，两端附加值高的设计研发和市场营销比重小。以特色资源铝土矿生产为例，广西氧化铝、电解铝、铝材的产品产量比约为1∶0.1∶0.1，按1吨氧化铝约可以产出0.5吨电解铝、1吨电解铝约可以产出1.2吨铝材的加工比重测算，假设广西加工生产电解铝和铝材所需的氧化铝全部为区内自产，则生产电解铝仅利用了区内约25.2%的氧化铝，加工生产铝材利用了区内约18.9%的氧化铝。而以废铝为原料的、低碳的、铝二次利用的再生铝产业，以及氧化铝的横向综合利用等方面仍然处于起步阶段。此外，这种主要是利用资源、资金、人力和物力等生产要素的投入量来提高产量或产值的粗放式生产模式，在各高铁经济带发展的有色金属、制糖、钢铁、茧丝绸等优势产业的生产上同样存在，产业仍处于产业链低端，缺乏多层次加工体系。此外，各高铁经济带工业由于生产的产品附加值低，知名品牌也少。改革开放以来，广西工业品牌的发展一直呈现整体提升之势，尤其是以"玉柴""柳工""三金""漓泉"等为代表的"中国驰名商标"所属企业，多年来对促进广西工业经济发展发挥了重要作用。但优秀品牌呈现出区域分布不均衡的状况，广西现有的"中国驰名商标"（发源地属于广西）主要分布在湘桂高铁经济带的柳州、桂林两市，以及玉林市。但是优秀品牌价值整体偏低，相关企业经营规模偏小。在世界品牌实验室评选的2016年"中国500最具价值品牌"中，"玉柴"以281.95亿元品牌价值列103位，列广西第一位（见表5）。但玉柴集团2016年收入只有339.23亿元，位列广西百强企业第8位。并且广西工业品牌呈现逐年递减趋势，"天和""两面针""索芙特"等品牌逐渐没落。

表5 广西品牌在2016年"中国500最具价值品牌"排名情况一览表

排名	品牌名称	品牌价值（亿元）	主营行业	所属地	上市与否
103	玉柴	281.95	机械	玉林	否
241	柳工	140.32	机械	柳州	是
317	真龙	102.16	烟草	南宁	否
354	三金	81.69	医药	桂林	是
365	源安堂	74.58	医药	贵港	否
399	肤阴洁	51.81	医药	贵港	否
401	金嗓子	51.54	医药	柳州	否
420	五菱	48.65	汽车	柳州	是

资料来源：根据 http://huanbao.bjx.com.cn/news/20160624/745409 - 6.shtml 整理而得。

4. 产业组织结构不佳。

广西企业结构中缺少具有强劲竞争力的集团企业，尚未形成"以大企业为龙头，中小企业为网络"的企业集群发展模式。2015年，广西年营业收入超过100亿元的企业有24家；其中200亿元～300亿元的有6家，300亿元～400亿元的4家，400亿元～500亿元的有1家，超过500亿元的有上汽通用五菱、广西投资集团、广西建工集团、广西电网投资有限公司等4家，年营业收入分别迈上900亿元、800亿元、700亿元、600亿元台阶。进入全国五百强的企业仅6家，在西部地区排名第5位。相当于浙江的13.63%，广东的12.5%，重庆和四川的50%和42%。企业利润分布不均衡现象凸显，排名前五位的企业净利润总额占到广西制造业企业五十强的71.4%，企业个体之间规模差距大。

5. 产业同构问题突显。

在以行政区地域为单位的经济发展过程中，地方政府较少考虑区域的整体经济要素特征和本地要素优势与劣势，忽视本地的产业发展重点与整个区域产业配置格局的关系，纷纷将一些热门的产业、一些投资少回报快的项目以及在别的地区成功的项目作为发展的重点，造成区域内产业结构高度趋同。这些发展经济的手段在短期内确实带来了地方经济的较快增长，但随后产业结构同质化的消极作用就显现出来了，区域内雷同产业竞争激烈。从各高铁经济带的沿线城市来看，产业结构趋同化问题十分突出，产业相似率高达90%以上，难以实现结构的优势互补（见表6）。并且各地入园行业兼容性过宽，主导行业不突出，入园企业关联度不高，联动和带动性不强，园区内已形成的产业集群数量少。

表6　各高铁经济带主要支柱产业

地区	主要工业部门
湘桂高铁经济带	主要以汽车及其零部件制造、机械制造、冶金、医药及生物制品、电子信息、橡胶制品、食品工业、建材、高新技术产业为主
沿海高铁经济圈	主要以铝加工业、电子信息、生物制药业、冶金业、石油化工、食品工业、海洋产业、仓储物流业为主
贵广高铁经济带	主要以电子信息、机械、食品加工、建材、日用陶瓷、新材料等为主
南广高铁经济带	主要以制药、金属和非金属拆解及深加工、修造船、电子信息、机械、铝加工、农林产品加工等为主

资料来源：根据各高铁经济带沿线城市形成的工业体系整理而得。

6. 主体功能区布局导向力不强。

《全国主体功能区规划》促使经济建设行为要基于地域基本禀赋属性，有的地区适合进行大规模工业化和城镇化，有的地区则需要限制或禁止开发来保护生态资源与环境。但为了地方经济能够在短期快速增长，地方政府往往忽视地方资源环境承受能力的制约，在生态脆弱区也进行着规模化的工业开发，甚至将发达地区淘汰的落后产业进行承接转移，对所管辖区域的矿产、土地、水资源等进行掠夺性开发使用。同时，在经济发展过程中也忽视环境污染治理，土壤、地下水、空气等遭到严重污染。这些超越地方资源环境承载能力的经济行为，从短期看地方生产总值获得了较快增长，地方财政收入水平得到提升，但整个区域生产、生活所依赖的最基础生态资源与环境遭到破坏，治理和恢复要付出的代价会数倍于所获得收益。

三、国内外依托高铁推动工业创新发展的经验与启示

（一）国内依托高铁推动工业创新发展的做法与经验

1. 山东省。

目前，山东省已建成的高铁路线有京沪高铁、胶济客专，在建的高铁有青荣城际铁路，拟建的有石济客专山东段和青岛—烟台—威海—荣成线、济南—泰安—济宁等城际铁路线。京沪高铁全长1318公里，其中山东段全长350公里，设济南西、泰安、曲阜、滕州东和枣庄5个车站，于2008年4月18日开工，并于2011年7月1日正式开通运营。该线路建成后，济南到北京最快只需1个多小时，到上海只需3个多小时，比原来的直达列车分别缩短了5个多小时、9个多小时，加快了环渤海经济区与京津冀经济圈、长江三角洲两大经济区的联系。胶济客运专线全长393公里，全线共设置青岛、胶州北、高密、昌邑、潍坊、昌乐、青州市、淄博、周村东、章丘、济南东、济南等 12 个车站，于 2007 年初开工，2008 年 12 月 21 日全线贯通。该线建成后，青岛直达济南只需 2.5 小时，比原胶济铁路上的直达列车缩短 2～3 小时。

依托高铁建设，山东省以传统交通运输和装备制造业为着力点，推动山东产业转型升级。在传统交通运输业转型升级方面，山东省构建以济南西客站为中心，以客运零换乘、货运无缝衔接为主框架的立体交通体系，重点打造济南西部新城，着重发展文化创意、旅游休闲、商贸会展、商业金融、总部经济、科技研发等产业集群，发展现代服务业。在装备制造业方面，大力发展轨道交通装备制造业，以青岛市为核心，打造国内外知名的轨道交通装备制造产业研发制造基地，重点打造南车、四方股份等一批骨干企业，培育扶植威奥集团等一批优势配套企业，研发生产一批高端产品，建设城阳高速列车产业集聚区等国内一流产业园区。同时，加强自主创新，攻克关键技术，实施一批重大产业发展项目，增强轨道交通装备制造产业的技术创新能力。加大定向招商，拓宽国内外市场，重点引进一批国内外轨道交通装备企业，完善青岛轨道交通装备产业链和生产制造体系，稳步实现主要产品价值链由低端向高端跃升。

2. 江苏省。

目前，江苏省高铁建设迅速，京沪、宁杭、沪杭线等已通车运营，连盐线、沪通线、徐宿淮城际等正在规划建设当中。其中京沪高铁江苏段全长 358 公里，途经境内徐州、南京、镇江、常州、无锡、苏州 6 市，连接了全国现代化工业集中、人口稠密的重要区域，形成了一个以江苏乃至上海为"龙头"的长江三角洲地区的综合交通体系，推动了全国、远东以至全世界的物流、资金流、人才流、技术流、信息流的大批量、高速度的集散，促进了江苏地区以至整个华东沿海地区的经济发展。宁杭城际铁路（又名宁杭高铁、宁杭客运专线）北起南京，南至杭州，全长 248.963 公里，设计速度为 350 公里/小时。于 2008 年 12 月 27 日开工，2013 年 6 月 30 日正式通车。共设南京南站、江宁站、溧水站、溧阳站、新宜兴站、丁蜀站、新长兴站、湖州南站、德清站、余杭站、杭州东站等 11 个站。该线建成后南京至杭州将在一小时以内到达，单向输送能力 8000 万人/年。沪宁城际高速铁路，又称沪宁高铁，是中国最繁忙的高铁，运营里程 301 公里，列车最高时速 300 公里/小时。全线铺设无砟轨道，采用世界上最先进的高速动车组运行，是世界上标准最高、里程最长、运营速度最快的城际高速铁路，于 2010 年 7 月 1 日正式投入运营。沪宁城际高速铁路贯穿我国城市群最密集、生产力最发达、经济增长最强劲、发展最具活力的长三角核心区域，使上海、南京以及苏州、无锡、常州、镇江等城市形成"同城效应"，将成为助推长三角现代化建设的强大引擎。

江苏省依托京沪、沪宁、宁杭等高铁线路的开通，着重推动旅游产业转型升级。一是进一步加强区域间旅游合作，延伸城市旅游联盟，构建长三角旅游发展联盟。由该省 13 个地级市中有一定影响力的旅行社组成江苏旅游联盟，开展"江苏人游江苏"活动，通过"抱团取暖"的方式，联合采购旅游线路和产品，获得规模效益。为此，江苏省将联盟规模进一步拓展，积极加强与周边兄弟省份的交流合作，建立旅游协调机制，定期召开旅游研讨，成立长三角旅游发展联盟，覆盖苏浙沪皖等 50 多家旅游企业，构建了集群化旅游产品体系。二是整合旅游资源，加快智慧旅游建设，试行"智慧旅游卡"。利用互联网、物联网和三网融合等技术，着力建设一体化、敏捷化、数字化、交互式的旅游发展新模式，以江苏省为中心，逐步形成以手机等便携式智能移动终端应用为核心，以身份认证和信息主动推送为特色的旅游信息服务体系，为游客提供一站式、全方位、个性化的旅游信息服务，为全国旅游电子商务、一体化旅游服务和体验互动旅游进行探索实践。同时，搭建电子商务平台，建立"途牛旅游网"，汇集各种旅游信息，极大方便了游客出行。目前南京、苏州、常州、无锡、镇江、扬州和南通 7 市已建立"智慧旅游联盟"，并将联合其他各兄弟城市从城市智慧旅游逐步向城市群、区域性智慧旅游发展，形成点、线、面、网的连接和结合。三是树立旅游营销新理念，强化旅游产品设计。采取专场推介会、专业洽谈、"多点布控"联合营销等方式，推介江苏省的旅游产品。大力推广自驾游项目，让汽车租赁公司参与高铁落地自驾项目，推进了景区与高铁站点间的无缝对接，为游客出行提供了方便。

3. 广东省。

目前，广东省已建成运营高（快）速铁路项目有广深四线（准高速）、武广客专、广深港客专广深段以及广珠城际等，境内营运里程近 700 公里；在建的高（快）速铁路有厦深铁路、贵广铁路、南广铁路及茂湛铁路等，境内建设里程近 900 公里；还有"十二五"期间规划建设的高（快）速铁路深茂铁路、梅汕铁路等。其中，武广客运专线全长约 1068.8 公里，途经鄂、湘、粤三省，北起武汉站，南到广州南站，途经 15 个车站。其中广东段路线全长 298 公里，境内设韶关站、英德西站、清远站、广州北站、广州南站（始发站）5 座新火车站。于 2005 年 6 月 23 日在长沙首先开始动工，2009 年 12 月 9 日试运行成功，于 26 日正式运营。专线建成后，武汉到广州的时间由原来的 11 小时缩短到 3 小时左右，长沙到广州的时间由原来的 8 小时缩短到 2 小时。武广高铁成为世界上运营速度最快、里程最长的高速铁路。建设本客运专线的目的是缓解京广线的巨大客运压力。

广东省紧紧抓住高铁开通的发展机遇，重视自主创新和人才引进，着重改造提升优势传统产业，加大产业转移承接力度，大力发展先进制造业和高新技术产业，加快以生产性服务业为中心的现代服务业的发展。一方面，大力实施引进创新和科研团队计划、留学人员来粤创业计划、现代服务业和先进制造业人才集聚计划，加大对自主创新、科技研发人员的奖励、鼓励力度，大力表彰宣传优秀技术工人，制定并落实优秀外来人才的落户政策，增强各类人才的成就感和归属感，提升人才竞争力。另一方面，制定并落实相关政策，在粤东、西、北地区，加大承接产业转移力度，降低运输成本，推进承接珠三角的产业转移。重点建设一批枢纽型的现代物流园区、配送中心，发展各类中介服务业及各类国际性、区域性、专业性会展，建设国家级服务外包基地和外包人才培训基地，建立研发设计、文化传媒、咨询策划、动漫制作等文化创意产业园区等。在广州、深圳等珠三角中心城市进一步加强城市建设，提高城市品位，加快建设宜居、宜商城市，推动房地产、商贸服务等产业转型。

（二）国外依托高铁推动工业创新发展的做法与经验

1. 日本。

日本是世界上最早建设高速铁路的国家。其中东海道新干线从东京到大阪，全长515公里，于1964年通车。新干线建设对日本经济增长和社会发展产生了深远的影响。1955年，日本国民生产总值240亿美元，人均国民生产总值为269美元，分别只有美国的1/7、1/9。新干线建成之后，不仅在8年时间内收回全部投资，而且对促进日本经济结构整体转型产生了较大作用。这一转型使日本人均国民收入达到1560美元，成为一个超过英法德、仅次于美国的世界经济强国。到20世纪70年代初，新干线使日本的人均收入比建新干线之前提高了近6倍。

新干线的建设带动了日本土木建筑、原材料、机械制造等有关产业的发展，促进了人员流动，加速和扩大了信息、知识和技术的传播，推动了地方经济发展。1975年，新干线从大阪进一步延伸到九州后，冈山、广岛、大分乃至福冈、熊本等沿线地带的工业布局迅速发生变化，汽车、机电、家用电器等加工产业和集成电路等尖端产业逐步取代了传统的钢铁、石化等产业，促进了日本产业结构的调整。随着新干线交通网的形成，文化交流也更加活跃起来。新潟县浦佐町是个典型的山村小镇，只有2万多人，但吸纳来自世界各地学生的国际大学就设在该地。由于北陆新干线在浦佐设了车站，国际大学的教员不论是到新潟还是东京，最多只需1小时，生活不受影响，而该地的自然环境在城市是享受不到的，所以教员们都愿意到那里教学，使国际大学聚集了一大批高水平的人才。新干线的建成也推动了沿线房地产业的蓬勃发展，新干线附近的土地价格开通后比开通前提高了67%。

2. 法国。

1971 年，法国政府批准修建高速列车（简称 TGV）东南线（巴黎至里昂，全长 417 公里，其中新建高速铁路线 389 公里），1976 年 10 月正式开工，1983 年 9 月全线建成通车。TGV 最高运行时速为 270 公里，巴黎至里昂间旅行时间由原来的 3 小时 50 分缩短到 2 小时，客运量迅速增长，预期的经济效益良好。1989 年和 1990 年，法国又建成巴黎至勒芒、巴黎至图尔的大西洋线，列车最高时速达到 300 公里。1993 年，法国第三条高速铁路 TGV 北线开通运营。北线也称北欧线，由巴黎经里尔，穿过英吉利海峡隧道通往伦敦，并与欧洲北部比利时的布鲁塞尔、德国的科隆、荷兰的阿姆斯特丹相连，是一条重要的国际通道。由于在修建高速铁路之初，就确定 TGV 高速列车可在高速铁路与普通铁路上运行的技术政策和组织模式，所以法国高速铁路虽然只有 1892.27 公里，但 TGV 高速列车的通行范围已达 5921 公里，覆盖大半个法国国土。

自 1981 年法国高速铁路 TGV 投入商业运营以来，高速列车对法国城市经济和房地产发展产生了深远影响。法国统计部门的数据显示，两个城市或地区间高速列车旅客人数增加 7%，其经济和社会交往增加 14%。高速铁路改善了各个城市与巴黎的联系，使城市成为商家、企业尤其是国际性机构考虑投资和扩展业务的优选地。凡是高铁线路通达的地方，城市的通达性提高了，商业中心和居住中心都得到显著发展，房地产价格也迅速上涨。TGV 东南线高速铁路通车后，里昂高速铁路车站周边积聚了全市 40% 的商务办公楼，成为商务办公楼发展最快、最受欢迎的地区。勒芒市周边土地的价格和商务办公租金提高了 2 倍左右，土地从 5000 法郎每平方米到 10000 法郎每平方米，公寓租金从 580 法郎每平方米每年到 1100 法郎每平方米每年。昔日的小城镇旺多姆在高速铁路建成后，离巴黎只有 42 分钟，选择在那里置业的法国人越来越多，镇内的房屋价格提高了 35%，房地产交易率增加 22%。

（三）国内外依托高铁推动工业创新发展对广西的启示

1. 要把握发展机遇，强化产业规划引导。

借鉴山东省利用高铁建设促进轨道交通装备制造业等产业发展的经验，应进一步完善广西区域经济产业布局，重点做好依托高铁开行后带来直接或间接影响的旅游业、传统交通运输业、装备制造业以及物流业、商贸服务业等产业发展规划，推动广西产业转型升级。

2. 要建立健全现代产业体系，激发区域产业发展活力。

从日本新干线、法国 TGV 的发展经验中可以看出，高铁可以促进现代化产业发展，进而推动区域经济发展。广西应在高铁沿线重点布局发展电子信息、生物工程、医药制造、新材料、新能源等现代化产业，加快产业集聚，形成具有广西特色的高铁经济带。

3. 要加强区域合作，增强经济发展动力。

江苏省通过联盟模式促进旅游业发展取得了良好成效。广西可以构建以高铁为骨架的高效畅通的综合运输网络，形成以高铁站点为核心的城市组团，推动高铁沿线城市发展。重点推动南北钦防城市群的交流与合作，加快柳州、桂林等大城市建设，提升梧州、贵港等地区承接粤港澳尤其是广东地区的产业转移能力，实现区域内城市功能互补和产业分工，从而推动全区经济的快速发展。

4. 要促进自主创新，提高产业核心竞争力。

广东经济的快速发展，与其大力实施的人才引入、鼓励自主创新政策密不可分。广西经济发展需要建立和完善这样一种高效的方式来合理配置人才、物质与技术，加快建立有利于高技术产业、创新型企业的投融资机制，制定和完善提升自主创新能力的相关规划和产业政策，培育壮大龙头产业，不断提高产业的核心竞争力。

四、广西高铁经济带工业优化布局及创新发展的总体构想

（一）指导思想

以习近平新时代中国特色社会主义思想为指导，全面贯彻落实党的十九大精神，按照"五位一体"总体布局和"四个全面"战略布局，牢固树立和贯彻落实创新、协调、绿色、开放、共享的发展理念，以科技创新为引领，以供给侧结构性改革为主线，以两化深度融合为抓手，进一步推动高铁经济带传统工业转型升级，突出发展一批战略性新兴产业，大力培育先导型新兴产业，打造"一纵两横两中心多节点"的高铁工业带工业布局，构建"智能、绿色、低碳、循环"的高铁工业体系，推动形成工业高质量发展新体系，为广西打造"三大生态"，实现"两个建成"提供有力支撑。

（二）空间布局：一纵两横两中心多节点

一纵：指的是湘贵高速铁路（广西段）经济带建设。沿线主要城市涵盖桂林、来宾、柳州、南宁等市，是高铁经济带上最重要的工业区。这一区域主要布局汽车、钢铁、机械、电子信息、装备制造、食品、生物医药等产业。推进柳来河一体化、南（南宁）来（来宾）柳（柳州）经济走廊、桂中先进制造业基地建设，加快粤桂黔高铁经济带（广西园）建设，利用桂林高新区、桂林经济技术开发区、柳州柳东新区和来宾高新区等平台，加快工业转型升级。通过湘桂高铁，加强与湖南高铁沿线城市的工业合作，主动承接长三角地区工业产业转移。

两横：指贵广高铁经济带和南广—云贵高铁经济带建设。

贵广高铁经济带主要包括柳州市（三江侗族自治县）、桂林市和贺州市。这一区域主要布局碳酸钙、新型装配式建筑材料、电子信息、稀土新材料、新能源、新能源汽车、健康生态、节能环保等产业。以高铁为纽带开展与广东、贵州的工业产业合作，加快推进桂柳创新转型发展区、肇贺产业承接示范区、粤桂黔高铁经济带合作试验区（广西园）、粤桂产业合作示范区建设，力争在承接广东产业转移、实施创新创业工程等方面实现突破。

南广—云贵高铁经济带主要包括南宁市、梧州市、贵港市、百色市，辐射带动河池市、崇左市和玉林市。这一区域主要发挥珠江—西江黄金水道和高铁两大通道的优势，叠加港口与高铁在聚集要素方面的功能。重点布局有色金属、茧丝绸、食品、生物医药、陶瓷、机械制造等特色产业，加强产业园区整合，打造百色—文山跨省经济合作园区、粤桂合作特别试验区、粤桂（贵港）热电循环经济产业园等重点园区，加快推进沿线产业合作和产业转移。

两中心：指北部湾向海工业中心和柳州先进制造业中心。

北部湾向海工业中心包括北部湾北海、钦州、防城港三市。这一区域要发挥北部湾国际航运中心和高铁的通道作用，布局石化、钢铁、有色金属、食品、能源等向海工业，以及电子信息、装备制造、生物医药、修造船及海工装备、新材料、节能环保等战略性新兴产业，重点打造北海—湛江粤桂北部湾经济合作区、龙港新区、北部湾临海产业园等平台，进一步加强与云南、贵州、湖南等中西部地区，以及广东省的产业合作。

柳州先进制造业中心则发挥高铁的资源汇集和辐射带动作用，布局汽车、钢铁、机械三大支柱产业，食品、化工、纺织、建材四大传统产业，培育壮大新能源汽车、高端装备制造业、电子信息、新材料、节能环保、生物与制药六大战略性新兴产业。加快工业和信息化深度融合，建设成为高铁经济带先进制造业基地，示范带动全区工业转型升级发展。

多节点：综合考虑高铁经济带沿线县域区位条件、交通物流、特色资源、工业产业基础等因素，重点打造平果、武鸣、宾阳、平南、桂平、八步、兴宾等高铁沿线县域工业示范区。

南宁市武鸣区重点布局食品加工、生物制造、机械装备制造等产业，重点发展广西—东盟经济开发区、南宁市武鸣区城南工业园等园区。

宾阳县主要布局发展新型建材、机械制造等产业，打造宾阳县东部产业园。

平南县重点布局发展食品加工（含保健品加工）、生物医药、机械制造、电子信息、五金机械等产业，重点发展临江产业园。

桂平市重点布局发展现代装备制造、生物化工、电子科技及轻工等产业，重点发展长安工业园。

八步区重点布局发展新型高新技术、环保塑料制品产业、电子产品工业、农副产品深加工、配送等产业，重点发展五协生态科技园。

兴宾区重点布局发展制糖及综合利用、生物医药、新材料、新型建材、农林加工、生态健康食品、先进制造业、石材加工、碳酸钙等产业，重点发展兴宾工业集中区。

平果主要布局发展氧化铝、电解铝、铝型材、电子铝箔、铝轮毂压铸件等铝深加工产业，重点发展平果工业园区。

（三）主要目标

到2020年，基本形成布局合理、特色鲜明、功能完善、创新能力强的高铁经济带工业产业体系。

——产业规模不断壮大。"十三五"时期，高铁沿线重点城市、县（区、市）工业增加值增幅高于全区平均水平，高铁经济区工业增加值占全区工业增加值比重有所提升。

——产业集聚度大幅提升。形成一批专业特色突出、集聚效应明显、综合竞争力较强的工业产业集群，建成若干个在区域具有较大影响力的特色高铁园区。

——自主创新能力显著提高。科技进步贡献率、研发经费占区域生产总值比重等创新指标高于全区平均水平。拥有一批具有自主知识产权和核心竞争力的技术、装备（产品），部分关键共性技术达到国内先进水平，建成一批重要技术创新服务平台。骨干企业研发投入占销售收入比重明显提升。

——产业合作取得明显进展。高速铁路通道功能得到充分发挥，高铁沿线城市与区外的广州、佛山、肇庆、贵阳、株洲等重点工业城市产业联动互补发展、双向转移的格局基本形成。

（四）重点任务

1.推动传统产业转型升级。

有色金属产业。以铝"二次创业"为重点，在高铁沿线的百色、河池、来宾、南宁、贺州等市布局发展铝、铜、铅锌、锡、锑、镍合金、稀土等有色金属产业，以有色金属冶炼技术集成创新为突破口，引导全行业绿色低碳循环发展。加快产品升级换代，积极延伸产业链，打造结构优化、绿色友好、技术先进的有色金属产业体系。

汽车制造业。利用高铁及西江黄金水道航运优势，以柳州为核心，大力发展通用化、配套化、模块化汽车配件产业，打造辐射湖南、贵州、云南的汽车配件产业基地，加强与广东省在汽车领域的自动化、机器人等技术合作，提升广西汽车制造水平。

机械产业。重点布局工程机械、电工电器、农业机械等产业。工程机械重点发展装载机、履带液压挖掘机、预应力机具以及高精度高可靠性液压控制元件等。电工电器重点发展高压和特高压输配电设备、电网自动化系统、电力电容器、互感器和电力电缆等。农业机械重点发展甘蔗种植、田间收集、转运及收获机械、拖拉机等。

食品工业。实施糖"二次创业"，以"经营规模化、种植良种化、生产机械化、水利现代化"为方向推动原料蔗生产转型升级，以生物化工、食品、发酵等高附加值产品为方向延伸食糖产业链。以增加有效供给、引导消费升级为发展方向，布局发展饮料、乳制品、果蔬加工、肉禽加工、精制茶等食品制造业。进一步加大食品安全体系建设，大力发展"互联网＋食品"新经济。

建材工业。优化沿线、沿江水泥产业布局，加快兼并重组，大力发展以安全、环保、节能、降噪为特征的新型建筑材料及制品。引导玻璃、陶瓷等行业发展高附加值的优质浮法玻璃、精深加工玻璃、陶瓷砖减薄新技术以及绿色建材、防水材料和建筑密封材料、建筑涂料、优质环保型摩擦与密封材料等新材料。

纺织产业。重点发展茧丝绸产业，在巩固东桑西移的基础上，利用高铁优势重点承接东绸西移。通过新建、引进、联合重组一批缫丝、丝织、印染、服装纺织等企业，形成完整的茧丝绸产业链，加快推动茧丝绸业由资源型向加工制造型转变。

2. 突出发展一批战略性新兴产业。

生物医药。依托区内资源优势，大力发展中医药、民族医药产业及医疗器械产业。建设一批技术创新平台，大力发展关键性工艺技术，以及绿色清洁生产、污染治理、循环经济等共性技术。支持和鼓励区内优势制药企业加强同珠三角大公司、大集团的合作，引进战略投资者。引导优势企业有选择、有计划地联合重组一批基础好、有潜力、有核心产品的制药企业，以延伸产品链，实现调整产品结构和优化战略布局。

新能源汽车。以纯电动公交客车、小型纯电动汽车、新能源专用车、混合动力客车、插电式混合动力客车、增程式纯电动汽车关键总成与零部件等为重点，围绕新能源汽车动力电池、驱动电机、电控系统和核心基础材料等四大核心领域，加大关键技术、共性技术与前沿技术的研究开发力度，力争开发一系列具备自主知识产权的通用化、标准化、系列化核心产品。在柳州、梧州、贵港等布局一批新能源汽车生产基地，引导研发、设计、检测、物流、金融等生产性服务业机构向产业基地集聚发展，逐步形成产业集聚、产业链上下游协调、制造与服务联动的空间布局。

高端装备制造。以智能制造装备、轨道交通装备、航空装备、卫星及应用装备和海洋工程装备为重点，在南宁、柳州、桂林、钦州等市布局高端装备制造业。引导高端装备骨干企业开展研发设计的数字化、信息化、智能化创新，提升装备数字化设计和产业链系统研制能力。推进智能化、网络化等新一代信息技术在装备制造业的深度应用，引导装备企业开展研发制造和服务模式创新，推动跨界资源整合，实现业态多元联动发展。

电子信息及新一代信息技术。重点发展计算机、视听产品、可穿戴设备，通信、电子元器件、电子原材料产品和汽车电子信息设备，电子节能、太阳能光伏产品，集成电路及专用装备等。鼓励企业大胆创新思路，通过直接收购高新技术公司或是其技术部门来实现技术引进，利用资本运作的方式，引进一批高端技术。支持企业建立供应链数据库系统平台，建设广西电子信息产品原材料采购和交易中心，垂直整合产业链，共享产品营销渠道，降低交易成本，提升整个产业的价值链。

新材料。以广西特色矿产资源为依托，大力发展特种金属功能材料、高端金属结构材料等具有广西特色的新材料产业，积极发展与智能制造相关的功能材料、纳米材料、增材制造材料、稀土材料等。着力突破一批重大关键共性技术瓶颈，形成一批拥有自主知识产权的核心技术和比较优势明显、产业配套完善、有序集聚发展的先进新型材料骨干企业及产业基地。

节能环保。以高效节能与先进环保装备制造、大宗工业固体废物综合利用、再生资源加工和再制造为重点，强化企业技术创新主体地位，完善技术创新体系，鼓励企业加大研发投入，完善科技成果转化机制，建设一批产学研用紧密结合的成果转化平台，提高先进关键技术的产业转化率。立足节能环保产业发展基础，发挥特色基地、示范企业、优质产品和重点项目的示范引领作用，推进产业向高端高质发展，实现产业结构优化升级。

3. 大力培育先导型新兴产业。

机器人。在南宁、柳州、桂林、梧州、钦州等市布局建设机器人产业研发创新和生产基地，加快工业机器人关键零部件产业发展，提升伺服电机、减速器、超声电机、驱动器、传感器控制系统等关键零部件发展水平，构建完善的工业机器人制造及服务产业链。加强与珠三角在机器人领域的合作，引进、培育一批工业机器人主机生产、系统集成骨干企业，积极推动零部件生产、控制软件开发及产业服务型企业加快发展，建设特色产业基地和产业园区，形成具有较强竞争力的工业机器人产业集群。

增材制造。沿湘贵高速铁路（广西段）经济带，在南宁、柳州、桂林等市布局建设增材制造（3D）打印产业基地，大力推进快速制造国家工程研究中心柳州3D打印示范中心平台建设，加快建立3D打印快速制造技术应用研究中心，力争在增材制造工艺、装备、材料、关键零部件等领域核心技术取得重大突破。推动汽车、生物医疗、文化创意等重点领域率先开展增材制造技术的普及推广，推进先进高端制造技术与传统产业融合共生。

北斗导航。以中国—东盟信息港建设等为依托，布局建设面向东盟的北斗卫星导航应用与运营服务中心和卫星导航生产制造基地，重点发展北斗卫星及多模式兼容的移动导航信息系统应用产品、无人航空器等。将北斗导航产业作为广西军民融合产业发展的重点，利用广西的区位、政策等优势，重点促进军队相关科研机构的研究成果在广西转化。

云计算。加强工业云基础设施及开发平台建设。加强工业云数据采集、网络连接、云存储、云主机、云防火墙、云灾备等基础设施建设，面向中小企业提供统一标准和接口，提升工业云平台系统解决方案的供给能力，实现数据对接和资源共享。实施广西工业企业上云计划，鼓励汽车、机械等重点行业的中小企业走上云端，利用云服务缩短研发周期、提高响应速度、降低研发和生产成本。

4. 发展生产性服务业。

突出发展总部经济，尤其是发展生产型总部、专业市场商贸型总部、承接产业转移总部等。积极吸引企业总部进驻，依托产业、服务等优势和上下游产业链关系，有针对性地招商，鼓励企业将行政、销售、核算、研发等职能机构迁入，实行财税独立核算，或鼓励国内外大企业集团分支机构设立具有独立核算性质的销售总部、采购总部等。加快构建生产性服务业、消费性服务业和文化创意产业"2+1"现代服务业体系。加大制造业对现代服务业的拉力，为生产性服务业发展创造需求空间；提升现代服务业对制造业的推力，为制造业提高核心竞争力和良性发展提供有力支撑。实施产业扶持政策，促进科技研发、创意创造相互促进，制造业与服务业相互配套。加强与国内外知名企业开展项目推介和招商选资工作，引进一批有技术、规模和品牌资源优势企业，大力发展商贸、金融、商务新型业态。

五、广西高铁经济带工业创新发展的对策建议

（一）促进主导产业智能化发展

1. 推进基于互联网的工业新模式。

大力发展个性化柔性定制，可借鉴酷特智能的模式，利用互联网、工业云等平台，以电子消费品、服装皮革、特色农产品加工、汽车等行业为重点，采集客户的个性化需求及参数，大力发展个性化柔性定制，以用户为中心，以消费者的需求为切入点，构建具有互联网特色的向后传导的生产模式。促进工业企业通过互联网跨界融合，支持工业企业与联网企业在技术研发、产品创新、平台建设等方面深度合作，打造合适广西的本土技术体系、商业模式和竞争规则等，打造跨界融合的制造业新生态。推动基于互联网的供应链、价值链协同创新。鼓励汽车、有色金属、食品等行业的核心企业利用互联网平台加强对市场及产品的动态监测，以此作为供应链调动调整的依据，缩小客户响应时间。鼓励这些产业的上下游中小企业通过互联网形成协同化的产业链、价值链，与核心企业开展更为紧密的协同创新，形成区域协同制造发展新模式。

2. 推动企业智能化生产改造。

加快推进数字化车间建设工程，鼓励企业采用分布式数控技术（DNC）构建数据交换平台，实现车间制造设备的数据联通，以及与上层控制系统之间的数据交换。推进数据收集技术（MDC）的采用，以实现生产过程的实时监控。推广产品数据管理技术（PDM）及制造执行系统（MES），以实现企业的精细化管理。加快智能工厂示范工程建设，重点支持企业对加工中心、生产线及车间进行智能化改造，促进生产过程向柔性化、集约化、精准化发展。鼓励研发机构围绕广西中小企业建设智能工厂所面临的企业核心装备、关键工序智能化改造等关键共性技术开展研发，制定具有推广价值的中小企业智能化改造方案，推进智能工厂建设。适时发展互联网工厂，鼓励汽车、机械等行业中具有优势的核心企业，面向上下游的产业链相关配套企业，打造行业工业云平台，构建集用户需求、产品设计、生产制造、售后服务为一体的行业互联网平台，并输出标准统一的互联网工厂整体解决方案，全面提升产业链配置项目，推动全行业"互联网＋"水平的提升。

3. 推动"互联网＋工业"向服务端拓展。

鼓励汽车、工程机械、电子信息等产业的企业，利用互联网开展故障预警、质量诊断、预测性维修等增值服务，拓展服务领域的增值空间，推动广西制造业向"互联网＋服务＋制造"转型升级。发展食粮、矿石、辅料等大宗工业品交易平台，支持重点行业骨干企业围绕大宗工业品，建立行业在线采购、销售、服务平台，发展工业电子商务等新业态。

4. 支持重点产业建立产业技术创新战略联盟。

创新联盟是指处于价值形成过程各个环节的个体（研发机构、企业、中介机构和支撑机构等），通过合作在适宜创新的环境中结成以创新为目的的正式联合体。创新联盟的主要任务是促进价值形成过程的整体创新。具有地域背景的创新联盟同时还是增强所在地域区位优势、参与全球创新基地竞争的重要手段。各级部门要积极创造条件，支持有能力的龙头企业创建或与高等院校、科研机构联合组建广西重点产业技术创新战略联盟。可按照优势互补、利益共享、风险共担、共同发展的原则，以企业为主体和龙头，根据广西重点产业的发展水平与实际情况，与区内甚至区外、国外高等院校、科研机构通过联营、参股、合作等形式，组建各种形式的产业技术创新战略联盟。鼓励联盟主体围绕产业技术创新的关键问题，开展技术合作。鼓励联盟形成广西甚至在全国有影响力的产业技术标准，提升产业自主创新能力，扩大影响力及在业内的话语权。鼓励产业技术创新联盟各主体通过融资拆借、互相担保、采购让利、基础设施和基础平台共享共用以及对外集约化采购的多种运转模式，加强联盟内部联系，不断发展壮大。

5. 发展军民融合智能装备。

整合军民科研资源，进一步加强与相关部门的对接，力促大型军队科研机构到广西设立分支机构，围绕广西海洋、航空、电子信息等重点产业的发展，打造一批军民融合的科研平台。支持军民两用技术的推广和应用，推动军民科研成果的双向转移，利用广西的区位、政策等优势，重点促进军队科研机构的研究成果在广西转化。在沿海工业园区建设一批军民融合产业园，加快北斗卫星导航、航天、航空、高技术船舶、海洋工程、海洋装备制造等高端产业在广西的发展。

（二）促进产业生态化发展

1. 发展绿色制造。

鼓励钢铁、冶金、有色金属、建材等传统产业采用先进清洁生产技术，实施绿色化技术升级改造工程，重点实施一批节水、节能、节材技术装备和工艺的示范应用及推广项目，以及低碳化改造、水资源高效化利用、基础制造工艺绿色化等改造项目，全面提升传统产业的绿色生产基础能力。大力发展环保产业，以冶金、有色金属、制糖等产业为重点，实施大宗工业固体废弃物综合利用、再生资源利用等项目，在发展环保产业的同时推进工业资源综合利用产业的升级。围绕大气、水、石漠化、养殖废弃物等治理工作的开展，开发环境监测、废弃物治理等环保设备。突破一批节煤、节电、余能回收利用等领域的关键共性技术。

2. 推进高铁园区循环化建设及改造。

推动园区循环化改造。充分发挥高铁园区作为企业集中布局、产业集聚发展的载体优势，按照布局优化、产业成链、企业集群、物质循环、创新管理、集约发展的要求，对高铁园区进行循环化改造，促进不同产业、行业和企业的耦合发展，实现园区空间布局合理化、产业结构最优化、产业链接循环化、资源利用高效化、污染治理集中化、基础设施绿色化和运行管理规范化，培育一批国家级、自治区循环化改造示范园区。通过循环化改造，实现园区的主要资源产出率、土地产出率大幅度上升，固体废物资源化利用率、水循环利用率、生活垃圾资源化利用率显著提高，主要污染物排放量大幅度降低。

3. 全面推行企业清洁生产。

将清洁生产作为企业从源头和全过程控制污染物产生及排放的重要措施，切实降低资源消耗。出台关于推进清洁生产工作的意见，编制重点行业清洁生产推行方案，修订清洁生产审核办法，完善清洁生产评价指标体系，推广应用清洁生产技术。推进农业、工业、服务业领域清洁生产示范，实施清洁生产示范工程，开展企业清洁生产达标争先创优活动。加大清洁生产审核力度，实行清洁生产强制审核企业信息发布制度，积极引导企业开展自愿清洁生产审核。

4. 促进资源再生利用产业化。

加快梧州、防城港再生资源基地和项目建设，以矿产资源、产业废弃物和废旧资源为重点，推动资源循环高效利用。加强共伴生矿产资源及尾矿综合利用，建设绿色矿山。以产生量大的煤矸石、粉煤灰、工业副产石膏、冶炼和化工废渣、建筑和道路废弃物以及农作物秸秆等为重点，大力促进产业废弃物综合利用，建立一批大宗固废综合利用示范基地，培育一批骨干企业，开发一批资源综合利用新产品，促进废弃物就地消化、变废为宝。以机电设备、电线电缆、家电、汽车、铅酸电池、塑料、橡胶等重点"城市矿产"资源的循环利用为重点，推进示范基地建设、培育龙头企业，促进再生资源规模化利用。以汽车零部件、工程机械再制造为重点，培育一批再制造示范企业。

（三）做好产业合作大文章

区域间的产业合作主要依赖市场对资源的配置能力以及由市场主导的经济合作，但是制度发挥的主导型激励作用也至关重要。当前广西高铁经济带与周边海鸥产业合作的最大瓶颈不仅是产业层次的提升和产业合作模式的转变，产业合作机制的构建滞后也是一个突出的问题。如果高铁经济带产业合作的制度性约束能够被打破，区域内产业分工合作完全可以通过市场机制解决。因此，高铁经济带合作要想实现紧密化、持续化和高端化，迫切需要建构涵盖产业共同治理机制、产业资源共享机制、产业规划对接机制及产业政策协调机制等在内的新型区域产业合作机制。

1. 产业共同治理机制。

高铁经济带产业合作发展不仅需要完善的资源配置格局、理性的合作策略选择，而且也需要一套能够保障产业合作持续的法律约束制度、政策协同机制以及独立组织建构。高铁经济带的企业因为投资和运营目标的不一致、责任与权利的分配不一致以及产业收益的不一致而阻滞其合作进程的情况时有发生，因此高铁经济带各方应尽快形成"产业共同治理"的共识，在"相互尊重、相互体谅、共担风险、共享利益"的理念指导下，通过合作、协商方式对产业合作事务进行管理，以有效化解冲突，合理分配产业合作收益。具体的产业治理机制可从政府和民间两个层面着手。高铁经济带各方应共同组建高铁经济带产业合作委员会（或类似机构），由高铁经济带各方产业主管部门的政府代表、专家组成，从双方合作意愿出发，制定产业合作准则和标准，统一规划、统一决策、统一实施，在平等协商的基础上确保合作利益共享。同时，高铁经济带各方可建立跨区域的产业行会组织，由于是非政府组织，有利于突破制度限制，避开政治敏感性问题，创造公平的市场竞争环境，有效引导企业通过分工和协作实现规范经营和深度对接。

2.产业资源共享机制。

资源配置方式决定了产业合作效率和效果。高铁经济带各方从各自拥有的优势资源出发，在资金流、人才流、知识信息流三个方面构建完善的资源共享机制，是产业实现高效、持续合作的关键所在。建立高铁经济带产业资源共享机制应分三个层次。基础层针对产业合作投资环节，在促进高铁经济带各方产业资本实现无障碍流动的前提下，通过资本有效运作，以策略联盟、重大项目的共同开发、合资合作、相互参股等方式进行多元合作，实现各方产业资金的有效互补和整合。中间层从具体的企业合作出发，在产业合作具体运行环节（研发、生产、品牌推广、销售）实现资源共同使用。最高层是在产业收益分配环节。为确保各方通过合作得到收益，可从财政、税收、金融等方面入手，建立一套完整、科学、具有可操作性、有利于共同发展的收益分享机制。此外，在产业收益分享机制上应建立完善的收益补偿机制，对部分企业在合作中的损失给予补偿，减少合作发展所带来的阻力。

3.产业规划对接机制。

产业规划对接是实现高铁经济带产业合理分工与布局，避免各方出现重复投资、恶性竞争局面，促进产业整合的先决保障。高铁经济带各方应依托设立的产业合作委员会进行协商，加强顶层设计。依据"优势互补、合作共赢"的原则，共同制定各方产业合作共同愿景与规划。高铁经济带产业合作愿景或规划应包括合作的目标、机制、实现路径与优先产业或领域等，在内容上应包括各方产业发展布局、重大项目合作、产业技术合作研发、技术创新与成果分享、合作建立品牌、建立产业技术标准、加强人力资源合作、实现信息共享、合作开发国际市场等。时机成熟时，高铁经济带各方可以上述内容为重点签署产业合作协议。

4. 产业政策协调机制。

良好的政策协调机制是产业合作成功的必备条件。高铁经济带各方有关产业发展的法规、政策扶持等存在差异。为避免各方法规、政策的冲突和矛盾，应建立产业政策信息平台。通过信息公开、平等协商等途径，消除法规和政策的冲突，促进各方产业高层次和高效益的对接。同时，有机结合中国—东盟自贸区发展进程，对各方产业合作涉及的相关贸易、投资领域，可在未来自贸区建设规划中优先安排与实施，扩大与各方产业合作相关的市场准入空间。在各方产业合作共同愿景及规划制定后，各方应将相应内容纳入各自的产业政策体系，形成有关产业政策的互动与协调机制。

（四）加强区域间产业协作

1. 积极发挥政府指导作用，进一步合理规划产业布局。

抓住相关规划编制的契机，围绕自治区"十三五"总体规划，编制有关高铁经济区产业空间布局、重点产业发展、基础设施、重大项目、市场体系、生态保护等方面专项规划，以便实现区域内部专项规划的对接。各地政府要制定积极的产业协同发展政策，通过规划和政策引导产业空间布局和生产要素合理流动。

2. 突出各地产业优势，构建合理的产业价值链条。

要充分利用高铁经济区内各地经济发展阶段和产业结构的差异性，突出各自优势资源，因地制宜，将断裂的产业价值链修补齐全，打破各自为营的局面，实现区域产业的协同发展，提升区域整体的综合实力。建议选择食品、汽车、有色金属、环保产业等产业，以打造和形成区域性的产业链为目标，开展广西各地产业项目对接与合作。要加强产业节点的功能特点，延伸产业链，更重要的是要加强产业链的配套建设，为区域产业链发展创造良好的发展条件。

3. 以南向通道建设为契机，加快高铁园区产业合作。

当前广西正在加快推进南向通道建设，并与贵州、重庆、甘肃等省市开展合作。必须看到，上述省市也是广西开展高铁经济合作的重点省区，可以南向通道建设为契机，进一步深化与上述省区在高铁工业方面的合作。例如，通过南向通道建设，加快推进北向连接重庆、甘肃的高速铁路建设，特别要加快南宁—贵阳的高铁建设。可考虑以合作共建的方式，对园区进行共同开发和管理，并鼓励区内各地方政府参与，以充分调动各地开发工业园区的积极性，以此推动产业的关联互动发展。

4. 注重发挥企业功能，增强各方之间的产业关联性。

围绕汽车、有色金属、机械等广西有一定基础和规模的支柱产业，鼓励各地中小企业投资支柱产业的配套行业，形成区内各方产业互补型的专业化分工协作关联体系。积极引导支柱产业的龙头企业，探索龙头企业与区内配套企业的双向投资、股权合作，形成更为紧密的本地产业链体系，实现各方在产业链上的共赢。

5. 积极开展产业人才培养方面的合作。

建议将职业教育及高技能人才合作培养为抓手，利用南宁、柳州、玉林等市发达的职业教育资源，为区内各地培养高素质的产业工人。

（五）实现区域布局基地化与集聚化"双增进"

1. 科学制定发展规划，推进产城融合发展。

高铁园区是高铁经济带建设的重要抓手，也是沿线市县推进产城融合的主战场。产城融合的关键是将高铁园区作为工业化城镇化互动发展的重要结合点和有效突破口，根据高铁园区的建设需要布局城市新区，把城市和园区作为一个整体，以产业功能来定位、以城市功能来配套、以生态功能来融合，着力抓好"多规合一"。要围绕高铁工业园区定位和主导产业发展，在产城融合规划设计中，坚持适度超前，着眼园区长远发展，统筹考虑项目功能和规模，以特色化的理念规划园区，以城市化的理念建设园区，以产业化的理念发展园区，以主动对接的理念服务园区，做到统一规划、统一布局、统一建设、统一管理。

2. 抓好产业集群建设，构建现代产业体系。

从发达地区的经验来看，产业集群的发展是推进产城融合的重要抓手。广西各类高铁园区应坚持以新型工业化为核心，着力推进工业园区化、园区产业化、产业集群化，建成特色鲜明、优势突出、集聚效应显著、辐射带动有力的工业产业集群。要根据各园区的产业定位，结合高铁沿线工业产业布局，突出特色、差异发展，加快培育和壮大适合各自实际的特色工业产业体系。要注重延长产业链条，发挥园区的载体作用，加快形成一批集中度大、关联性强、集约化水平高的产业集群，以产业聚集带动和促进人口聚集。依托桂林和柳州两大高铁节点城市，按照"桂柳双园＋各市分园"模式规划建设粤桂黔高铁经济带合作试验区（广西园），加强电子信息、工程机械、汽车、装备制造、现代服务等产业错位发展和协同发展，同时要坚持产城融合、集约发展，推进工业化与城镇化相结合、工业与服务业相融合，打造集工业、商贸、生活和服务为一体的城镇新区，努力实现全面协调可持续发展。

3. 加强基础设施建设，提升公共服务水平。

完善的基础设施，是城市承载和产业发展的基础，把产与城作为一个有机整体，推动产城一体、产城互动，促使园区发展和城镇建设相互配合、协调同步、整体推进。在做大做强高铁园区的基础上，进一步完善相关的配套服务和基础设施建设。按照政府主导、社会参与、市场运作的原则，进一步完善城乡建设投融资体制。进一步加强和完善高铁园区基础设施建设，促进园区内各类基础设施互联互通。加快推进各类综合性和专业型市场，改善物流基础设施，完善交通运输网络体系，降低物流成本。合理布局教育、医疗、文化、旅游、体育等公共服务设施，完善餐饮、娱乐、信息、银行、交通服务、物流等生活配套服务设施及第三产业，提升宜居宜业水平，实现产业发展、城市建设和人口集聚相互促进、融合发展。

4. 围绕高铁园区产城融合，打造创新创业平台。

进一步优化创新创业环境、完善创新创业服务体系。紧密结合各地和高铁园区发展的实际情况，拓宽招商引资的领域和渠道，努力提高招商引资项目质量。强化企业创新主体地位，提升企业技术创新能力，构建以企业为主体、市场为导向、产学研相结合的技术创新体系，提高企业自主创新能力。抓紧制定地方性政策，激励科技人员、企业家创新创业，借助"互联网＋"的开放性、无界性、平等性，打造高铁园区的电子商务业、信息服务业、益民服务业。树立尊重知识、尊重人才、尊重创业者的良好风尚，注重培养和引进高铁园区所需的各类人才，提高人才的工作、生活和成长质量，形成良好的创业文化和氛围。努力实现官、产、学、研、资、介、贸的有机结合，打造孵化服务机构、创业资本市场和信息网络构成的完整体系，建立以创业投资资金、科技中小企业创新资金、创业孵化资金和担保资金等为重要内容的创新创业资本市场。

5. 推进城乡一体发展。

产城融合的核心是围绕人而展开的，实现多元要素均衡协调发展。提升广西高铁园区产城融合，要以人为本，通过产业引领，以城市为载体，努力实现产城文化融合、资源共享、产业结构互补，提供更有价值的工作机会，创造更适宜的生活环境，得到更好的公共服务，达到产、城、人的高度协同。进一步加快改变城乡二元治理体制，建立城乡统一的户籍管理制度，改革户籍、财税、社会保障、就业、教育、医疗等城乡分割体制，统筹城乡发展。建立健全城乡一体的社会保障体系。积极稳妥推进拆迁安置工作，保障农民公平分享土地增值收益。不断完善农业转移人口落户制度，努力保障其教育、就医、就业的平等权利，加快形成政府主导、覆盖城乡、可持续的基本公共服务体系，提高公共服务均等化水平，让园区产城融合成果真正惠及千万新城民众。

6. 发展生产性服务业。

加快发展生产性服务业，关键是全面贯彻落实党中央、国务院的各项决策部署，科学布局规划，放宽市场准入，完善行业标准。要以产业集群发展需求为导向，综合考虑城市建设、交通、居住、环境等因素，因地制宜制定生产性服务业发展扶持政策，建立考评体系和激励机制，加强分类指导，通过规划布局、政策引导和必要的财政支持，形成特定服务行业、服务企业的集聚式发展格局，有效发挥生产性服务业集聚发展的规模经济效应和范围经济效应。要以实现企业"主辅分离"为目标，围绕生产性服务业与先进制造业联动发展，加快推动"主辅分离"，即引导企业通过管理创新和业务流程再造，将发展重点集中于技术研发、市场拓展和品牌运作等方面，改变企业"服务内置化"的状况，实现融合发展、互利共赢。

（六）理顺跨区域机制体制建设

1. 建立省际联动及利益共享机制。

建立省际联动机制，重点与贵州、云南、广东、湖南、江西等周边省市，建立高铁工业省际联动机制，轮流定期召开联席会议，研究省际高铁工业的突出问题，并通过省际联席会议加以解决。建立以产业链为主导的高铁经济区内部利益协调机制，通过高端产业所在地与原材料供给地间的利益协调，建立市场化资源产权转移制度，平等协商后合理分享税收收益。支持各类产业联盟建设，促进高铁经济带产业联盟信息沟通共享，制定跨区域合作政策，推动相关行政许可跨区域互认，完善促进产业承接转移的支持政策。

2. 推进跨区域通关改革创新。

积极推动高铁沿线及珠江、西江沿岸城市纳入海关区域通关一体化改革，加强口岸执法单位的联动协作，加强电子口岸业务及技术合作。在高铁沿线（桂林、柳州、广州、佛州）布局"无水港"，探索在试验区设立综合保税区，促进跨区域通关与贸易便利化。

3. 完善金融融资渠道。

积极争取高铁经济带产业发展投资基金对试验区优势产业发展、重大设施和公共服务平台建设的支持。探索建立高铁园区开发建设有限公司，支持参与一级土地开发、有一定收益的经营性项目和特许经营项目建设，实施封闭运作。在风险可控的前提下，鼓励园区企业通过发行企业债券、银行间市场直接债务融资工具、信托计划以及保险直投、境内外证券市场上市融资等多种方式筹集建设资金，有序引导社会资金和民间资本参与园区开发建设，优先支持采用PPP模式推动试验区村庄和旧厂改造、配套设施和公共服务设施建设。进一步创新土地资源融资模式，推广"经营项目（资产证券化）股份出让＋拆迁安置房"形式征用试验区村庄集体土地，缓解一次性现金补偿带来的资金压力。

（七）激发企业活力

1. 进一步完善国有企业现代企业制度。

规范董事会制度。建设规范董事会工作是广西深化国有企业改革的重要措施，也是一项长期艰巨的任务。要在柳工集团、柳州五菱汽车公司和广西投资集团试点的基础上，全面推行规范董事会建设工作。积极探索对董事会进行更多更大范围地授权，给予董事会更大权限，试行在选聘经理人员和薪酬分配方面的授权。进一步落实和完善外派监事会制度，加强对企业重大决策、经营管理风险、企业负责人履职行为的监督，强化监事会监督检查的独立性、针对性、时效性、权威性和成果运用。进一步加强国有企业内部监事会制度建设，构建母子公司监事会上下联动机制。探索建立职业经理人制度，突出企业特点和市场化配置要求，扩大选择范围和领域，通过竞争上岗，将经理职位交给有能力有意愿的职业经理人。进一步完善国有企业领导人员薪酬收入与选任方式、企业类别、企业效益相匹配的差异化薪酬分配制度。完善监管企业中长期激励约束机制政策措施，研究扩大分红权激励试点范围的有关政策，探索采取业绩股票、股票期权、限制性股票、岗位分红权等激励方式。推进实施企业全员绩效考核，根据不同岗位的实际情况科学实施考核标准，对职工的贡献度进行科学评价，实现薪酬的科学动态调整，充分调动职工积极性。

2. 发展混合所有制。

积极开展混改试点工作。在广西广投乾丰售电有限责任公司等试点企业的基础上，加快推进相关工作，形成的经验做法向全区推广。鼓励国有资本围绕产业链、价值链，通过相关业务整合、产业链上下游业务互补等方式，参与非国有企业发展，形成具备较强竞争力的混合所有制企业。采用多种方式吸引民营资本参与国有产权交易，充分发挥产权交易市场的信息集散功能，更快、更广、更准地推送企业国有产权交易信息，吸引更多的潜在购买人参与交易，提升国有资产保值增值概率。拟通过国有股权、产权或资产转让、增资扩股实施改制的企业，应当通过产权交易市场、证券市场、媒体或网络等公开企业改制有关情况、投资者条件等信息，择优选择投资者。进一步引导非公企业加强规范管理运作，完善法人治理结构，建立非公企业管理培训的公共平台，加强企业交流、学习和培训。通过对非公企业的有效引导，提高非公企业和国有企业对相关共性经营问题的共识，提升国有与非公资本的融合能力。建立尽职免责和容错制度。混合所有制改革决策风险责任大，这在一定程度上影响各级部门及企业推动混改的积极性。为此，应尽快决策尽职免责制度，对国有资本及国企领导的考核评价机制进行调整和完善，对相关企业及人员能够按照规定程序、规定内容、规定方式、规定手续实施规范化操作，严格履行工作职责者，在混改过程中出现风险时，应免除相关人员的合规责任。

3. 进一步激发民营企业活力。

全面实行政府权力的"正面清单"和市场准入的"负面清单"制度，以规范政府行为，激发市场活力。取消非行政许可审批事项，清理各类变相行政审批，加大监督检查，解决好"中梗阻"和"最后一公里"问题。可鼓励民营企业参与政府项目的投资、建设与运营，优先支持本土民营资本参与重大项目的PPP建设。注重帮助民营企业化解融资难题，支持符合条件的民营企业通过发行股票、短期融资券、中期票据、中小企业私募债、非公开定向债务融资工具等非金融企业债务融资工具进行融资。在经济增速放缓的新常态下，要注重引导民营企业树立信心，修好内功，以打造百年老店的心态，以工匠精神培育企业和产品，引导企业摒弃传统的"家族式"管理模式，加快建立"产权明晰、权责明确、政企分开、管理科学"的现代企业制度。全面建设以"亲""清"为特征的新型政商关系，既要解决"越位"给企业造成的负担，又要防止"缺位"对企业造成新的困难，做到有边界、有担当。

4. 鼓励重点行业企业兼并重组。

贯彻国家和自治区有关产业政策，重点围绕制糖、汽车、有色金属、水泥、医药等行业，鼓励支持优势骨干企业开展联合重组。针对不同区域、不同领域、不同行业的特点，因地制宜，引导推动联合重组。引导有条件的企业通过联合重组有效整合存量资源，实现低成本的规模扩张。鼓励优势产业的骨干企业开展跨国、跨地区、跨所有制、跨行业的联合重组，引导和推动优势资源向优势企业聚集，培育一批核心竞争力强的大型企业集团。鼓励企业通过联合重组构建战略联盟，延伸产业链，打造一批以大型企业为龙头、产业产品为链条、中小企业紧密配套的产业集群。注重以联合重组方式强化企业的研发创新能力，积极培育新的增长点，全面提升发展质量。鼓励企业通过联合重组建立健全现代企业制度，完善法人治理结构。引导企业优化生产要素配置，创新管理理念和管理模式，促进企业文化融合，提高企业发展软实力。通过推动广西重点产业企业联合重组，有效解决长期困扰广西工业发展的"弱、小、散"等问题，提高产业集中度，促进规模化、集约化经营，提高企业市场竞争力。

（八）大力集聚培养工业人才

1. 围绕高铁经济发展新需求，加强转型升级"三支人才"队伍建设。

首先要加强企业经营管理人才建设。以优秀企业家和职业经理人为重点，大力培养企业经营管理人才队伍。加快企业经营管理人才队伍智能结构的调整和对现代化手段的掌握，不断提高企业经营管理者驾驭市场和管理现代企业的能力；每年有重点地选送一批优秀经营管理人才到国内外著名高校、科研机构、大型企业学习培训，特别要开展企业中高层管理人员财务管理、生产现场管理、电子商务、人力资源管理、企业营销和外经贸业务知识等专题培训；改善知识结构，着力提升高铁沿线企业经营管理人才的竞争能力。坚持职业化道路、与国际接轨的原则，培养储备一批职业经理人。

其次要加强专业技术人才建设。着力加强对高层次专业技术人才的培养。加大实施新世纪"十百千人才工程"、"八桂学者"工程、首席专家培养工程等，对入选人才工程的人选加大培养、支持力度。对他们申报科研项目予以倾斜，对重点攻关项目实行重点资助。进一步发挥政府特殊津贴专家、广西优秀专家的作用，鼓励他们"传帮带"培养更多的专业技术人才，为他们开展科技创新、提升广西重点产业核心竞争力创造条件。加大对院士后备人才的培养，在入选上述工程的人才中选择专业基础理论扎实、研发能力强、后发优势明显的优秀专业技术人才进行重点培养，力争培养出院士级别的高级专业技术领军人才。进一步加大引才引智力度，要有大手笔，施展大动作，对于国内，重点是引进两院院士和技术领域的领军人才；在引进国际人才方面，可考虑实施"海外十百千人才引进工程"，重点引进高铁经济带产业升级转型急需的海外高层次专业技术人才。

最后要加强高技能人才队伍建设。特别要加快培养复合型技能人才。要以企业为主体，以院校为基础，以提升职业技能和专业化水平为核心，以技师和高级技师为重点，以高铁经济带重点产业升级转型的需求为导向，加快培养大批知识技能型、技术技能型和复合技能型人才。

2. 加强人才载体建设，夯实人才培养平台。

首先，要加强人才小高地建设。人才小高地建设是广西人才建设的重点内容之一，今后应进一步加强人才小高地的建设，鼓励重点产业的企业与高校及科研机构、技术联盟等联合建设人才小高地，特别要依托高铁沿线千亿元产业研发中心工程的建设，加快人才小高地建设。高铁经济带各级财政要加大人才小高地的专项资金投入，以人才小高地建设为依托，为相关产业继续培养和输送一批高素质人才。围绕重点产业转型升级需求继续扩大市一级工业人才小高地数量规模，加快形成广西人才开发竞争优势和人才聚集格局，促进人才集群开发和产业集群发展互相带动的良性循环。

其次，考虑建立广西工业科技研究院。按照精干、高效、集成、联合的原则，通过"并、转、建、撤"等不同方式，对广西现有的主要工业研究机构重组，目标是建立机构精干、布局合理、力量集中、优势突出的省级工业科技研究院，重点支持广西工业产业升级转型，作为其技术持续创新的核心，主要从事与广西重大产业密切相关的基础研究、实验与发展研究、高新技术研究及重大关键技术研究等，着重解决广西重大产业发展中全局性、关键性、方向性、基础性和战略性的重大科技问题。此外，研究院应肩负起为重点产业培养研发型人才的作用，以课题研究为纽带，为重点企业培养一批专业能力强、在国内有较强竞争力的研发人才。

再次，以南宁、玉林、梧州等市发达的职业教育院校为平台，加强力量，合理设置专业，大量培养为高铁经济带产业服务的中高级技术人才。充分利用区内各类专业技术学校技工学校培养技术人才，扩大培训规模，提高培训层次和培训质量，加速培养与产业升级转型相适应的多层次多种类技能人才。鼓励职业技术院校与重点企业签订培训订单或培训协议，培训企业急需的各类人才，为高铁经济带重点产业发展提供有力的人力支撑。加快培养造就一批懂技术、会操作的生产、服务一线熟练技工，改善企业产品技术工艺水平。从战略和竞争角度出发，制定重点产业高技能人才培养规划。通过学校教育培养、企业岗位培训、个人自学提高等方式，推进技能人才升级，不断改善技能人才层次结构。

最后，注重高铁工业园区引才载体建设。针对园区企业人才需求的不同情况，政府应积极引导产学研相结合人才链式培养模式，采取资金支持、政策优惠等方式鼓励企业与高校合作培养应用型人才。由政府牵头，建立企业与高等院校、各类职业院校毕业生就业工作联席会议制度，定期召开会议，向高校发布高铁园区人才需求和培养信息。充分发挥院校的就业指导作用，引导各类急需专业的毕业生到高铁园区企业就业。在重点园区设立成立校企联系办公室、校企联谊会等组织，负责组织协调区内重点院校与园区企业教学、研究、就业等相关事务，同时负责校企与劳动、教育、人事等部门的协调与联系。

3. 进一步优化引才机制体制，营造人才创业干事环境。

一是搭建创业平台吸纳人才。加大各类产业孵化平台建设，整合现有孵化资源，建设孵化器体系信息化网络，提升和延伸孵化器体系的核心服务功能。要大力推进高铁工业园区、高新区孵化器向专业化、特色化、规模化方向发展，按照"政府引导、企业化运作、市场化发展"，"官助民营"建设孵化器的原则，加强面向高铁经济带重点产业的科技企业孵化器建设，支持大学、科研院所、企业、个人到高铁园区和高新区投资发展各种与高铁经济带重点产业相关的专业孵化器。

二是建立激励机制聚集人才。如加快现有科研机构及管理体制改革，探索并完善技术要素参与分配的方法和途径，使各类人才特别是研发人才的收入与其工作绩效挂钩；鼓励企业允许科技人员以技术、投入和服务等多种形式参加二次分配，增加人才的财产性收入。逐步推行政府收购重点产业科技成果的管理办法。相关科技成果除按国家有关规定申报专利、奖励外，对公益性、社会效益显著的科技成果，可考虑逐步推行政府收购的办法。鼓励重大产业的相关企业和企业家捐资奖励有突出贡献的人才等。

三是营造重才环境留住人才。努力营造"尊重知识，尊重人才"的良好社会氛围。提高人才政治地位，高铁沿线相关市县、城区应为工业人才提供一定数量的人大代表、政协代表席位，积极搭建人才参政、议政的平台，使人才得到政治关怀。优化社会环境。争取公安部门重视，在高铁园区设立警务室，干警长驻园区，巡逻排查，维护治安，优化园区社会治安环境。舒适人才生活环境。针对部分园区地处偏远，各类服务设施落后的现状，积极发展针对园区各类人员的生活服务、娱乐服务、商务服务及交通服务业，满足人才生活需求。

广西县域工业发展研究

2018年
广西蓝皮书
广西工业发展报告
研究篇

一、广西县域工业发展现状

（一）广西县域工业发展特点

1. 工业经济总量显著扩大。

2017年，广西111个县域单位实现县域工业增加值达7618.71亿元，是2015年（109个县域单位）的1.22倍，年均增长10.45％。工业增加值超过百亿元的县域单位有24个，排在前五位的县（市、区）分别是为柳南区（472.61亿元）、西乡塘区（414.45亿元）、江南区（391.03亿元）、鱼峰区（282.34亿元）、铁山港区（270.81亿元）。

2. 结构不断优化。

就产业结构来看，2017年广西111个县域单位三次产业增加值分别为2900.32亿元、9275.90亿元和8075.54亿元，三次产业结构比例由2015年的22.3∶43.3∶34.4调整为14.3∶45.8∶39.9，结构有所优化。其中，工业增加值占县域生产总值的比重达到37.6％，平均工业化率（工业增加值/第一产业增加值）为2.63，其中有31个县（市、区）工业化率高于全区平均水平，工业化率排前五位的分别是柳南区（180.13）、鱼峰区（128.21）、城中区（71.34）、七星区（53.11）、象山区（44.13）。

3. 工业集中区初具规模。

"十二五"以来，广西高度重视县域产业园区建设发展，出台一系列政策措施促进县域产业园区产业做大、企业做强、产品做优。至"十二五"期末，广西主要的产业园区共有118个，其中县域产业园区82个，占全区主要产业园区总数的69.5%。自治区重点推进的27个产业园区及30个产城互动试点园区中，县域产业园区占了大多数。2017年全区县域园区完成工业总产值10235.15亿元，同比增长11.94%，占全区工业园区的42.84%；完成工业增加值2832.63亿元，同比增长16.48%，占全区工业园区的45.97%；实现税收352.75亿元，同比增长12.12%，占全区工业园区的41.10%；完成工业项目实际投资1118.46亿元，同比增长12.03%，占全区工业园区的51.82%；完成基础设施投资176.45亿元，同比增长41.09%，占全区工业园区的47.15%。

4. 特色优势产业建设初见成效。

经过多年的发展，以制糖、汽车、机械、日用化工、冶金、建材、农产品加工等产业为代表的广西县域优势工业产业不断发展壮大，初步形成一批颇具规模的产业集群，比较有代表性的有柳州、桂林、玉林等市县域的汽车零配件产业集群，百色市平果等县域生态铝业产业集群，崇左、贵港等市县域制糖产业集群等，成为县域经济发展的重要推动力。

（二）存在的问题与困难

1. 总体发展水平偏低。

尽管"十二五"时期广西县域工业取得了一定成效，但总体来看，底子薄，基础差。工业化进程总体缓慢，县域工业化程度明显滞后的问题依然存在。

2. 工业强县少。

广西县域工业发展不平衡的问题突出，强县不强、弱县太弱的现状没有根本改变。工业发展较好的县域大部分为工业较发达的中心城市城区或周边县区，规模以上的工业企业主要分布在交通便利、有资源和区位优势的一些县域，而山区面积广、交通不便利的县域工业规模小。2017年，广西仍有18个县域的工业增加值低于10亿元，其中最少的东兰县仅为1.39亿元，仅为最高的柳南区的0.29%。

3. 产业发展层次低。

总体来看，广西县域工业主导产业以资源型、农产品加工型为主，站在产业前沿、价值链高端的产品少。由于科技投入较低，县域工业产品科技含量不高，得到领证的高新技术企业少，粗加工型企业多。大多数企业缺乏自主研发能力，广西名牌产品、驰名商标较少。

4. 工业集中区建设和产业集群发展滞后。

广西县域工业产业园区规模普遍偏小、实力弱，基础设施建设相对滞后，融资平台不够完善，融资渠道不宽。县域园区劳动密集型企业招工难比较突出，高级人才稀缺，部分产业园区生活配套设施不够完善，难以吸引企业人员留驻。一些园区虽然已出现了产业集群雏形，但产业关联度不高，分散独立发展的情况较为普遍，产业集群特征不明显，缺乏对产业具有引领、聚集作用的大型企业，带动能力较弱，附加值不高。

二、面临的机遇和挑战

（一）面临机遇

国家实施乡村振兴及县域创新创业战略为县域经济发展提供新动力。"十三五"时期，国家将大力实施乡村振兴战略，并印发了《国务院办公厅关于县域创新驱动发展的若干意见》。这些战略和政策的实施，将有效引领和促进城乡在公共服务、基础设施、产业结构、生态保护、人口布局等方面双向互动、融合发展，同时将深入推动大众创业、万众创新，整合优化县域创新创业资源，构建多层次、多元化县域创新创业格局，推动形成县域创新创业新热潮，以创业带动就业，培育新动能、发展新经济，促进实现县域创新驱动发展。

自治区政策为县域工业发展提供战略机遇。2017 年，自治区发布《中共广西壮族自治区委员会　广西壮族自治区人民政府关于加快县域经济发展的决定》（桂发〔2017〕16 号），出台《广西县域经济发展"十三五"规划》，不断完善考核激励机制及相关配套政策，县域工业发展的体制机制环境进一步改善，政策红利进一步释放，必将强力推进广西县域工业趁势而上，实现跨越式发展。

深化行政体制改革为激发广西县域工业经济活力提供了新动能。近年来，广西不断简政放权、放管结合、优化服务改革，进一步推进行政体制改革，转职能、提效能，出台一系列政策扩权强县，这些重要改革举措必将进一步激发县域经济活动，推动县域工业加快发展。

工业化、城镇化进程步伐加快为县域工业发展提供新契机。"十三五"时期，广西工业化、信息化、城镇化、市场化、国际化相互交织深入发展，推动区域经济、产业分工和经济结构调整不断向更高层次发展，从而为广西县域工业经济加速发展提供了广阔的空间。

供给侧结构性改革为县域工业发展提供了良好机遇。供给侧结构性改革是"十三五"时期适应和引领经济发展的重大举措，对广西县域工业而言，有利于从提高供给质量着手，推进县域产业结构调整，矫正要素配置扭曲，扩大有效供给。

（二）面临的挑战

发展环境日趋复杂。国际金融危机的影响尚未消退，世界经济复苏的过程复杂曲折。发达国家制造业回流，部分劳动密集型产业转移到南亚、东南亚的趋势明显。我国经济进入新常态，投资和出口增速明显放缓，主要依靠资源要素投入、规模扩张的粗放发展模式难以为继，调整结构、转型升级刻不容缓，这对于处于产业分工链条低端的广西县域工业而言将面临巨大的压力和挑战。

新技术带来新挑战。进入"十三五"，以信息技术和制造技术深度融合为趋势、以数字化网络化智能化制造为标志的新一轮科技革命和产业变革迅速孕育兴起。广西县域工业发展人才和资金匮乏，科技创新资源不足、能力不强，中小企业发展的不确定性增加。

资源环境硬约束。"十三五"时期，广西资源能源供需矛盾进一步突出，劳动力、资源环境成本快速上升，工业项目建设的节能减排和资源、生态、环境保护方面的约束性指标增加，生态环境保护任务更加艰巨。

区域竞争压力加剧。围绕市场、资源、人才、技术、标准等国际和省际的竞争日益激烈，广西县域工业的发展不仅与周边省区在产业转移、市场拓展等方面"短兵相接"，由于各县工业产业同质化现象明显，也将面临内部的激烈竞争。

三、广西县域工业发展主要任务

（一）产业集群

为进一步加快县域工业转型升级，切实增强工业经济综合实力和核心竞争力，按照《广西县域经济发展"十三五"规划》《广西工业和信息化发展"十三五"规划》的战略部署，立足现有产业基础，整合内外先进要素，以县域工业园区为平台，培育发展装备制造业等六大县域工业产业集群。

1. 装备制造业产业集群。

依托广西汽车、机械、先进装备等主导产业，在柳州、玉林、南宁、北海、桂林等工业城市周边的县域，布局一批汽车零配件、内燃机零配件、工程机械零配件、农业机械等产业集群。发挥工业城市及龙头企业的辐射带动作用，培育一批可与行业龙头企业相配套的具有"专、精、特、新"优势的成长型中小企业。积极培育工业园区，引导企业向园区聚集，形成产业集群。加强技术创新体系建设，强化企业在技术创新中的主体地位。积极培育、引导和支持广西县域装备制造业产业集群组建行业协会，支持行业协会做好行业信息收集、统计、行业指导、行业预警、标准制定、品牌培育等工作，更好地促进产业集群发展。

专栏 1　装备制造业产业集群
1. 柳江区、鹿寨县汽车零部件制造业集群。
2. 临桂区福达汽车零部件产业集群。
3. 玉州区、陆川县玉柴机器零部件产业集群。
4. 武鸣区宝森电动汽车产业集群。
5. 玉州区电动车产业集群。
6. 兴业县矿山机械制造业集群。
7. 灌阳县选矿机械设备制造业集群。
8. 合浦县农用机械制造业集群。

2. 化工、建材及新材料产业集群。

优化县域水泥产业布局，加快淘汰落后水泥生产线，新型干法水泥所占比重要达到95％以上。加快兼并重组，大力发展以安全、环保、节能、降噪为特征的环保型碳酸钙制品，提高优质重钙和轻钙产品技术含量和附加值。引导玻璃、陶瓷等行业发展高附加值的优质浮法玻璃、精深加工玻璃、陶瓷砖减薄新技术以及绿色建材、防水材料和建筑密封材料、建筑涂料、优质环保型摩擦与密封材料等新材料。着力建设以中高档日用陶瓷、建筑陶瓷等相关产品为主的陶瓷生产基地，大力发展新型墙体材料以及复合多功能墙体材料。加速氯碱、化肥等化工行业的供给侧结构性改革及产品升级换代，实施"互联网＋"行动计划。

专栏 2　化工、建材及新材料产业集群
1. 碳酸钙产业集群：包括南宁市武鸣区，桂林市临桂区，玉林市兴业县，贺州市八步区、平桂区、钟山县，百色市平果县、田东县、德保县，来宾市武宣县、合山市、兴宾区等。
2. 北流市陶瓷制造业集群。
3. 钦州市钦南区坭兴陶制造业集群。
4. 田东县、灵山县、鹿寨县等化工产业集群。
5. 华润、海螺水泥建材产业集群。
6. 南宁市武鸣区冠伟新型环保材料产业集群。
7. 岑溪市、藤县、桂平市、平南县新型建筑材料产业集群。
8. 岑溪市石材（花岗岩）加工制造业集群。

3. 有色金属产业集群。

以铝"二次创业"为重点，布局发展铝、铜、铅锌、锡、锑、镍合金、稀土等有色金属产业，以有色金属冶炼技术集成创新为突破口，积极推进煤（水）—电—铝产业发展模式，加快生态铝基地等有色金属循环园区建设，全面实施新型阴极结构电解槽、低温高效电解等先进节能工艺技术改造，积极推广一批节能技术和节能装备，实施一批重大节能示范工程引导全行业的绿色低碳循环发展。加快产品升级换代，积极延伸产业链，打造结构优化、绿色友好、技术先进的县域有色金属产业体系。

专栏 3　有色金属产业集群

1. 百色（平果县、田东县、田阳县、右江区、德保县、靖西市、隆林各族自治县、那坡县等）生态铝业产业集群。

2. 大新县、靖西市、天等县生态锰加工业产业集群。

3. 南丹县、恭城瑶族自治县有色金属产业群集。

4. 扶绥县南方铜业产业集群。

---

4. 特色农林产品加工产业集群。

依托县域农业资源优势，实施糖"二次创业"，以"经营规模化、种植良种化、生产机械化、水利现代化"为方向推动原料蔗生产转型升级，以向生物化工、食品、发酵等高附加值产品为方向延伸食糖产业链。以增加有效供给、引导消费升级为发展方向，布局发展饮料、食用菌、水果、茶叶等食品制造业。支持一批农产品加工龙头企业发展，突出体制创新，优化利益联结机制。进一步加大食品安全体系建设，大力发展"互联网＋食品"新经济。依托原有木材加工产业基础，以及沿边区位优势，布局发展一批木衣架、红木加工、木材加工产业集群，提高精深加工产品的比重。

专栏 4　特色农林产品加工产业集群

1. 扶绥县蔗糖工业产业集群。

2. 崇左市江州区湘桂循环糖业产业集群。

3. 巴马、凤山、罗城、富川、昭平等县饮用水工业产业集群。

4. 昭平、凌云、乐业、灵山、苍梧、横县等县茶叶产业集群。

5. 扶绥县剑麻深加工产业集群。

6. 荔浦县木衣架制造业集群。

7. 凭祥市、东兴市红木产业集群。

8. 横县、兴安县食用菌产业集群。

---

5. 桑蚕及服装产业集群。

合理配置生产要素，培育重点龙头企业，通过新建、联合重组一批缫丝、丝织、印染、服装纺织等企业，形成完整的茧丝绸产业链。积极发展贴牌定制，引进品牌服装企业，优化提升裤业、羽绒、高端皮革等产业集群，带动面辅料、研发设计、品牌培育、市场营销等产业配套发展。利用粤桂对口帮扶机制，积极承接东部地区特别是广东地区的服装皮革制造业产业转移，重点承接高端品牌服饰和制革类企业，配套企业体系化转移建设纺织面料、皮革鞋材、五金配件交易市场，以及面向东盟的出口基地。

专栏 5   桑蚕及服装产业集群

1. 桑蚕产业集群，包括宜州市、象州县、靖西市、蒙山县、浦北县、灵山县、宾阳县。

2. 玉林市福绵区服装加工制造业集群。

3. 贵港市港南、桂平市、平南县服装制作制造业集群。

---

6. 战略新兴产业集群。

依托广西县域中草药、海产品等生物资源优势，重点支持一批高水平的药材种植、生物医药产品研发项目，研究开发一批有自主知识产权的生物医药产品。鼓励医药研发与生产、原料药与制剂、中药材与中成药等上下游企业之间的整合重组，进一步提高资源配置效率。电子信息产业主要发展电子元器件制造、"互联网＋"、云计算、大数据、北斗卫星导航等。强化企业技术创新主体地位，完善技术创新体系，鼓励企业加大研发投入，完善科技成果转化机制，建设一批产学研用紧密结合的成果转化平台，提高先进关键技术的产业转化率。节能环保产业以高效节能与先进环保装备制造、大宗工业固体废物综合利用、再生资源加工和再制造为重点，立足节能环保产业发展基础，发挥特色基地、示范企业、优质产品和重点项目的示范引领作用，推进产业向高端高质发展。新能源产业集群主要发展核电、风能、太阳能、生物质能等，积极培育和壮大新能源装备制造及相关配套产业，提升新能源开发利用的规模和新能源在能源消费中的比重。新能源汽车产业集群由围绕核心城市的新能源汽车产业发展相关配套产业，以电动汽车关键总成与零部件等为重点，逐步形成产业链上下游协调、制造与服务联动的空间布局。

专栏 6   战略新兴产业集群

1. 新一代电子信息技术：在灵山县布局天山微电子产业集群、容县布局电子产业集群、钦州市钦南区（钦州高新区）布局电子信息产业集群。

2. 生物医药产业集群：在隆安县、上林县、南宁市武鸣区、浦北县、钦州市钦北区、横县、蒙山县、桂平市、金秀瑶族自治县、来宾市兴宾区、荔浦县、桂林市临桂区、富川瑶族自治县、昭平县、环江毛南族自治县、右江区、靖西市等布局壮瑶药、国家基本药物原料药和建设珍稀濒危动植物繁育研发基地。

3. 节能环保产业集群：在防城港市防城区、桂林市临桂区、兴安县、藤县、陆川县、北流市等布局以高效节能、先进环保、资源循环利用的关键技术装备、产品和服务为特征的节能环保产业集群。

4. 新能源：在平南县、贵港市港南区、富川瑶族自治县、钟山县、恭城瑶族自治县、灌阳县、兴安县、横县、宾阳县、上林县、隆安县、都安瑶族自治县、大化瑶族自治县、凌云县、乐业县等布局发展核电、太阳能光伏、风能和生物质能等产业集群。

5. 新能源汽车产业集群：在南宁市武鸣区、柳江区和柳南县、玉林市玉州区、桂平市、贵港市港北区等发展纯电动汽车、插电式混合动力汽车、燃料电池汽车等新能源汽车产业集群。

（二）空间布局

按照《广西县域经济发展"十三五"规划》及《广西工业与信息化发展"十三五"规划》关于县域经济及工业的布局相关要求，结合广西县域资源禀赋、发展基础条件等，"十三五"时期，广西县域要突出工业化引领，打造六大产业发展带。

1. 南北钦防沿海工业发展带。

涵盖南宁市的邕宁区、良庆区、武鸣区、隆安县、马山县、上林县、宾阳县、横县，北海市的合浦县，钦州市的钦北区、钦南区、灵山县、浦北县，防城港市的防城区、上思县、东兴市等县（市、区）。积极依托经济区石化、钢铁、电子信息、有色金属、能源、食品、装备制造、修造船、林浆纸等产业基地，积极发展有特色的海产品加工业、生物制药、现代装备制造业等产业，以及为临港工业基地服务的配套企业集群，形成沿海县域工业带。

2. 南柳来河贵现代制造业发展带。

涵盖南宁市的武鸣区、宾阳县，柳州市的柳江区、柳城县、鹿寨县，来宾市的兴宾区、合山市、象州县、武宣县，河池市的宜州市、金城江区、南丹县，贵港市的桂平市等县（市、区）。主要布局汽车、机械、电子信息、装备制造、食品、生物医药等产业，培育一批名优产品和骨干企业。县域工业发展要在推进柳来河一体化、南（南宁）来（来宾）柳（柳州）经济走廊、桂中装备制造业基地建设，推动区域工业升级转型等方面发挥重要作用。

3. 桂东北特色工业发展带。

涵盖桂林市的临桂区、灵川县、阳朔县、兴安县、永福县、龙胜各族自治县、资源县、全州县、灌阳县、恭城瑶族自治县、平乐县、荔浦县，贺州市的八步区、平桂区、钟山县、富川瑶族自治县、昭平县，柳州市的三江侗族自治县、融安县、融水苗族自治县，梧州市的蒙山县，来宾市的金秀县瑶族自治县等县（市、区）。这一区域主要布局碳酸钙、新型装配式建筑材料、电子信息、稀土新材料、新能源、新能源汽车、健康生态、节能环保等产业。充分发挥高铁经济带的作用，以高铁为纽带开展与广东、湖南、贵州等省的工业产业合作，改造提升传统优势产业，大力发展新兴产业，积极发展关联配套产业，打造桂东北特色工业发展带。

4. 桂东承接产业转移工业发展带。

涵盖玉林市的玉州区、福绵区、容县、兴业县、陆川县、博白县、北流市，贵港市的港北区、港南区、覃塘区、平南县、桂平市，梧州市的苍梧县、藤县、蒙山县、岑溪市等县（市、区）。这一区域重点布局机械、有色金属冶炼及不锈钢深加工、环保、陶瓷、船舶、生物制药、服装加工、石油化工、新材料等产业。要利用粤桂帮扶机制主动对接，进一步发挥桂东承接产业转移示范区的作用，主动承接东部产业转移，与珠三角开展产业合作。

5. 桂西资源型工业发展带。

涵盖百色市的西林县、隆林县、凌云县、乐业县、平果县、田东县、田阳县、右江区、德保县，河池市的巴马瑶族自治县、凤山县、东兰县、天峨县、大化瑶族自治县、都安瑶族自治县等县（区）。充分发挥资源优势，以精深加工为重点，延长产业链，提升附加值。重点发展有色金属、特色农产品加工、茧丝绸、建材、生物医药、健康养生制造业等产业，形成桂西县域资源型产业深加工产业带。

6. 沿边外向型工业发展带。

涵盖防城港市的防城区、东兴市，崇左市的江州区、凭祥市、宁明县、龙州县、大新县、天等县、扶绥县，百色市的那坡县、靖西市等县（市、区）。这一区域主要发展电子、红木加工、有色金属、农产品加工等产业，发挥口岸优势，依托边境合作区等平台，实施加工贸易倍增计划，创新加工贸易产业发展方式，延伸加工贸易产业链，打造沿边外向型工业发展带。

四、广西县域工业发展对策建议

（一）加快推进新型工业化，壮大县域工业规模和实力

1. 培育壮大主导优势产业，做大产业总量。

突出重点，把握关键环节，组织实施"支柱产业倍增计划"和"新兴产业培育计划"，充分发挥广西农产品加工、制糖、汽车、建材、冶金、电子信息、生物医药等主导优势产业和新兴产业对县域工业的带动和支撑作用，加强县域产业配套协作能力，着力培育壮大县域主导优势产业。各县（市、区）要围绕自身资源优势，立足资源禀赋、产业基础等确定自身的主导产业，制定工作方案，把主导支柱产业的壮大落实到工业园区、重大支撑项目和产业链培育上，推动县域主导产业进一步做大做强。各级各地要围绕国家宏观调控政策，组织策划工业项目，结合县域工业发展实际，积极推进区直企业、著名企业、大型企业的对接与合作，不断增强县域工业的规模和实力。

2. 推进产业集聚集约，发展特色产业集群。

围绕六大县域产业集群培育，根据县域产业基础、资源禀赋、区位特点、历史文化、环境条件等，发挥比较优势，在扬长避短中培育特色，在资源整合中放大特色，在技术进步中提升特色。围绕县域主导产业，着力引进和培育领军企业，推动集群内企业联合重组，积极发展补链、配套产业，延长产业链，推进产业集聚、集群发展；加强集群内产品展示、技术攻关、物流配送、专业市场、金融服务等公共服务平台建设；注重引导产业向集中区和园区聚集，提

高产业集约发展水平。全区重点扶持培育100个30亿元以上，特色鲜明、集中度高、关联性强、市场竞争优势明显的成长型产业集群，并对销售收入100亿元以上的20个产业集群给予重点扶持。每个县（市、区）重点扶持1～3个辐射带动力强的产业集群加快发展。

3. 改造提升传统产业，加快培育新兴产业。

按照"优化结构、创新产品、增强配套、淘汰落后"的要求，结合食粮、有色金属、机械等传统产业"二次创业"行动，围绕县域食品、汽车、冶金、建材等传统产业改造升级和配套发展，调整优化原材料工业，改造提升消费品工业，推动轻工、食品、冶金、建材等工业转型升级，更好地发挥县域工业在改善民生、带动三农、促进就业等方面的重要作用。加快培育新兴产业，大力发展电子信息、新能源、生物医药、新材料等战略性新兴产业，不断提高新兴产业在县域工业中的比重，为县域工业发展提供新动力、构筑新支点，增强可持续发展能力。

（二）加强县域工业集中区（园区）建设，推进产城融合

1. 加强工业集中区（园区）建设。

根据当地区位特点、资源禀赋和产业现状，对县域工业集中区（园区）的主体产业、土地利用、环保设施等进行充分论证，科学合理确定园区空间布局和功能配置，高起点谋划、高水平发展。每个县域要突出抓好一个工业集中区（园区）建设，建立市场化运作体制，运用多种经营方式，加大资金投入，不断完善工业集中区（园区）道路、供水、供电、供热、电信、绿化、环保等公共服务设施，发展针对园区各类人员的生活服务、娱乐服务、商务服务及交通服务业，满足园区人才生活需求。引导企业向工业集中区（园区）集中，发展产业集群，把特色工业集中区（园区）做强做大。

2. 促进工业集中区（园区）与城镇融合发展。

按照"以产兴城、以城促产、产城一体"的发展思路，建立园区与城区（镇）及周边区域基础设施建设、公共服务设施建设协调发展机制，实现共建共享，推进产业发展与城镇建设互动、产业升级与城镇转型协同、产业集群与城镇集群融合，提升工业集中区（园区）宜业宜居水平。引导县域工业集中区和产业园区由单一生产功能向集生产、服务和消费于一体的工业综合体转变，突出产业、人居、生态等复合功能，形成以中心城区为服务核心、外围重点工业园区联动发展的大区域产城融合发展格局。坚持工业兴镇，把工业发展与城镇体系建设和吸纳农村劳动力就业结合起来，广泛吸纳农村贫困人口进厂进城，加快农村贫困人口市民化进程，将工业新区打造成为城乡规划一体化、城乡产业一体化、城乡建设一体化、城乡生活一体化、城乡公共服务一体化的城

镇新区。

（三）扩大开放和区域合作，大力发展民营经济

1. 着力扩大开放层次。

在中央赋予广西"国际通道、战略支点、重要门户"的"三大定位"中谋求县域开放合作切入点，更深层次、更宽领域地推进对外开放合作。南北钦防沿海工业发展带、沿边外向型工业发展带的县域要积极融入"一带一路"战略和沿边地区开发开放发展，抓住国际资本和沿海地区产业加速转移的机遇，进一步吸收外来资金、技术、人才和管理经验，把使用外资与县域工业结构调整结合起来、与延伸产业链条和增强配套能力结合起来，推动县域工业结构优化升级。桂东北特色工业发展带、桂东承接产业转移工业发展带的县域，要加强与粤港的主动对接，抓住产业互补配套等合作机遇，深度融入珠江—西江经济带发展。南柳来河贵现代制造业发展带的县域，要积极参与区域产业分工，推动特色产业提档升级，积极融入珠江—西江经济带和"一带一路"建设。桂西资源型工业发展带的县域，要加强与中部地区的产业合作，大力发展生态能源和特色农副产品加工业，积极参与云广、南贵、贵广高铁经济带建设。

2. 壮大民营经济。

按照"非禁即入"的原则，进一步放宽市场准入条件，在投融资、土地和对外贸易等方面加大支持力度，通过建立工业园等，引导中小企业向县域集聚，鼓励民营企业家到县域投资办厂。积极引导民营企业加快制度创新、技术创新和管理创新，提升民营经济发展竞争力。进一步降低创业门槛，健全创业服务体系，加快建设一批创业基地和园区，为创业主体创造良好环境。着力营造鼓励创业的舆论环境，革除一切束缚农民创业的体制弊端，激发全民自主创业的潜能，鼓励有专长的农民尽快向二三产业转移，由单纯的劳动者转变成为投资者和经营者，鼓励多种形式的劳务创业、能人创业、知识创业，吸引外来人员、外出务工者回乡创业，壮大创业群体，培植县域工业新生力量。

（四）实施创新驱动战略，推动技术升级

1. 建立企业创新体系。

建立完善企业为主体、市场为导向、产学研相结合的技术创新体系，支持企业开展技术创新和攻关活动，推动企业成为研究开发投入的主体、技术创新活动的主体和创新成果应用的主体；坚持自主创新与有选择引进并重，在加速本土科技成果的转化和应用的同时，加强对引进技术的消化、吸收和再创新；切实把工业科技项目的引进作为县域招商引资的重点，有计划、有选择地引进一批带动能力强、辐射作用大、经济效益好的科技型工业项目，高起点培育新的经济增长点。

2. 积极推进信息化和工业化融合。

加快推进信息技术在县域工业研发设计、工艺流程、生产装备、过程控制及物料管理各环节深化应用和全面渗透，将电子信息技术嵌入工业产品，提高产品科技含量，提升产业发展水平；利用信息技术实现污染源监测、污染治理、提升节能减排水平，促进单位工业增加值能耗大幅降低；积极发展面向中小企业的研发设计平台和各类综合性信息化服务平台，促进信息技术在生产性服务业中的普遍应用与融合创新，提升服务等级和水平；适应信息技术飞速发展的趋势，应用推广先进的生产经营方式，广泛开展电子商务和网络营销，及时转变企业的经营模式，提高企业应变市场能力。

（五）加快特色产业发展，服务精准扶贫

1. 打造贫困县域特色工业。

以精准产业扶贫为契机，重点布局发展劳动密集型与特色农副产品加工业，形成连片特色产业带。发挥部分贫困县人口、区位和农产品资源优势，重点发展承接东部与中心城市劳动密集型产业，以及粮油肉禽饮料等大宗农产品加工业，形成劳动密集型和城市配套制造业产业带。重点在桂西北少数民族地区，有序开发水电、矿产资源，积极发展风光分布式生态能源，大力发展茶、林、果、菌、药材等特色农副产品加工业，形成生态能源和特色农副产品开发产业带。在桂东南区域，发挥资源优势，重点发展粮油肉禽酒茶等大宗农产品加工业，形成农产品加工和特色资源产业带。在边境地区，围绕优势资源深度开发利用和大宗进出口商品就地加工装配，大力发展高档木材、金属矿产、海水产品、农产品、热带水果等进口原料加工项目，形成进口原材料加工产业带。

2. 加强工业化的精准扶贫效应。

发挥贫困地区县域的生态优势，引导农产品龙头企业在贫困地区布局原料生产基地，为企业提供稳定、高质的生产原料来源，通过工业发展带动贫困地区县域农业产业化规模化发展。积极发展"龙头企业＋基地（合作社）＋贫困户"的生产经营模式，支持企业为贫困户生产提供技术、资金、种子、农资及技术指导等，促进贫困农户增收，实现精准脱贫。在移民安置区周边布局农民创业园，发展一批劳动密集型企业，鼓励和引导企业就近吸纳贫困人口就业，在增加贫困人口收入的同时加快城镇化、市民化进程。

3. 发展一批工业特色小镇。

围绕核心城市的汽车、机械、食品等产业配套，兼顾中药、珍珠、坭兴陶、爆竹、白酒、壮锦绣球等地方特色产业，以工业园区为依托，坚持产业、文化、旅游"三位一体"，生产、生活、生态融合发展，打造串珠式的工业园区特色镇、创新创业特色镇。加强特色小镇在规划、建设过程中与高等院校、科研院所合作，招引一批业务精、政策清、情况明的管理人才，聘请一批区内外智库的著名专家学者，共同推进特色小镇建设。

（六）扶持骨干企业，形成优势品牌

1. 大力引进和培育骨干企业。

高起点招商，围绕大企业大集团发展配套型工业，支持县域企业与大企业、大集团开展多种形式的经济技术合作，建立以市场为基础的原材料供应、生产、销售、技术开发等配套协作关系，培育和发展一批专业化水平高、配套能力强、产品特色明显的中小企业。以落实"抓大壮小扶微"工程为抓手，全区每年筛选 100 户规模以上企业，实行政策倾斜，在用地上优先保证、资金上重点扶持，打造县域经济的"主心骨"。重点支持 1000 户高成长企业的技术改造，推行产学研结合，合作建立技术中心和研发机构，实施核心技术项目或技改项目。

2. 实施特色品牌战略。

按"培育百年品牌，创造百年企业"的要求，实施品牌培育工程，重点抓好一批技术含量高、市场潜力大的名牌产品和知名企业，积极参与全国性工业品牌培育、示范活动，并结合自身特点开展地区性或行业性培训交流活动。加强标准、计量、认证认可、检验检测等质量技术基础能力建设，加强特色产业标准化工作，全面提升县域产品质量水平。加强品牌文化建设，提升品牌附加值和软实力，开展广西县域工业品牌立体推广，实施国际化发展战略，扩大县域工业品牌知名度、美誉度与社会影响力。"十三五"期间，全区新创国家级区域品牌 40 个，培育自治区级区域品牌 100 个，培育 1000 项自治区名牌产品、1000 件著名商标，提高品牌知名度和市场占有率。

（七）实施主体功能区规划，优化产业布局

1. 优化县域工业布局。

根据《广西壮族自治区主体功能区规划》进行功能分区，加强分类指导，促进县域工业错位发展。对重点开发区域所在县（市、区），引导其积极承接发达地区和中心城市产业转移，加快食品、建材、机械制造等传统产业改造升级和电子信息、新能源、生物医药、新材料等新兴产业的培育，大力发展现代生产性服务业，打造县域工业"升级版"。对农产品主产区所在县（市），鼓励其加快发展以产业化经营为核心的现代农业、以农产品加工为主导的工业化，培育核心竞争力强的特色产业。对重点生态功能区所在县（市、区），引导其坚持"在保护中发展"，依托资源优势发展资源型新型工业、特色生态农业，加快发展和提升商贸物流、生态文化旅游等服务业。

2. 强化县域生态工业建设。

加快优化重点开发县域生态工业改造，实现增产减污。重点加快在县域发展战略性新兴产业、低碳工业和循环工业，推进县域工业技术改造升级，强化节能减排，促进县域工业结构升级。加快限制开发县域生态工业培育，恢复和保育生态系统。加强不同功能定位县域之间的对口援助和协同发展，尤其是通过流域生态补偿、产业链协同发展、县域间技术协作等方式，将生态增效和县域发展有机结合起来。

（八）推动工业供给侧结构性改革，培育新动力

1. 化解和控制过剩产能。

积极落实《国务院关于化解产能严重过剩矛盾的指导意见》等文件，争取国家及自治区不良贷款核销、减免相关环节税费等相关优惠政策，支持企业通过主动压减、兼并重组、转型转产、国际产能合作等途径退出过剩产能。加快淘汰铁合金、水泥等行业的过剩产能，严格控制新增过剩产能。

2. 进一步降低工业企业成本。

加快电力体制改革，进一步扩大直购电交易比重，鼓励有条件的企业或园区开展局域网建设，推动售电公司代理中小用户开展电力直接交易，降低用电成本。进一步落实中央、自治区关于降低企业成本的各项规定，加强涉企收费源头管理，合理降低企业税费负担、人工成本，着力降低制度性交易成本、企业用能用地成本、企业物流成本等，提高企业资金周转效率，降低融资成本。

3. 支持大众创业、万众创新。

在县域工业园区建设实体创业基地，为"双创"提供承载空间。鼓励互联网与金融、商务等传统行业结合，在有条件的园区培育大数据、云计算、人工智能等新兴业态，发展众创、众筹等多种经济形式。加强"双创"双服务，鼓励社会资本发起设立创客投资基金，促进金融资本与创客产业的有效对接，聘请导师对创客进行辅导，营造"双创"良好氛围。

4. 大力发展"互联网＋工业"。

加快智能工厂示范工程建设，重点支持企业对加工中心、生产线及车间进行智能化改造，促进生产过程向柔性化、集约化、精准化发展。鼓励汽车、机械等行业中具有优势的核心企业，面向周边县域的相关配套企业，打造行业工业云平台，构建集用户需求、产品设计、生产制造、售后服务为一体的行业互联网平台，并输出标准统一的互联网工厂整体解决方案，全面提升产业链配置项目，推动全行业"互联网＋"水平的提升。

广西装备制造业与生产性服务业的产业关联性研究[①]

2018年

广西蓝皮书

广西工业发展报告

研究篇

装备制造业是制造业的基础和核心，是一个国家实现工业化的必备条件，也决定了一个国家的自主创新程度。历次科技革命的成果也无不是通过装备制造业创造出来的。装备制造业的附加值主要来源于生产性服务，而不是来源于加工过程。生产性服务主要是产品生产或服务提供过程中的中间投入，生产性服务内含的知识和技术决定了装备制造业的竞争力。那么，目前我国生产性服务业与装备制造业各自的发展水平如何？装备制造业的增加值率是提高还是下降，和生产性服务业的投入有什么关系？装备制造业细分行业中各类生产性服务分别投入了多少并如何变化？生产性服务业各细分行业又分别被装备制造业需求了多少并如何变化？生产性服务业和装备制造业的产业关联度如何？通过对这些问题的研究，对探索我国装备制造业落后的原因，促进我国实现从"中国制造"向"中国创造"的转变，摆脱进口依赖的压力，实现从全球价值链低端向高端的攀升具有重要的现实意义。

---

① 2018年国家社会科学基金项目"以服务业提升滇桂黔石漠化片区扶贫产业效率研究"，项目号18XMZ073。

一、广西装备制造业和生产性服务业的发展现状

（一）广西装备制造业的发展

广西装备制造业近年来发展迅速，门类更加齐全、规模不断扩大、优势更加明显、竞争力更强，对工业增长做出重要贡献，成为推动广西经济转型发展的支柱产业。从经济规模看，广西装备制造业规模扩大。2016年广西规模以上装备制造业比2015年增加51家，达到1066家。广西规模以上装备制造业增加值从2012年的22.1%提升到2016年的24.5%。从产业结构看，汽车制造业、电子设备、修造船工业和机械工业占较大比重，是广西装备主要领域。其中，汽车制造业主营业务收入2509.9亿元，在西部地区排名第3位，通信、计算机和其他电子设备利润总额121.7亿元，在西部地区排名第5位。从增长速度看，广西装备制造业增加值2012年至2016年期间平均为11.5%。有的行业增加值增长速度更快，如通信、计算机和其他电子设备增加值平均为23.1%；电器及器材制造业增加值增速平均为14.8%。从增长贡献率看，广西装备制造业对全区工业增长发挥了稳定器的作用。2015年广西装备制造业拉动全区规模以上工业增长贡献率为29.8%，2016年为31.3%。

广西装备制造业发展势头良好，取得积极明显成效，支撑和保障了广西经济稳定增长。但与全国先进省份比较，尚处于完善产品结构、加快转型升级和提升竞争力的追赶先进水平的时期，存在的主要问题有内生动力不足、高端产业滞后、规模优势不明显、效益水平有待提高等。其根本原因在于产品层次不够高、产业不够高端、研发投入不足等。

（二）广西生产性服务业的发展

生产性服务业在许多发达国家占服务业的70%，成为国民经济的支柱产业。广西高度重视生产性服务业的发展，相继出台《广西现代服务业集聚区发展规划（2015—2020年）》《以服务业大发展促进广西经济转型升级》等系列文件推进生产性服务业的发展。并且随着广西工业的快速发展和城市化的不断推进，广西生产性服务业发展势头良好。广西生产性服务业增加值保持增长态势，规模不断扩大、结构持续优化、特色日趋明显，支撑和推动了广西经济的跨越发展。从增加值来看，2012年广西生产性服务业增加值为2184亿元，2017年达到6165亿元。在2015年生产性服务业增加值增速首次超过工业。从产业结构上看，生产性服务业结构不断优化，现代物流、金融业、电子商务、文化创意、科技服务等持续稳定增长。从企业数量增加来看，2013年和2017年对比，从108726家增加到186475家。新兴的生产性服务业如信息技术、软件、信息传输等服务业法人单位数量增长势头明显。南宁·中关村创新示范基地、南宁五象金融总部基地、南宁市中盟科技园、桂林创意产业园等一批现代服务产业集聚区涌现。从固定资产投资来看，2013 年和 2017 年对比，固定资产投资从 3114.64 亿元增加到 6697.2 亿元。从生产性服务业吸纳就业能力来看，2016 年，第一产业和第三产业从业人员的比重分别是 50％和 31.3％，从事服务业的人员比重还不高。

广西生产性服务业发展势头良好，但与发达省份相比，还存在以下不足：一是规模偏小、结构不够合理。如交通、批发零售、运输等传统服务业比重较高，软件和信息技术服务业、信息传输、租赁服务等现代服务业所占据的比重较少。二是生产性服务业企业数量偏少、集聚效应不够明显。三是投资总体不足且结构不合理，特别是仍需要加大对知识、人力资本、信息等要素的投入以及对新兴生产性服务业的投入。

二、广西装备制造业和生产性服务业发展面临的机遇

（一）政策机遇

装备制造业是现代产业体系的重要组成部分，是推动工业转型升级的关键引擎。2015 年国务院颁布《关于推进国际产能和装备制造合作的指导意见》，2016 年实施《装备制造业标准化和质量提升规划》等，以先进标准推动装备制造业转型升级。《中国制造 2025》明确提出重点发展智能制造的主攻方向。

生产性服务业方面，国家近年来高度重视，在 2014 年即出台《关于加快发展生产性服务业促进产业结构调整升级的指导意见》，《十三五规划》中亦提出，推动生产性服务业向专业化和价值链高端延伸、生活性服务业向精细和高品质转变。广西政府也高度重视生产性服务业的发展，相继出台《关于加快服务业发展的若干意见》《广西现代服务业集聚区发展规划（2015—2020 年）》《以服务业大发展促进广西经济转型升级》等系列文件推进生产性服务业的发展。

（二）开放发展机遇

新时代，随着"一带一路"倡议、"互联网＋"行动计划、"中国制造 2025"战略的实施，以及广西参与新一轮西部大开发，中国－东盟自贸区升级的加快，广西的装备制造业迎来了新的机遇。在 2017 年，响应国家"一带一路"倡议及自治区政府"创新驱动发展"的号召，举办了广西装备制造业博览会，充分发挥国内工业装备行业出口东盟的平台作用，努力提升广西制造业国际竞争优势。

新一轮的开放发展为生产性服务业创造了良好的条件，必将带来知识溢出、要素积累和技术创新等。广西利用开放发展的机遇大力发展生产性服务业，对促进广西产业结构调整，提高经济增长具有重要的战略意义。

（三）产业变革机遇

从世界范围来看，新一轮产业革命兴起、国际贸易秩序重塑。西方主要发达国家纷纷实施"再工业化"，制定新的工业规划，致力于抓住产业变革的机遇。广西工业在 2017 年稳定增长，进入转型升级的快速阶段。2018 年广西工业保持中高速发展，结构转型升级，传统产业与新兴产业融合并进。装备制造业的自主创新发展是中国由"制造大国"向"制造强国"迈进的必然选择。

当前，服务经济全球化趋势明显。作为与产业融合黏合剂的生产性服务业发展迅猛，成为近十年来增长幅度最快的产业。以发达国家为例，服务业增加普遍超过 70%。在商务服务、市场营销、研究开发、工业设计等领域占领先位置。广西应重视产业变革的关键时期，努力推动生产性服务业的发展。

三、装备制造业和生产性服务业的相互作用

装备制造业和生产性服务业具有相互促进作用，主要表现在：

（一）装备制造业对生产性服务业的促进作用

一是促进生产性服务业专业化程度的不断提高。在经济发展潮流和政策引导下，装备制造业快速发展，产业分工越来越明细，将部分业务服务外包，这是装备制造业降低生产成本、要素成本、交易成本等多方面的途径。由此引发了生产性服务业的大量市场需求。因此，越来越多的生产性服务业从制造业中释放出来，使得生产性服务业专业化程度不断提高。二是装备制造业转型升级推动生产性服务业转型升级。智能时代装备制造业向高端装备制造业发展，对高端生产性服务业的需求大量增加，从而进一步推动生产性服务业的转型升级。三是装备制造业对生产性服务业具有就业带动作用。装备制造业在国民经济中的比重在不断上升。由于其为资本及技术相对密集的产业，具有较高的就业创造能力。赖德胜、高曼（2017 年）在测算我国制造业对服务业影响效应时发现，制造业对生产性服务业的就业带动作用明显。制造业直接吸纳就业，也会通过与生产性服务业融合带动就业。如仪器仪表、电子通信设备等制造业的就业创造能力较强。

（二）生产性服务业对装备制造业的促进作用

一是生产性服务业能够降低装备制造业的成本。生产性服务业具有知识性、技术性、无形性等特点，为制造业提供了智力服务，提供了劳动力，通过降低交易成本、新型资本升级、增强产业竞争优势等，支撑着装备制造业的发展、升级和竞争力提升。二是生产性服务业推动装备制造业转型升级。随着生产性服务业在快速发展过程中为制造业提供的产品种类不断增加、规模化程度不断提升、服务质量不断提高，从而加快了装备制造业的转型升级。

四、广西装备制造业和生产性服务业的产业关联分析

（一）数据来源

本文采用广西 2012 年包括 42 个部门的《投入产出表》的相关数据进行分析。其中：装备制造业包括了投入产出表中的交通运输设备制造业，通用与专用设备制造业，金属制品业，通信设备、计算机及其他电子设备制造业，电气机械及器材制造业，仪器仪表及文化办公用机械制造业等 6 个细分产业部门。生产性服务业指投入产出表中的批发与零售业，交通运输及仓储业，邮政业，信息传输、计算机服务与软件业，租赁与商务服务业，金融保险业，科学研究业和综合技术服务业等 8 个部门。

（二）评价指标

1. 中间需求率。

中间需求率指的是某一产业 i 被国民经济其他产业及其自身的中间需求之和，与整个国民经济各产业对该产业总需求的和（中间需求＋最终需求）的比值。可以用以下计算公式表示：

$$D_i = \frac{\sum\limits_{j=1}^{n} x_{ij}}{\sum\limits_{j=1}^{n} x_{ij+Y_i}} \quad , \ i = 1, \ 2, \ 3, \ \cdots n$$

式中 D_i 表示中间需求率，$\sum\limits_{j=1}^{n} x_{ij}$ 表示投入产出表中第 i 行产业被国民经济其他产业包括其自身的中间需求的和，Y_i 为第 i 行业的最终需求。中间需求率越大，说明该产业产品被其他行业的需求越多。

2. 中间投入率。

中间投入率反映的是某一产业 j 生产过程中所需要的国民经济其他产业包括自身的中间投入的和，与该产业需要的总投入（中间总投入＋增加值）的比值。可以用公式表示为：

$$T_j = \frac{\sum\limits_{j=1}^{n} x_{ij}}{\sum\limits_{j=1}^{n} x_{ij+Z_j}} \quad , \ j = 1, \ 2, \ 3, \ \cdots n$$

其中 T_j 表示产业 j 的中间投入率，$\sum\limits_{j=1}^{n} x_{ij}$ 表示投入产出表中第 j 列产业生产中需要的其他各产业包括自身的投入的和，Z_j 表示 j 行业的增加值。中间投入率越大，说明该行业生产过程中使用的中间投入越多。

3. 影响力系数和感应度系数。

影响力系数和感应度系数：它们都是反应产业关联程度的系数，前者反映某部门增加一单位的最终使用时，对国民经济剩余部门所产生的生产需求波及程度；后者可反映当国民经济各部门增加一单位最终使用时，某部门由此受到的需求感应程度，即需要该部门为其他各部门生产而提供的产出量。一般用 F_j 表示影响力系数，用 E_i 表示感应度系数，两者的计算公式如下：

$$F_j = \sum_{i=1}^{n} b_{ij} / \left[\frac{1}{n} \sum_{i=1}^{n} \sum_{j=1}^{n} b_{ij} \right] \qquad E_i = \sum_{j=1}^{n} b_{ij} / \left[\frac{1}{n} \sum_{i=1}^{n} \sum_{j=1}^{n} b_{ij} \right]$$

$(j = 1, 2, \cdots, n; i = 1, 2, \cdots, n)$

（三）装备制造业中间需求率和中间投入率分析

1. 装备制造业各细分行业的投入情况分析。

表 1　装备制造业各细分行业的各种投入情况

	METE	MACH	TRAF	ELEC	COMMU	OFFI
物质性投入	0.699	0.668	0.701	0.703	0.721	0.697
服务投入	0.073	0.083	0.081	0.878	0.912	0.805
生产性服务投入	0.053	0.071	0.069	0.073	0.082	0.061
装备制造投入	0.185	0.321	0.455	0.289	0.583	0.456

表 1 中物质性投入表示装备制造业各细分行业总投入中工业投入占的比重，服务投入指装备制造业各细分行业总投入中第三产业投入占的比重，生产性服务投入指装备制造业各细分行业总投入中生产性服务投入占的比重，装备制造投入指装备制造业各细分行业总投入中装备制造投入占的比重。

表 1 中 METE 表示金属制品业，MACH 表示通用和专用设备制造业，TRAF 表示交通运输设备制造业，ELEC 表示电气机械及器材设备制造业，COMMU 表示通信设备、计算机及其他电子设备制造业，OFFI 表示仪器仪表及办公用品制造业。

表 1 的数据表明，广西在装备制造业中的物质性投入已经达到了 60％～70％的占比，服务投入仅有 8％左右，而代表了高知识、高技术的生产性服务的投入则更低，只有 6％左右，这些数据折射出广西装备制造业的主要特征依然是以粗放发展模式为主，高投入、高耗能、高污染的产业占比依然偏高。在众多行业中，通信设备行业的生产性服务投入是达到了 8.2％，在所有行业中占比最高，这与广西近年来紧紧跟随国家的步伐，大力发展移动通信技术、新一代信息产业技术有密切关系。相比之下，金属制品业生产性服务投入仅有 5.3％，这主要是因为广西的金属制品业依然是以传统工艺为主，技术创新不足，产业融合度较低。

2. 生产性服务业的中间需求情况分析。

表 2　生产性服务业各细分行业的各种投入情况

	TRAN	POST	INFOR	WHOL	FINA	RENT	RESE	TESE
装备制造业需求率	0.088	0.095	0.056	0.137	0.089	0.102	0.321	0.135
制造业需求率	0.478	0.301	0.286	0.376	0.386	0.278	0.511	0.523
服务业需求率	0.213	0.502	0.221	0.092	0.325	0.338	0.091	0.117

表 2 中装备制造业需求率指的是生产性服务业各细分行业被国民经济各行业的总需求中装备制造业需求所占比重，制造业需求率指的是生产性服务业各细分行业被国民经济各行业的总需求中工业需求所占比重，服务业需求率指的是生产性服务业各细分行业被国民经济各行业的总需求中第三产业需求所占比重。

表 2 中 TRAN 表示交通运输及仓储业，POST 表示邮政业，INFOR 表示信息传输、计算机服务及软件业，WHOL 表示批发与零售业，FINA 表示金融业，TENT 表示租赁和商务服务业，RESE 表示研究与实验发展业，TESE 表示综合技术服务业。

装备制造业对交通运输及仓储业，信息传输、计算机服务与软件业，租赁与商务服务业的中间需求存在差异。信息化社会中，工业化和信息化的融合是大势所趋，然而装备制造业对信息传输、计算机服务与软件业的需求率仅为5.6%，这表明广西装备制造业的信息化程度依然偏低。另外，租赁和商务服务业本是从制造业分离出来的中介服务业，但是广西制造业整体以及装备制造业对这些中介服务的需求并不强烈，也反映出广西租赁及商务服务业等中介服务发展滞后。然而，值得关注的是，装备制造业对研究与实验发展业、综合技术服务业等科技服务的中间需求率相对较高，说明广西的装备制造业对科技服务的需求越来越强烈，其技术水平也在增强。

（四）装备制造业和生产性服务业影响力系数与感应度系数

如表 3 所示，装备制造业的影响力系数基本在 1.0～1.3 之间，说明广西装备制造业各行业的后向联系大于社会平均水平，装备制造业的发展可以带动相关投入行业的发展。生产性服务业的影响力系数只有租赁和商务服务业的影响力系数接近社会平均水平，其他生产性服务业的影响力系数基本小于社会平均水平，说明了广西生产性服务业对相关后向投入行业的带动能力较弱。

表 3　装备制造业与生产性服务业各细分行业影响力系数和感应度系数

		影响力	感应度
装备制造业	METE	1.201	1.005
	MACH	1.211	1.455
	TRAF	1.288	1.088
	ELEC	1.306	1.077
	COMMU	1.032	1.412
	OFFI	1.256	0.567
生产性服务业	TRAN	0.833	1.407
	POST	0.816	0.368
	INFOR	0.726	0.565
	WHOL	0.699	1.012
	FINA	0.598	1.021
	RENT	1.066	0.767
	RESE	0.953	0.400
	TESE	0.833	0.501

五、以生产性服务业促进广西装备制造业发展的对策

（一）提升装备制造业企业的生产性服务业发展水平

从上文的分析可知，广西生产性服务业中的信息服务业和科学研究及综合技术服务业，这两个产业和装备制造业的关联性是比较强的。众多的文献已经表明，生产性服务业可以促进装备制造业的技术提升，因此，广西的装备制造业企业可以通过大力提升企业内部的科学研究及综合技术服务业和信息服务业的创新创造水平、专业化程度，来带动装备制造业规模的扩大和水平的提升。广西应加大对实力强、规模大的企业的扶持力度，尤其是鼓励它们进行更多的科研创新，通过技术的提升，实现产业融合过程中关联促进作用的提升。企业的实力增强之后，也应该加大对自主知识产权的开发，打造自己的经营品牌，增强企业抗风险的实力，开发、研发更多的新技术、新方法和新工艺，尤其注重发展信息技术、新能源技术、生物制造、生物制药、节能环保等方面的新技术，推动广西装备制造业水平的提升。

（二）将与装备制造业关联度低的生产性服务业进行外包

金融服务业、现代物流业、商业服务业、咨询服务业等行业在装备制造业的生产过程中并不占据主导地位，也不参与装备制造业的关键生产环节。因此，这些种类的生产性服务业与装备制造业的产业关联度较低。但是，关联度低并不表示这些生产性服务业对装备制造业的影响不大，它们的技术水平、产

业规模还是会影响装备制造业的生产效益和技术进步的。商业服务业会参与装备制造业的销售环节，咨询服务业会影响装备制造业的经营管理模式，物流业会影响装备制造业的资源配置效率、储存和运输成本，金融服务业会影响装备制造业的资金使用效率和融资成本。这些产业会从不同的方面影响着装备制造业的经营水平，因此，这些生产性服务业的发展依旧重要。随着企业竞争的越来越激烈以及市场机制的不断完善，装备制造业企业对有关联的生产性服务业的技术水平和专业化程度要求越来越高，但是它们对上述生产性服务业的业务需求相对没有那么频繁，如果由它们自己来开展这些业务的话，就会造成效率的降低和成本的增加。最好的办法就是将这些生产性服务业的相关环节外包给专业的服务业企业，通过业务合作的方式来完成相关的环节。

（三）加强大型装备制造业企业的龙头示范效应

大型装备制造业企业在提高自身技术水平、核心竞争力和经营管理水平的同时，应加强对中小型装备制造业企业的带动效应，帮助中小型装备制造业企业不断扩大成长，例如：大型装备制造业企业可以把资金、技术、人才集中在关键的生产环节，把基础性的零部件、元配件、简单工艺的生产环节、技术含量不高的组装工作外包给中小型装备制造业企业，一方面可以提高自身的专业化水平和核心竞争力，另一方面可以带动中小型装备制造业企业共同发展。广西的装备制造业企业以中小型企业为主，这些中小型装备制造业企业的发展方向应该关注专业化和精密化，例如，专注于小型的工具、器具、仪器、模具和小型机器设备的生产，基础性零配件、元器件的生产，不断提升产品的技术含量和精密度。这对中小型装备制造业企业来说，可以提升资金的使用效率，减少生产风险，降低生产成本，提高自己的竞争优势。

（四）鼓励装备制造业企业发展高技术含量的服务业

近年来，装备制造业由于转型升级的需要，加大了对新技术、新工艺、新设备的创新和支持力度，政府和企业都投入了大量的资金、出台了相应的政策鼓励创新活动的开展。有了资金和政策的支持，装备制造业企业将会加大包括科学研究、技术咨询、信息产业等在内的产业类别。政府在其中的角色非常的重要，如果政府部门能够鼓励各企事业单位和各类企业在工程项目建设中优先采购本国装备制造业企业生产的机器设备、原配件、零部件等产品，这将有助于装备制造业企业在深化供给侧结构性改革的过程中，生产出更多适合市场需求、技术含量高、有竞争力的产品，进而会激发它们在技术研发、科技成果转换、信息服务等产业方面下大力气去进行推动和发展。近年来，广西通过加大资金扶持税费减免等政策，鼓励装备制造业企业生产出更多高端的、有独立知识产权的产品，鼓励制造业企业加大对核心零部件和原配件的研发，这些都将有助于降低企业开展技术创新的成本，不断提升它们的产业规模和技术水平。

（五）以工业信息化提升装备制造业企业的专业化水平

装备制造业和信息技术、电子信息、自动化技术、智能制造等先进技术的融合形成了工业信息化。随着近年来工业信息化浪潮的不断推进，工业信息化所带来的高端技术不但能够有效地改善装备制造业企业的生产流程、生产工艺、产品设计、产品研发、生产过程，而且还可以生产出更多的高端制造业产品、工具和设备等高技术含量的产品。工业信息化给装备制造业带来了一个显著的特征，也就是生产性服务业和装备制造业的融合进一步得到发展，制造业产品当中的服务业要素得到了增加。在装备制造业生产过程中，投入到生产性服务业的专业化程度和技术水平也越来越高。在工业信息化的推动之下，企业必须要大力提升包括新材料、新能源、环境保护、信息技术、机器人等在内的产品研发，进一步推动装备制造业和生产性服务业的融合发展，提升生产性服务业的技术水平，从而带动装备制造业企业的技术水平和竞争优势。目前广西的装备制造业企业总体来说规模并不大，实力并不强，因此对于中小型的装备制造业企业来说，不必每家企业都向"大而全"的方向发展，也可以走"精而专"的发展路线，从而在市场上拥有自己的竞争优势和一席之地。

（六）大力建设装备制造业和生产性服务业高度融合的产业集聚区

在装备制造业和生产性服务业融合的过程中，生产性服务业企业的角色是为装备制造业企业提供技术咨询服务、科学研发服务、设备租赁服务、技术中介服务、后勤管理服务、金融保险服务、人力资源咨询服务、法律咨询服务、公共安全服务等产品，从而助力装备制造业提升专业化水平和技术能力。产业园区在招商引资过程中，可以同时加大对装备制造业企业和生产性服务业企业的吸引力度，吸引它们同时进入到产业园区进行发展，从而形成集聚的态势，有助于降低企业之间的交易成本，实现风险共担，可促使资金往来更顺畅，提高资金使用效率，降低企业开展创新研发的风险。除了吸引大型的装备制造业企业和生产性服务业企业进入园区之外，对于一些在某个行业具有特色和发展潜力的中小型制造业企业，也应鼓励它们进入园区，从而带动生产性服务业企业配套进入园区，逐渐也能够形成累积效应，源源不断吸引新的资本和技术进入园区，从而能够形成较好的园区经济。

（七）为装备制造业和生产性服务业提供人才智力支持

无论是发展生产性服务业还是发展装备制造业，都离不开人才的支撑，生产性服务业在推动装备制造业共同发展的过程中，它的角色更多的是扮演为装备制造业提供人力资源支撑、咨询服务和智力资本，通过把人力资本、资金资本和技术资本的要素融合到装备制造业当中，可以有效地推动制造业价值链的延伸和产业价值的提高。具体而言，一是要提高对职业技术教育的重视程度，培养更多的复合型人才。不但要了解理论，还要懂得实际操作，目前广西的装备制造业非常缺乏既懂技术又懂操作的高技术人才。高职院校在开展人才培养和专业设置时，应充分了解社会的需求。二是加大对人才的培训力度。各级政府部门应大力支持构建职业技术教育培训体系，规范和完善职业资格证书的发放，打造具有竞争优势和核心竞争力的职业教育平台和基地，为社会各界培养多行业、多范围、多层次的人才，满足不同企业对人才的要求。三是要大力支持开展企业订单式培训，针对装备制造业企业和生产性服务业的需求，设计有针对性的培训课程以及培训时间，不断地完善培训师资队伍的建设，满足社会各界对产业发展中人才的需求。

2018年
广西蓝皮书
广西工业发展报告
研究篇

互联网经济背景下广西制造业转型升级研究

一、广西制造业发展现状

2017年，广西规模以上工业实现总产值2.71万亿元，总量在全国排第14位，同比增长13.9%，规模以上工业增加值增长7.1%，较2017年初回升1.5个百分点。千亿元产业进一步壮大，食品工业突破4000亿元；新增机械1个三千亿元产业，三千亿元产业达到2个；新增有色金属、造纸与木材加工2个两千亿元产业，两千亿元产业达到9个；百色铝产业产值首次突破1000亿元。2017年主导产业、龙头骨干企业具体情况如下：

1. 食品。

2017年，行业总产值4150亿元，同比增长10.2%，规模以上企业827家。主要产品包括真龙香烟、力源粮油、燕京漓泉啤酒、皇氏牛奶、南方黑芝麻等知名产品。

2. 冶金。

2017年，行业总产值2860亿元，同比增长1.3%，规模以上企业248家。钢材产品主要以热轧宽带、中厚板、冷轧板带、棒材、高速线材等为主，铁合金产品主要为锰系铁合金和锰盐产品。

3. 汽车。

2017年，行业总产值2842亿元，同比增长7.3%，规模以上企业 342 家。目前，广西汽车工业具备较好的发展基础和条件，现已形成包含载货车、客车、乘用车、车用内燃机、汽车零部件工业等在内的较为完整的产业格局，汽车整车及汽车零部件、配件制造企业超过 400 家。

4. 机械。

2017 年，行业总产值 2805 亿元，同比增长 12.9%，规模以上企业 598 家。主要产品包括装载机、挖掘机、内燃机、水电设备、橡胶机械等。

5. 石化。

2017 年，行业总产值 2708 亿元，同比增长 19.4%，规模以上企业 615 家。主要产品包括汽油、煤油、柴油、润滑油、化肥、硫酸、烧碱、精甲醇、纳米碳酸钙等。

6. 电子信息。

2017 年，行业总产值 2400.5 亿元，同比增长 13.4%，规模以上企业 181 家。主要产品包括：电子计算机产品、通信设备产品、医疗电子产品、家用视听产品、电子元器件产品、光伏产品、电线电缆、LED 产品、电机产品、汽车电子产品等。

7. 建材。

2017 年，行业总产值 2476 亿元，同比增长 16.1%，规模以上企业 901 家。主要产品包括硅酸盐水泥熟料、水泥、瓷质砖、天然大理石建筑板材等。

8. 有色金属。

2017 年，行业总产值 2199 亿元，同比增长 33.5%，规模以上企业 173 家。主要产品包括铅、锌、锡、铟、镓、稀土功能材料、氧化铝、电解铝、铝型材、高精度铝板带箔、航天航空用铝合金材料等。

9. 造纸与木材加工。

2017 年，产业产值突破两千亿元大关达 2072 亿元，同比增长 18.9%，规模以上企业 881 家，其中造纸及纸品加工企业 162 家，木材加工及家具企业 719 家。主要产品包括纸制品、人造板、家具等，其中人造板产量居全国第三位。

10. 电力。

2017 年，行业总产值 1122 亿元，同比增长 15.4%，规模以上企业 187 家。主要电源公司有华润电力、国投电力、华电集团、大唐集团、香港中华电力等。广西境内装机容量 4337.24 万千瓦，其中，水电 1665.22 万千瓦，占全部装机的 38.39%；火电 2235.96 万千瓦，占全部装机的 51.55%；核电 217.2 万千瓦，占全部装机的 5%；风电 149.84 万千瓦，占全部装机的 3.45%。境内电厂发电量 1342.01 亿千瓦时，其中水电 611.32 亿千瓦时，火电 575.00 亿千瓦时，核电 126.81 亿千瓦时，风电 24.88 亿千瓦时。购外省电量 204.73 亿千瓦时，售外省电量 104.40 亿千瓦时。

11. 纺织服装与皮革。

2017 年，行业总产值 656 亿元，同比增长 15%，规模以上企业 270 家，其中纺织服装企业 203 家，皮革及皮革制品、羽绒加工企业 67 家。主要产品包括纱、桑蚕丝、服装、家纺、轻革、皮鞋、羽绒等，其中桑蚕丝产量居全国第一位。

12. 医药。

2017 年，行业总产值 491 亿元，同比增长 12.3%，规模以上企业 155 家。主要产品包括注射用血栓通、三金片、西瓜霜系列、青蒿琥酯、金嗓子喉片、花红片、正骨水等。

13. 战略性新兴产业。

战略性新兴产业主要包括新材料、高端装备制造、生物医药、节能环保、新能源汽车等产业，目前规模以上工业战略性新兴产业企业达到 469 家，占全区规模以上工业企业数的 8.5%；战略性新兴产业新产品产值 2176.7 亿元，占全部规模以上工业的 8.9%；战略性新兴产业增加值占规模以上工业的 8.2%。重点企业和项目、产品有广西南南铝加工公司研制生产的高端航天、高铁、船舶、汽车铝合金，南宁富桂精密工业公司提供的工业互联网解决方案、物联网项目等，上汽通用五菱汽车股份有限公司生产的宝骏 E100 新能源汽车，柳工机械股份有限公司的甘蔗全程机械化项目、工业机器人集成系统项目等，广西玉柴机器股份有限公司的国六发动机整车，桂林三金药业公司的单抗新药创制和广西民族药研发等，广西三诺电子有限公司的新一代智慧信息电脑终端。

二、互联网经济背景下广西制造业 SWOT 分析

（一）优势

1. 促进信息化与工业化深度融合的政策。

近年来，国务院先后出台了《国务院关于印发〈中国制造 2025〉的通知》（国发〔2015〕28 号）、《国务院关于推进国际产能和装备制造合作的指导意见》（国发〔2015〕30 号）、《国务院关于积极推进"互联网＋"行动的指导意见》（国发〔2015〕40 号）、《国务院关于深化制造业与互联网融合发展的指导意见》（国发〔2016〕28 号）等促进互联网与制造业融合发展的指导性文件，按照坚持创新驱动、坚持融合发展、坚持分业施措、坚持企业主体等融合发展原则，整合创业创新力量，搭建互联网与制造业融合发展平台，带动制造业领域技术产品、组织管理、经营机制、销售理念和运营模式等创新，以提高两者融合发展水平。

2. 广西信息经济规模不断壮大。

所谓信息经济，是以现代信息技术等高科技为物质基础，信息产业起主导作用的，基于信息、知识、智力的一种新型经济。从与互联网经济密切关联的电子信息产业发展来看，到 2015 年，全区电子信息产业总产值突破 2000 亿元，年均增长 30％以上，电子信息产业和信息服务的发展有力地推动了全区先进制造业和战略性新兴产业壮大。2015 年广西电子商务交易额达到 4420 亿元，同比增长 110％。在腾讯公司发布的 2015 年第 1 期《腾讯"互联网＋"指数报告》中，广西"互联网＋"指数在全国排第 14 位。其中，防城港市"互联网＋"指数在全国城市中排名高居第二，仅次于浙江杭州市。同时，广西东兴、灌阳等 8 个县（市）获批成为国家电子商务进农村综合示范县，桂林电商谷、北海高新技术产业园等园区获批国家级电子商务示范基地，广西电商集聚发展初现雏形。2015 年广西全面深化了"电商广西、电商东盟"工程，东兴、凭祥大力发展沿边跨境电子商务，已经初步形成了集仓储、物流、销售为一体的较完善的电商体系。

3. 互联网经济与广西实体经济融合发展取得新突破。

现阶段实体经济不断向分工专业化、管理精细化、生产柔性化、产品创新化、经营多样化发展。近年来，广西通过促进移动互联网、云计算、大数据、物联网与实体经济行业的融合发展，不断创造"互联网＋"行业的新业态。到 2015 年，广西两化融合指数超过全国平均水平，位居全国第 17 位、西部第 3 位，柳州、桂林国家级两化融合试点城市通过国家工信部验收，南宁市全国三网融合试点工作现已基本完成。多数商店、饭店、酒店等零售、餐饮、住宿行业实施 WI-FI 网络覆盖。一批实体经济企业已将互联网技术应用到企业各个关键环节，如玉柴数字化铸造车间完成智能化改造，上汽通用五菱等企业建成产、供、销、服务综合业务网络平台，柳工自主开发出了"工程机械云服务平台"等。2016 年，广西在全区范围内开展"互联网＋"制造业示范项目推广工作，从"互联网＋"研发设计、"互联网＋"生产模式、"互联网＋"服务模式、"互联网＋"集成应用等方面，共向社会推广了 45 个典型应用示范成果。

4. 产业技术创新水平明显提升。

创新平台建设取得新突破。截至 2013 年，广西已建立了 3 家国家级工程技术研究中心、2 家国家重点实验室、15 家省部共建重点实验室培育基地、167 家自治区工程技术研究中心、51 家自治区重点实验室、23 个千亿元产业研发中心、25 家产业化工程院等一批科技创新平台。企业创新各项指标大幅提高，企业 R&D 经费与主营业务收入比增长了近 7 倍，有 R&D 活动的企业数、企业有效发明专利数、企业 R&D 经费占总 R&D 经费比重等指标值增幅均达 100％以上。

5. 物联网平台经济服务业链条加速完善。

广西已形成包括软件开发、电子认证、信用服务、电商咨询、电商代运营等较完整的服务链条。以象塑微链、金岸科技为代表的广西本地电子商务服务企业快速成长，为传统企业提供规划、咨询、代运营和信息技术服务。凭借区位优势，区内集聚了东盟和华南、西南、华中的物流资源，南宁市已被列入全国一级物流园区布局城市，柳州市、钦州市、玉林市、贵港市被列入全国二级物流园区布局城市，物流布局进一步完善。国内知名电子商务平台加速在广西布局，亚马逊西南区运营中心、百度广西营销服务中心、新浪广西服务中心、阿里巴巴南宁产业带、菜鸟网络中国智能骨干网、中国联通沃易购运营基地、千橡互动集团"猫扑网"、诚商网广西平台和微软创新中心先后落户广西。

（二）劣势

1. 互联网经济与广西实体经济融合基础不足。

广西处于后发展欠发达的基本区情没有改变，其互联网经济发展基础较为薄弱，在信息技术应用、大数据平台建设、工业软件开发等方面较发达地区落后，物联网、大数据、云计算等信息技术还不够成熟，严重影响了互联网经济与实体经济的融合发展。国家两化融合贯标试点企业数量较少，广西实体经济主体对互联网技术应用的投入不足，企业智能化改造意愿不强，创新能力和创新水平依然偏弱。广西实体经济基础建设较薄弱，互联网技术难以深入渗透到实体经济中来。其中，以工业与互联网经济融合发展情况为例，广西目前的工业企业关键工序数控率、数字化研发设计工业普及率和应用电子商务开展采购、销售等业务的企业比例等衡量指标仍低于东部发达地区水平。

2. 信息经济与制造业融合平台短缺。

各类实体经济信息平台是实体经济从业人员发布和获取信息的重要方式和途径，其对能否顺利实现互联网经济与实体经济融合发展至关重要。广西现有互联网经济与实体经济融合发展的信息平台数量较少，面向中小型实体经济主体服务的信息平台更是缺乏，难以支撑两者融合发展需要。同时，由于国内经济下行压力加大，钢铁、水泥、玻璃等传统行业产能过剩，相应大宗产品价格下跌，广西这类产业发展面临较大压力，而这类企业在利用互联网技术进行升级改造上的资金投入严重不足，急需建设一批专业信息服务平台，以支持传统产业升级发展。

3. 互联网技术人才短缺。

在互联网经济与广西实体经济融合发展中，广西面临着互联网技术人才短缺的问题。部分企业管理者难以适应互联网经济带来的在原料采购、生产加工、仓储管理、销售物流等方面的巨大冲击，且不能快速地应用互联网技术，导致广西实体经济企业生产技术和管理方法仍然落后。目前来看，广西虽在电子商务这一互联网经济发展上取得较大成就，但在互联网金融（ITFIN）、即时通信、搜索引擎和网络游戏等发展上较为落后，仍有较大发展潜力。互联网技术人才的短缺严重制约着广西实体经济的发展，部分实体经济员工难以掌握自动识别、信息物理融合系统（CPS）、人机智能交互、分布式控制、智能物流管理等技术，甚至不了解应用这些互联网技术的意义和作用。

（三）机遇

1. 国家战略机遇。

随着"一带一路"倡议的发布和珠江—西江经济带发展规划、左右江革命老区振兴规划、广西北部湾经济区发展规划、桂林国际旅游胜地建设规划的批准实施，广西实现了国家战略规划全覆盖。与国家战略相关的政策、资源、资金等相继投入八桂大地，广西的综合实力和整体形象也得到很大提升，这客观上给广西信息化与制造业深度融合发展在宏观上营造了一个优良的政策环境。

2. 信息经济快速发展机遇。

我国信息经济正处于快速上升期，信息经济正在与传统产业进行深入融合，全社会高度关注，资本市场积极投入，企业参与热情空前高涨。移动互联网、大数据、社交网络、物联网、云计算等新技术的涌现为制造业智能化加速发展创造新契机，推动大型企业信息技术应用深入发展，行业巨头竞相上市。尤其是随着国家"互联网＋"行动计划的制定，广西信息经济与制造业的深度融合发展更是面临千载难逢的发展机遇。

3. 创新资源全球范围内加速流动带来的机遇。

随着创新全球化进程的加快，各国将围绕事关本国国计民生的重点产业领域与战略性新兴产业的技术需求，统筹项目、人才、基地，建设一批链接全球创新资源的节点，一批推动国际合作不断向深层次发展的平台、基地、园区大量涌现。新思想、新产业、新商业模式成为吸引创新要素的重要磁体，跨区域创业与跨国公司一同成为创新全球化的主体。同时，随着跨国公司研发全球布局的加快与移动互联网的普及，区域化、集群化、虚拟化等创新模式日益受到重视，合同研发外包不断增长，中国成为跨国公司研发全球化的首选目标国。广西作为面向东盟的新的战略支点、国际门户、国际大通道，必将充分利用叠加地缘优势、区域性国际通道功能与渠道功能、巨大的市场空间。

（四）挑战

1. 创新能力低位与转型发展挑战多的考验。

广西长期居于创新综合实力最低的第四集团①，综合科技进步水平等创新

① 中国科技发展战略研究小组：《中国区域创新能力报告》，科学出版社，2002。

指标也一直尾居全国后第 25 位之后。[①] 高层次人才储备短缺，高端创新平台稀缺，每万人口拥有专利量少。实力的末位与储备的不足钳制了广西的信息经济发展步伐，导致了优秀科技人才的流失。但是在国家调控的背景下，国家不会因为广西欠发达而降低转型发展的要求。相反，由于广西基础差、底子薄，按现行宏观调控方式，各地区往往是同比例压缩，导致广西在增量较小存量不大的情况下，要素制约的矛盾就更加突出，致使转型发展面临土地、资本、技术、管理、信息等多重考验。

2. 企业认识上的差距。

广西传统产业比重较大，很多传统产业受经营方式、理念及思维惰性等因素的影响，对"互联网＋"大潮的到来反应较慢，缺乏与"互联网＋"相融合的积极心态，对云计算、大数据等基础设施服务缺乏必要的了解和应用，也没有适应消费者为主导的商业格局的转变，甚至对互联网创业创新仍有怀疑和抵触心态。同时，许多企业在高端领军人才引进方面也缺乏激励政策，从而使企业高素质管理人才、互联网行业领域拔尖人才紧缺。另外，企业与高校、科研院所的协作创新力度还不够，技术转让、合作开发及技术联盟等高层次的合作较少。

三、互联网背景下广西制造业转型升级推进策略

（一）推进一批重点发展领域

顺应新一轮科技革命、产业变革新趋势，主动对接"中国制造 2025"，立足广西基础，以培育创新驱动、智能转型的新结构为重点，打造一批重点领域，不断增强工业发展的新动能和区域竞争的新优势。

一是发展高端装备产业。重点发展智能装备制造、节能与新能源汽车、新能源装备、节能环保装备、先进轨道交通装备、海洋工程装备及高端船舶、航空航天装备等七大装备制造业。促进互联网等信息技术在制造业全产业链的大深度应用和集成，实施装备制造企业自动化（智能化）技术改造试点，在重点高端装备领域实施"云＋网＋端"的制造服务模式试点，并支持企业立足产品终端提供在线检测、数据融合分析处理、远程诊断等智能服务。大力推进制造过程智能化，在重点离散制造、流程制造行业，加快建设智能工程和数字化车间，以重大技术装备首台（套）研发为引领，推动装备制造业向高端化跃升。实施"百企装备优化升级示范工程"，适时适度推进"机器换人"，支持机械、汽车、电子、船舶等行业生产设备的数字化、智能化、网络化改造，提高精准

---

① 国家科技部发展计划司：《全国科技进步统计监测报告 2009—2012》，中国年鉴出版社，2009—2012。

制造、极端制造、敏捷制造能力。支持钢铁、石化、有色、建材、造纸、医药等行业加快普及先进过程控制和制造执行系统，提高大型装备的集成应用水平。

二是发展新材料产业。抓住全球新材料产业快速发展的战略机遇，瞄准智能制造、海洋工程、电子信息等行业重大需求，以市场应用为牵引，积极对接国家重大工程，提升发展高性能金属材料、先进高分子及合成材料、电子信息材料三大优势领域，培育发展无机纳米材料、先进碳材料、高性能纤维及复合材料等三大先导领域。整合区内资源优势，依托国家特种矿物材料工程技术研究中心、10家自治区有色金属技术研究中心及相关工程研究院，集中攻关行业发展的关键共性技术，大力发展有色金属精深加工。依托"德邦科技"、华锡集团的研发平台，把柳州建设成为享誉全球的"中国铟谷"创新中心，成为"国家火炬计划项目"的示范产业。支持广西华锡集团锡多金属矿物加工创建国家工程研究中心。以南南铝业、南南铝加工公司等企业为龙头，重点发展为航空航天、电子、机械配套的高纯精铝材及中高档建筑用型材等产业链，建成全国重要的铝精深加工和综合利用基地，实现自主品牌产品替代进口产品的目标。支持柳钢调整产品结构，发展高新产品。以现有高新技术企业、创新型企业为重点，广泛采用先进技术，重点发展各种配套合金产业技术创新体系。

三是发展新一代信息技术及物联网。以深入推进两化融合为抓手，大力发展新型智能终端产品、工业软件、云计算、物联网等产业。推动新一代信息技术在传统应用领域的加速渗透，改造提升装备制造、电力、家电、医疗等为代表的传统应用电子产业。加速推进市场前景良好的、产业化程度比较成熟的、具有自主核心技术的战略新兴领域，如集成电路设计、集成电路新材料、传感器、物联网产业等。加快北海、南宁、桂林三大电子信息产业基地建设，清华同方、三诺电子、朗科科技、富士康等行业龙头企业，大力发展特种计算机、高端服务器、网络产品、大容量存储设备、显示器、LED新光源等产品，大力发展铝电子、汽车电子产业链，加快发展和形成一批拥有自主知识产权和知名品牌、创新能力强、具有产业链整合能力的电子信息制造业大企业，推动龙头骨干企业不断增强产业链整合能力。促进中小企业向"专、精、特、新"方向发展，提升产业技术创新竞争力。

（二）打造一批重点创新载体

一是启动一批创新工程。围绕新材料、智能制造、核心基础零部件等重点优势领域，引导聚集国内外企业、高校院所、科研机构等创新资源，推动建设新材料设计制造创新中心、能源与绿能交通创新中心等一批制造业创新中心；实施智能控制系统及仪器仪表、传感器、智能控制器、变频器、精密传动装置等智能测控装置与部件示范项目，建设工业强基工程；围绕汽车、机械、生物医药等广西特色优势产业，建设一批基于互联网的产业协同创新中心，联合开展产学研攻关，联动发展创客创业服务。

二是建设一批创新平台。加强以企业为主体、市场为导向、产学研相结合的技术创新体系建设，考虑建设新材料科技城、国际海洋生态科技城；围绕新材料、智能制造装备、海工装备等新兴产业领域，建设一批企业研究院、企业工程（技术）中心。引进集聚一批国内外知名科研院所，围绕工业机器人和服务机器人等领域，建设一批由行业龙头企业主导的产业技术研究院和产业技术创新联盟，联合产业链上下游企业开展关键技术公关。推进"中小企业信息化云服务平台"建设，以云计算服务的模式提升广西中小企业信息管理水平，降低智能化投入成本。

三是加快科技企业孵化器、加速器建设。实施"科技企业孵化器能力提升工程"，对新认定的国家和自治区级科技企业孵化器、加速器给予补助。到2020年末，全区科技企业孵化器面积达到50万平方米以上，加速器面积达到35万平方米以上。完善创业服务中心、大学科技园、创意产业园、留学人员创业园、创新大厦、服务外包与电子商务产业孵化园、电子信息孵化园、柳州牛津国际科技孵化器的服务功能，加快创建广西亚太东盟国际高新技术创业中心、广西亚太东盟跨境电子商务企业孵化中心，发挥高新技术企业孵化的龙头作用，形成为科技型初创企业提供研发、生产、办公孵化场地、市场推广、政策法律、投融资等全方位服务的多元孵化体系。加快汽车电子及关键零部件企业孵化器、动漫产业孵化中心、县区特色科技企业孵化器建设，规划建设汽车零部件和装备制造、光电信息、北斗技术应用等科技创新企业加速器，加快高新区软件和信息服务业、生物产业、经济开发区光电子产业、海洋科技产业、新材料产业等五大加速器及配套基础设施建设，促进创新型中小企业快速发展。

四是加快产业创新基地建设。以基地建设为抓手，完善产业链配套，发展产业集群。重点建设柳州（国家级）新材料产业化基地、柳州国家工程机械高新技术产业化基地、柳州国家预应力机具高新技术产业化基地、桂林国家微波与光通信产业化基地、桂林国家特种轮胎及装备制造高新技术产业化基地、国家火炬河池有色金属新材料特色产业基地、国家科技成果转化服务（南宁）示范基地、南宁亚热带生物资源开发利用产业集群、桂林国家级文化、科技融合示范基地及国家科技兴贸创新基地，加快建设中国—东盟国际技术转移中心、高性能铝合金材料国际科技合作基地等九大国家国际科技合作示范基地，提升省级国际科技合作基地建设，发挥产业基地配套完备、规模化程度高、辐射带动作用强的优势，推动创新型产业集群发展。

五是加快公共科技服务平台建设。根据广西现有和潜在优势，在国民经济主要行业与面向东盟合作的前沿领域，选择一批战略性、支柱性、先导性的行业部署高影响力的公共研发与服务平台建设。加大现有的国家工程实验室、国家地方联合中心（工程实验室）等国家级创新平台的功能建设，重点加快国家特种矿物材料工程技术研究中心、国家非粮生物质能源工程技术研究中心、岩溶动力系统与全球变化国际联合研究中心、生物靶向诊治国际联合研究中心、非粮生物质酶解国家重点实验室项目建设，提升优势领域研发能力。加快大型科学仪器设备和研究实验基地、自然科技资源保存和利用体系、科学数据和文献资源共享服务网络、网络科技环境、种质资源库、中试基地、野外和海洋台站等建设健全中小企业数字化产品开发制造公共技术平台、电子产品稳定性测试公共服务平台、动漫公共技术服务平台、猎头（中高端人才）服务平台、行业协会等专业化服务平台建设，为创新型中小企业提供配套的专业成套设备设施与专业化公共服务。

（三）突破一批重点基础

一是统筹推进基础零部件、基础工艺、基础材料和产业技术基础"四基"发展。实施工业强基工程，围绕高端装备、电子信息等产业需求，制定广西工业"四基"发展指导目录，明确"四基"重点方向。组织实施关键部件、先进工艺、基础材料和行业技术平台示范项目建设，加快模具、轴承、紧固件等优势基础部件和磁性材料、电子信息材料等基础材料的特色园区建设。建立重点领域工业基础数据库，加强模具、家电、汽车等领域企业试验检测检验数据和计量数据的采集、管理和应用积累。

二是提升"四基"研发能力。针对基础材料、基础零部件可突破的关键环节和重点领域，组建"政产学研金介用"产业联盟，集中力量开展联合攻关。加快提升高参数、高精度、高可靠性轴承、液压及气动元件、密封元件、齿轮传动装置以及精密复杂模具等高端机械基础部件的研发能力，提升重大装备部件的自主研发水平。发挥龙头企业在标准制定中的重要作用，鼓励有基础的企业参与、主持国家标准、行业标准制定，加大企业参与标准编制的支持力度，组建重点"四基"领域标准推进联盟，建设"四基"标准创新研究基地，协调推进产品研发与标准制定。

三是推进建设"四基"重点平台。建设新材料科技城，聚焦纳米碳材料、材料基因组、高分子材料、智能材料等前沿领域，加强与大院大所的科研合作交流，重点突破新材料领域瓶颈技术和共性技术。推动产学研协调创新，联合实施知识产权、技术标准战略，完善和新建一批大型仪器设备共享、科学数据共享、科技文献共享、公共分析测试、开发设计等公共创新平台。推动建设多元化的"四基"产业孵化空间载体和国际技术转移平台，积极提升链接和配置全球"四基"创新资源能力。

四是推动"四基"企业与整机企业协同发展。注重需求导向，鼓励整机企业和基础企业依托国家科技计划或专项，开展基础、关键部件的合作研发和协同攻关，促进产业链上下游企业的密切合作。开展工业强基示范应用，完善首台（套）、首批次政策，支持行业大型企业以"母工厂"建设为平台，加快推动人工智能、数字制造、工业机器人等先进制造技术和制造工具在中小制造企业基础工艺中的应用。

（四）发展一批新型模式

一是发展"互联网＋"新产业、新业态。"互联网＋"是当前培育发展新技术、新产品、新业态、新商业模式的主要途径。要不断深化"互联网＋"制造业的创新发展，推广"制造业＋互联网""协同创新＋互联网"模式，积极发展基于互联网的个性化定制、众包、众创、众扶、众筹等新型制造模式和新业态。推动制造资源与制造能力虚拟化和服务化，促进大数据、云计算、物联网和3D打印技术在制造业全产业链的集成应用。加强基础宽带通信网络、无线网络和光网等互联网基础设施建设，支撑提升工业互联网建设。

二是探索新型制造服务模式。加快制造企业向服务型制造转型，开展服务型制造试点，引导企业通过研发智能化装备产品，实现产品的远程监控，创新发展"梯联网""车联网""船联网""农机联网"等新型服务业态。积极培育一批科技中介机构，推动科技研发、创业孵化、科技中介、科技金融为代表的科技服务业发展。支持龙头企业延伸产业链，发展节能环保、检验检测、大宗商品、国际贸易、港航物流、金融服务、电子商务、创意设计等生产性服务。

三是推广一批示范试点。积极开展技术改造，在机械、轻工、装备、石化、汽车等重点行业大型企业，大力推广生产过程自动化和成套装备智能化，以国际先进标准打造一批智能制造系统、数字化车间、智能工厂。在轻工（陶瓷、服装、食品）、汽车等优势行业推行个性化定制和柔性化生产试点，实施在线定制、线上线下融合等柔性制造模式，形成基于个性化定制的设计、生产、供应链管理和服务体系。提高"互联网＋"协同制造水平，重点在模具、电力装备和海洋装备等行业，支持企业开展异地协同开发和云制造试点，推广基于互联网的研发众包、众筹设计等新型组织模式，提升企业协同制造能力。

四、互联网背景下广西制造业转型升级对策

（一）构建基于互联网的制造业"双创"新体系，激发创业创新活力

推动大企业"双创"发展。支持大型制造企业建立基于互联网的创业孵化、协同创新、网络众包和投融资等"双创"平台，推动构建基于平台的新型研发、生产、管理和服务模式，激发企业创业创新活力。鼓励大企业面向社会开放平台资源，不断丰富创业孵化、专业咨询、人才培训、检验检测、投融资等服务，促进创新要素集聚发展。围绕打造产业链竞争新优势，推动大企业加强与中小企业的专业分工、服务外包、订单生产等多种形式协作，形成资源富集、创新活跃、高效协同的产业创新集群。

构建面向中小企业的"双创"服务体系。完善中小企业"双创"服务体系，支持小型微型企业创业创新基地建设，引导基地向平台化、智慧化、生态化方向发展。完善中小企业公共服务平台网络，发挥国家中小企业公共服务示范平台作用，开展基于互联网的技术创新、智能制造、质量品牌等服务，发展面向中小微企业创业创新的信息化应用服务。支持建设"创客广西"创业创新平台。积极发展众创、众包、众扶、众筹等新模式，以及创客空间、创新工场、开源社区等新型众创空间，培育形成低门槛、广覆盖、有活力的"双创"生态系统，促进生产与需求对接、传统产业与新兴产业融合、大企业与中小企业合作。

发展新型研发创新服务。加快制造业创新中心建设，推动共性和前沿技术研发、转移扩散和首次商业化应用，打造贯穿创新链、产业链的创新生态系统。推动检验检测、测试认证、知识产权、技术交易等专业研发服务的在线化和平台化，促进研发成果转化和市场拓展。加强产学研合作，利用移动互联网、云计算、大数据等新一代信息技术及平台，发展虚拟在线、敏捷高效、按需供给的新型研发服务。

（二）推广网络化生产新模式，引领生产方式持续变革

大力发展智能工厂。加快机械、船舶、汽车等离散行业生产装备智能化改造，推动全面感知、设备互联、数据集成、智能管控，促进生产过程的精准化、柔性化、敏捷化。加强石化化工、钢铁、有色、建材等流程行业先进过程控制和制造执行系统的全面部署和优化升级，推进能源管理中心建设，实现生产过程的集约高效、动态优化、安全可靠和绿色低碳。

推进网络协同制造。加快网络、控制系统、管理软件和数据平台的纵向集成，促进研发设计、智能装备、生产制造、检验验证、经营管理、市场营销等环节的无缝衔接和综合集成，实现全流程信息共享和业务协同。推动企业间研发设计、客户关系管理、供应链管理和营销服务等系统的横向集成，推进协同

制造平台建设，提升产业链上下游企业间设计、制造、商务和资源协同能力。

推广个性化定制。推动家电、家具、服装、家纺、建材家居等行业发展动态感知、实时响应消费需求的大规模个性化定制模式。鼓励飞机、船舶等行业提升高端产品和装备模块化设计、柔性化制造、定制化服务能力。支持发展面向中小企业的工业设计、快速原型、模具开发和产品定制等在线服务，培育"互联网＋"新型手工作坊等小批量个性化定制模式。

发展服务型制造。积极发展工业设计，推动国家级工业设计中心建设，不断提高面向产品、工艺和服务的自主创新设计能力。鼓励有条件的企业从主要提供产品向提供产品和服务转变。引导轨道交通装备、海洋工程装备、能源电力装备等行业拓展总集成总承包、交钥匙工程和租赁外包等新业务，提高为用户提供专业化系统解决方案能力。推动制造企业开展信息技术、物流、金融等服务业务剥离重组，鼓励合同能源管理、产品回收和再制造、排污权交易、碳交易等专业服务网络化发展。

（三）培育平台化服务新业态，推动产业价值链向高端跃升

培育基于互联网的产品服务。围绕提升智能产品在线服务能力，推动数字内容、电子商务、应用服务等业务资源整合，培育智慧家庭、智能家电、智能穿戴等领域的服务新业态。深化物联网标识解析、工业云服务、工业大数据分析等在重点行业应用，支持食品、药品、危险品、特种设备、绿色建材等行业发展基于产品全生命周期管理的追溯监管、质量控制等服务新模式，构建智能监测监管体系，支持机械、汽车等行业发展产品在线维护、远程运维、智能供应链、协同研发等服务新业态。

大力发展工业电子商务。引导大型制造企业采购销售平台向行业电子商务平台转型，提高企业供应链协同水平。引导第三方工业电子商务平台向网上交易、加工配送、技术服务、支付结算、供应链金融、大数据分析等综合服务延伸，提升平台运营服务能力。鼓励发展跨境工业电子商务，完善通关、检验检疫、结汇、退税等关键环节"单一窗口"综合服务体系。推动建设集信息发布、在线交易、数据分析、跟踪追溯等功能为一体的智能物流平台，提高面向工业领域供应链协同需求的物流响应能力。

（四）营造跨界融合新生态，提高行业融合创新能力

提升系统解决方案能力。开展信息物理系统（CPS）架构、模型、数据和数据链等基础关键标准研究，突破物理仿真、实时传感、智能控制、人机交互、系统自治等关键核心技术。构建信息物理系统（CPS）应用测试验证平台及具有综合验证能力的试验床，组织开展信息物理系统（CPS）行业应用试点示范。面向重点行业智能制造单元、智能生产线、智能车间、智能工厂建设，

加快培育本土系统解决方案提供商，加强适应重点行业特点和需求的优秀解决方案研发和推广普及。

创新跨界融合发展模式。支持互联网企业与制造企业合作，构建智能汽车、智能家电、数控机床、智能机器人等领域新的技术体系、标准规范、商业模式和产业生态。推动中小企业制造资源与互联网平台全面对接，实现研发设计、生产制造和物流配送等能力的在线发布、协同和交易，提升中小企业精准、柔性、高效的供给能力。支持制造企业与电子商务企业、物流企业、金融企业开展战略投资、品牌培育、网上销售、物流配送、供应链金融等领域的合作，整合线上线下交易资源，打造制造、商贸、物流、金融等高效协同的生产流通一体化新生态。

加快智慧集群建设。围绕制造业集聚区的集约化、网络化、品牌化提升改造，加快电网、管网、交通、安防和通信网络等配套设施改造，实施"互联网＋"产业集群行动，鼓励和支持有条件的地区开展智慧集群建设和试点，推动产品研发设计工具、生产设备及零配件等资源共享，实现制造业产业集群制造资源在线化、产能柔性化、产业链协同化，打造智慧集群。支持有条件的地方开展制造业与互联网融合政策创新试点，探索行业监管、数据开放、公共服务、人才培养等推进机制，形成制造业区域发展新模式。

（五）普及两化融合管理体系标准，创新企业组织管理模式

加快两化融合管理体系标准普及推广。完善两化融合管理体系基础标准，制定分类标准、组织管理变革工具和方法等新标准，研究制定引导企业互联网转型的新型能力框架体系和参考模型。组织实施两化融合管理体系实施与推广，分行业、分领域培育一批示范企业，加快构建开放式、扁平化、平台化的组织管理新模式，打造基于标准引领、创新驱动的企业核心竞争力。完善两化融合管理体系市场化服务体系，建立线上线下协同推进机制，加强政策引导和资金支持，加快形成两化融合管理体系评定结果的市场化采信机制。

持续开展两化融合评估诊断和对标引导。结合智能制造和"互联网＋"新趋势，优化企业两化融合评估指标体系和评估模型，完善国家、地方政府、企业等多层次的两化融合评估协同工作体系。建设企业两化融合评估大数据平台，周期性组织开展企业两化融合自评估、自诊断、自对标，围绕两化融合现状识别、效益分析、问题诊断、趋势预测等，形成区域、行业、企业等两化融合数据地图，提高政府精准施策、机构精准服务、企业精准决策水平。

（六）发展智能装备和产品，增强产业核心竞争力

加快发展智能新产品。围绕构建支撑智能硬件产业化发展的技术体系，推

动低功耗 CPU（中央处理器）、高精度传感器、新型显示器件、轻量级操作系统等智能产业共性关键技术攻关，促进创新成果快速转化。支持重点领域智能产品、集成开发平台和解决方案的研发和产业化，支持虚拟现实、人工智能核心技术突破以及产品与应用创新。发展智能汽车、智慧医疗、智慧交通、智能建材家居等新型智能产品的测试验证环境、示范运行场景和基础数据平台，提升检测认证公共服务能力。

做强智能制造关键技术装备。加快推动高档数控机床、工业机器人、增材制造装备、智能检测与装配装备、智能物流与仓储系统装备等关键技术装备的工程应用和产业化。优先支持汽车制造、航空航天、海洋工程、新材料等重点领域智能制造成套装备的研发和产业化，加快传统制造业生产设备的数字化、网络化和智能化改造。

（七）完善基础设施体系，提升支撑服务能力

夯实自动控制与感知技术基础。加强传感器关键技术研发和产业化发展，提升传感器智能化、微型化和集成化水平。突破工业控制系统中核心芯片、伺服电机、驱动器、现场总线、工业以太网等关键器件和技术的发展瓶颈，加快推动可编程逻辑控制器、分布式控制系统、工控机系统以及数据采集与监视控制系统等的研发和产业化。加快工艺过程控制、特殊控制模块等核心芯片产业化，推进相关领域嵌入式处理器的研发和规模应用。

发展核心工业软硬件。突破虚拟仿真、人机交互、系统自治等关键共性技术发展瓶颈，夯实核心驱动控制软件、实时数据库、嵌入式系统等产业基础。提升计算机辅助设计与仿真、制造执行系统、企业资源计划、供应链管理、客户关系管理、产品全生命周期管理等系统软件的研发和产业化能力，加强软件定义和支撑制造业的基础性作用。支持信息物理系统（CPS）关键技术、网络、平台、应用环境的兼容适配、互联互通和互操作测试验证，推动工业软硬件与工业大数据平台、工业互联网、工业信息安全系统和智能装备的集成应用。

提升工业云与大数据服务能力。围绕智能装备接入工业云的数据采集、网络连接和调度管理等重点环节，突破通信协议、数据接口、数据分析等关键技术，提升工业云平台系统解决方案供给能力。创新工业云服务内容与模式，推动工业设计模型、数字化模具、产品和装备维护知识库等制造资源集聚、开放和共享，鼓励培育基于工业云的新型生产组织模式。加快基于接口协议开放、数据全面集成、行业应用模型和开发工具共享的工业数据服务平台研发和推广应用，推动大数据在工业设计、生产制造、售后服务等产品全生命周期的应用，形成一批工业大数据解决方案，构建以新型工业操作系统和工业 APP 架构为核心的智能服务生态。

推动工业互联网建设。提升宽带网络能力，积极部署全光网，推进 5G 规模试验网建设和试商用进程。以下一代互联网示范城市、中国 LTEv6 工程为抓手，推动 IPv6 在物联网、移动互联网中的应用。持续优化互联网骨干网，实现国内骨干直联点与交换中心协同发展，扩大内容分发网络覆盖范围，提升内容分发能力。推动工业互联网创新发展，开展工业互联网技术试验验证、工业互联网标识解析系统建设、工业互联网 IPv6 应用部署、工业互联网管理支撑平台等工作。加快推进工业以太网、短距离无线通信、4G/5G 等新一代工业互联网设备、技术研发与产业化。研究制定工业互联网网络安全防护标准，加强工业互联网网络侧安全技术手段建设，建立健全工业互联网网络安全保障体系。

逐步完善工业信息安全保障体系。围绕工控安全监管和企业工控安全防护水平提升，健全政策标准体系，研制工控安全审查、分级评估、智能产品关键信息安全标准及其验证平台。支持国家工业信息安全信息采集报送、在线监测以及测试、评估、验证等平台建设，加快形成工业信息安全信息采集、分析、评估和通报工作体系，建立工业信息安全监管体系。支持研发工业信息系统、产品检测技术和工具，开展社会化工业信息安全测评服务，提高智能工业产品的漏洞可发现、风险可防范能力，建立工业信息安全技术保障体系。推动企业建立工业信息安全保障工作机制。

2018年
广西蓝皮书
广西工业发展报告
研究篇

广西工业园区产业结构优化研究[①]

一、绪论

（一）研究背景

党的十九大提出，我国经济已由高速增长阶段转向高质量发展阶段，正处在转变发展方式、优化经济结构、转换增长动力的攻关期，建设现代化经济体系是跨越关口的迫切要求和我国发展的战略目标。当前，在广西工业经济增幅放缓，增长过多依赖于传统产业情况下，广西工业园区产业结构优化升级显得更为迫切。自治区党委、政府站在时代的高度，以两化深度融合为抓手，全面深化改革开放，创新体制机制，大力推进供给侧改革，围绕五大发展理念，以提质增效为主线，以科技创新为动力，加快工业园区产业转型升级。

（二）研究意义

本课题通过对广西各类园区产业结构的梳理、分类，清晰地认识广西园区产业结构的现状、面临的实际难题，并在国内外经验的学习基础上，提出广西工业园区产业结构优化的重点任务和相应的对策措施。通过研究产业之间发展不平衡处，找出产业结构优化的切入点，制定相应的优化产业结构政策，不断促进广西工业产业结构的合理化

---

① 本文是广西工业和信息化委托项目"广西工业园区产业结构优化研究"（合同编号：GXZC2015—Q3—0309—JSGC）的研究成果。

和高度化，力求广西工业经济在产业结构调整效应的积极作用下取得比正常增长速度更快的增长。

二、广西工业园区产业结构优化升级的基础和条件评析

（一）广西工业园区的历史演进

广西工业园区始建于1991年，截至"十二五"末期，全区共有国家级工业园区13个，自治区级工业园区21个。为了促进广西工业化和城镇化战略的实施，带动地方经济的繁荣和发展，在抓好国家级和自治区级工业园区建设的同时，各地还根据自身的力量，规划建设了一批市、县工业集中区，其中64个发展条件较好的工业集中区被自治区工业和信息化委认定为A类工业园区，16个认定为B类工业园区。另外还有4个其他类别园区，全区工业园区总数为118个（见表1）。

表1　"十二五"全区园区分类表

工业园区类别	2010年园区个数	2010年园区规划面积（平方公里）	2015年园区个数	2015年园区规划面积（平方公里）
国家级	10	73.69	13	133.02
自治区级	21	122.27	21	140.53
A类产业园区	47	1004.72	64	1430.43
B类产业园区	13	180.14	16	119.12
其他园区	7	257	4	154.32
合计	98	1637.83	118	1977.41

数据来源：根据自治区统计年鉴及工业和信息化委统计资料整理。

（二）产业园区快速发展现状

"十二五"期间，广西全面部署实施"双核驱动，三区统筹"战略，推进北部湾经济区、西江经济带、桂西资源富集区统筹发展，工业按照"布局集中、产业集聚、资源整合、用地集约、管理集成、良性发展"的战略要求，全面推进产业园区和产业集群建设，基本建成以"两区一带"工业为主、中心城区工业和各区县特色工业相互补充共同发展的产业空间发展格局。广西各类工业园区的数量从"十一五"期末的98个增长到118个，园区规划面积从1637.83平方公里增加到1977.41平方公里。全区工业园区工业总产值占全区工业总产值的比值由55.45％上升到84.32％，工业园区已成为广西工业经济发展的支柱力量（见表2）。

1. 园区经济实力增强。

"十二五"期间，广西重点监测的工业园区规模以上工业累计完成总产值45509亿元，实现增加值12352亿元，分别比"十一五"期间增长4.5倍和3.8倍，全区B类及以上工业园区的数量由91个增加到114个，年产值超百亿元园区有52个，比"十一五"期末增加42个。园区工业总产值占全区工业总产值的比重由55.45％增加到84.32％，园区工业增加值占全区工业增加值的比重由

47.37％上升到 83.36％，园区经济已经成为广西工业经济发展的主力军（见表2）。

表2　"十二五"期间工业园区的工业总产值发展情况

年份	2010	2011	2012	2013	2014	2015
园区工业总产值（亿元）	6453.05	9525.6	12729.70	15307.13	17429.87	19609.34
园区工业总产值占全区工业产值的比重（％）	55.45	63.61	74.87	79.44	80.88	84.32
园区工业增加值（亿元）	1829.3	2830.82	3596.59	4229.31	4810.05	5283.89
园区工业增加值占全区比重（％）	47.37	57.60	67.04	73.57	77.77	83.36

数据来源：根据自治区统计年鉴及工业和信息化委统计资料整理。

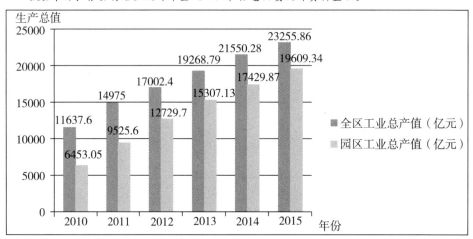

图1　"十二五"期间广西工业园区工业总产值占全区工业总产值比例变化情况

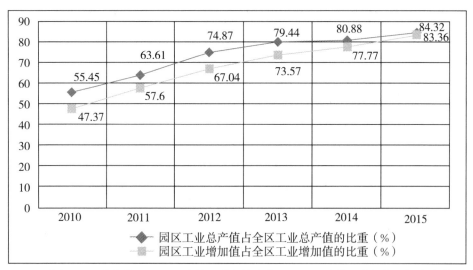

图2　"十二五"期间园区工业总产值、增加值占全区工业总产值、增加值比例变化情况

2. 园区产业布局优化。

"十二五"期间，广西各工业园区加强了科学规划，按照"两区一带"发展战略中的不同定位和自身优势进行合理布局，突出抓好承接产业转移，既主动承接我国东部地区和发达国家及港澳台地区的产业转移，也主动承接我国中西部地区向沿海发展的产业转移，招商引资成果丰硕，园区工业得到快速发展，成为集约利用土地、培育产业集群的主要载体。以食品、汽车、电力、有色、冶金、机械、石化等产业为核心，以建材、电子信息、造纸与木材加工、医药制造、纺织服装与皮革、修造船及海洋装备制造等特色优势产业为重点，加快形成产业集聚。南北钦防北部湾经济带的园区重点布局食品、冶金、电子信息、石化、电力等产业；南柳梧贵百来崇珠西经济带的园区重点优先布局冶金、汽车、食品、有色、机械、电子信息等产业，加快发展建材、医药、食品、纺织等产业；柳桂梧贵玉贺来西江经济带的园区重点布局发展机械、冶金、有色、高新技术、食品等产业。园区工业对广西工业发展主导作用日益增强。

表3　"十二五"期末全区园区工业园区区域分布表

地市名称	国家级	自治区级	A类	B类	其他产业园区	合计
南宁市	3	4	4	1		12
柳州市	1	2	7	1		11
桂林市	1	2	7	4		14
梧州市		2	5	1	2	10
北海市	2	2	1			5
防城港市	1		3		1	5
钦州市	3	1	2		1	7
贵港市		1	4			5
玉林市		3	7			10
百色市		1	5			6
贺州市		1	5	2		8
河池市		1	3	5		9
来宾市		1	6	1		8
崇左市	2		4	1		7
自治区农垦局			1			1
总计	13	21	64	16	4	118

数据来源：根据自治区工业和信息化委统计数据整理。

3. 园区产业集聚功能与结构优化进一步凸显。

2016年，工业产值超百亿元园区由上年的52个增加到62个，超500亿元园区达到11个，超千亿元园区有2个。部分园区充分利用区位优势、资源优势和产业优势，围绕主导产业有重点地开展招商引资工作，促进特色产业集群发展，如柳州市各工业园区围绕上汽通用五菱主机厂形成汽车产业集群，百色各工业园区形成铝产业集群，北海出口加工区形成电子信息产业集群，梧州东部产业转移园区（不锈钢园区）和再生资源加工园区形成金属再生产业集群，钦州港经济开发区形成石化产业集群，广西—东盟经济开发区的农副产品加工特色产业园等，这些特色园区通过加快引进行业龙头进驻，加强产业协作配套，充分发挥产业集聚的优势，有效增强园区的竞争力和可持续发展能力。

表4　2015年工业园区总产值前十大制造业行业

序号	园区行业	2010年		2015年		"十二五时期"年均增长（%）
		总量（亿元）	比重（%）	总量（亿元）	比重（%）	
1	总计	5008.41	100	14161.41	100	23.1
2	农副食品加工业	614.49	12.3	1594.45	11.3	21
3	计算机、通信和其他电子设备制造业	309.95	6.2	1284.45	9.1	32.9
4	汽车制造业	581.88	11.6	1256.67	8.9	16.6
5	黑色金属冶炼和压延加工业	291.85	5.8	1243.93	8.8	33.6
6	有色金属冶炼和压延加工业	381.98	7.6	1132.2	8	24.3
7	非金属矿物制品业	179.86	3.6	983.49	6.9	40.5
8	电气机械和器材制造业	295.28	5.9	727.52	5.1	19.2
9	化学原料和化学制品制造业			690	4.9	
10	石油加工、炼焦和核燃料加工业			667.18	4.7	
11	木材加工和木、竹、藤、棕、草制品业			602.09	4.3	

数据来源：广西统计局《"十二五"时期广西园区工业快速发展》，http://www.gxtj.gov.cn/。

4. 园区两化融合创新高。

"十二五"期间，广西两化（信息化和工业化）融合发展指数超过全国平均水平，2011年，广西两化融合发展水平的"工业应用"指标排全国第8位、西部第1位；2013年，广西信息化发展水平评估指数排全国第16位，两化融合指数排全国第15位，南宁、柳州、桂林和北海等4市开展国家信息消费试点工作。广西糖网食糖批发市场有限责任公司、桂林立白日化有限公司、桂林三金药业股份有限公司、燕京啤酒（桂林漓泉）股份有限公司等4家企业通过工信部两化融合管理体系认定；国投钦州发电有限公司等9家企业入围工信部遴选的2015年两化融合管理体系贯标试点企业；燕京啤酒（桂林漓泉）股份有限公司成为工业和信息化部互联网与工业融合创新试点企业。

5. 高新技术产业发展快速。

2016 年，广西高技术制造业完成工业增加值 552.9 亿元，占规模以上工业增加值的 8.4%，比 2015 年提高 0.3 个百分点，增加值增长 8.9%，高于工业整体增速 1.4 个百分点。广西重点监测的 116 个工业园区内，共有高技术产业规模以上工业企业 222 家，比 2010 年增加 25 家，实现增加值 460.49 亿元。以南宁高新技术产业开发区、桂林高新技术开发区、柳州高新技术产业园区、北海高新技术产业园区等四大高新技术开发区和北海出口加工区、广西北海工业园区为代表的工业园区，围绕电子信息、生物医药、新材料、新能源、节能环保、海洋产业，大力引进一批行业龙头大项目及投资强度大、科技含量高、自主创新能力强的项目，增强园区发展后劲。"十二五"时期高新技术产业增加值年均增长 30.5%，高于规模以上工业 15.6 个百分点。

6. 战略性新兴产业高速发展。

"十二五"时期，广西战略性新兴产业年均增速超过 18%，战略性新兴产业企业超过 500 家，2015 年全区高技术产业增加值达到 545 亿元，同比增长 16.9%，占同期规模以上工业增加值的比重为 8.6%。目前在全区各工业园区已形成了一批电子信息、生物医药、新能源汽车、新材料、高端装备制造和节能环保等优势企业群。

三、广西工业园区产业结构存在的问题及成因分析

"十二五"时期广西园区经济取得了巨大发展，但同时仍存在众多产业结构不协调的问题，阻碍着园区经济的进一步发展。

（一）要素供给不足，难以支撑产业结构进一步优化

1. 园区用地难，新招项目难落地。

一方面，目前除列入自治区层面推进的重大项目有土地保障外，工业园区每年获得工业用地指标不多，加上用地储备不足、征地难、拆迁难、征地成本上升等问题的影响，工业项目用地非常有限，有的新兴园区受限于工业用地指标的限制，项目落地难。

另一方面，广西部分较小型的工业园区受经济下行压力影响较严重，遭遇大批企业停产和招商引资困难等瓶颈，部分县级园区土地闲置严重，甚至出现"空城"现象，造成土地资源的极大浪费。

以上现象反映了两个问题，一是园区规划及规划期限衔接的问题，二是用地指标的问题。此外，土地利用率低下也是导致广西工业园区用地难的另一个重要因素。由自治区国土厅提供的数据，广西工业园区用地粗放、低效利用土地的问题非常严重，以贵港为例，贵港工业园区土地平均产出率为 112 万元/亩，仅为国家工业园区平均产出率的 26.63%。

2. 企业融资难，制约园区产业转型升级。

园区企业融资难、融资贵是目前在各园区中普遍存在的问题。由于广西证券、保险发展滞后，信托公司缺失，担保公司规模小，一是大部分中小工业企业由于无土地、厂房等抵押物，无法通过传统方式融资；二是园区担保体系尚不健全，缺乏能够覆盖轻资产中小微企业的担保平台；三是银行出于规避风险需要，加强了风险控制，大多数银行额外要求中小企业增加保证措施，还出现惜贷、抽贷情况，部分中小企业无法及时获得贷款。同时广西企业融资成本高，据测算，目前，广西企业贷款融资综合成本达14%左右。另外，广西金融工具偏少，金融细分化、专业化程度不高，造成部分领域融资难而其他领域资金富余的现象。

3. 园区用电贵，削弱企业竞争力。

目前广西工业结构中资源依赖程度较高，2016年，广西六大高耗能行业增加值占比37.9%，增长8.7%，占比仍然比较高。从全国来看，广西占比超5%的高耗能行业有4个，广西非金属矿产制品业占比居全国第3位，黑色金属冶炼（钢铁）业占比居全国第4位，有色金属冶炼业占比居全国第7位，短时期看来，广西还摆脱不了对资源型产业的依赖。广西虽然水电资源丰富，还有清洁低价的核电、风电等电力资源，发电优势十分明显，但广西工业企业却未能享受这一优势带来的好处，迫使一些企业采取自发电、火力发电、向周边省购电等方式解决其生产用电不足，用电成本长期居高不下的问题。据了解，目前广西工业企业平均电价在0.6元/千瓦时左右（见表5），高于大部分中西部省区和周边的广东、云南等省。以钢铁行业为例，目前云南昆钢电价为0.39元/千瓦时，广东韶钢为0.33元/千瓦时，而广西钢企电价高达0.57元/千瓦时。过高的用电成本使广西资源型企业的发展举步维艰。

表5　广西当前工业用电价格表

用电分类	电压等级	电价	基本电价	
			最大需量	变压器容量
		元/千瓦时	元/千瓦·月	元/千伏安·月
一般工商业用电	不满1千伏	0.8247	—	—
	1~10千伏	0.8097		
	35千伏及以上	0.7947		
大工业用电	1~10千伏	0.6333	34	27.5
	35~110千伏以下	0.6083		
	110~220千伏以下	0.5833		
	220千伏以下	0.5633		

数据来源：广西壮族自治区发展和改革委员会网站 www.gxdrc.gov.cn。

（二）园区产业组织结构落后，制约产业结构优化

从总体上来看，当前广西工业园区的产业组织结构还处于较为落后的情况，产业集中度低、产业链短、下游产业发展不足等问题还比较普遍。

1. 园区产业集中度低。

产业集中度一般是指在一个行业当中骨干企业产值所占该行业产值的比例，反映产业中大型企业的作用程度。广西传统产业的集中度偏低，食品产业只有 14.5％、建材产业 9.2％、造纸与木材加工产业 10.1％、纺织服装与皮革产业 10.6％、医药产业 22％、有色产业 37.3％。占据广西规模以上工业企业数 20％的农副食品加工和木材加工业企业，资产总计占全区的 12％；占据全区规模以上工业企业数 30％以上的六大高耗能行业企业，资产总计却占全区的45.8％；电子、机械和汽车制造等这些宜于发挥规模效益的产业，企业数只占16％，资产总计也只占全区的 20％。广西工业行业以原材料为主的分布格局，形成相对较低的产业层次，工业企业规模小而分散，缺少有竞争力的大企业集团和知名品牌，市场竞争力不强，结构同质化较重，产业结构调整和资源优化配置的矛盾依然突出。

2. 园区企业产业链较短，经营成本攀升。

广西的主导产业主要分布在原材料工业上，集中在中低端产业链，以原材料粗加工为主，产品附加值低，资源依赖程度高。2016 年，广西规模以上工业主营业务成本比上年同期增长 9.7％，增速比主营业务收入快 0.7 个百分点；企业"三项费用"同比增长 5.9％，企业经营管理水平和运行质量有待提高；每百元主营业务收入中的成本为 85.63 元，比上年同期上涨 0.6 元；40 个主要行业中，煤炭采选、纺织、化学、黑色、有色等行业成本超过 90 元，31 个行业成本比上年不同程度上涨。

3. 园区产业层次较低，传统产业比例高。

2016 年，广西工业结构中比重最大的前 10 个行业是农副食品加工业、木材加工业、石油加工业、化学原料和化学制品业、非金属矿物制品业、黑色金属冶炼业、有色金属冶炼业、汽车制造业、计算机和电子设备制造业、电力业等。其中，科技含量较高的通用设备、专用设备、铁路船舶、电气机械、电子、仪器仪表等行业增加值占比仅为 10.6％，低于全国平均水平。同时，广西六大高耗能行业增加值占比 37.5％，同比提高 0.5 个百分点，对工业增加值增速的贡献率仍达 52.9％，说明广西工业发展仍然是以资源型产业为主，产业层次比较低。

而在高技术产业发展方面，2016 年，广西高技术行业增加值占比只有8.4％，同比增长 8.9％，增幅比 2015 年（16.9％）下降 8.5 个百分点，对工

业经济增长的贡献率只有 9.6%，拉动经济增长和调整工业结构的促进作用十分有限。广西制造业的结构水平还较大程度地低于其他省份制造业的结构水平。

4. 园区产业结构较为单一，抗风险能力弱。

近年来，在世界经济复苏缓慢、国内经济放缓、市场低迷、需求不旺的背景下，经济增长下滑，广西大批规模以上企业因经营不善而减产或停产。2015年，全区工业生产者出厂价格比上年下降 3.0%，降幅比上年扩大 1.4 个百分点，已连续 4 年呈下跌态势，主要工业品成品糖、电解铝、电解金属锰、铁合金、螺纹钢、锌、锡等价格处在历史低位，产品价格总体较低迷。

广西各地园区都存在不同程度的因市场下滑而使大批企业陷入经营困难的情况，一定程度上说明广西企业产品结构还较为单一，竞争力不强，企业总体抗风险能力较弱。

5. 园区基础设施建设及服务业发展滞后。

目前除高新区基础设施相对完善外，各工业园区生活配套设施建设普遍滞后，缺乏文体活动中心、商场、医院和菜市场等基本公共服务，难以保障职工正常生活，一定程度上加重了企业"招工难""留人难"问题，对园区的招商和投资发展环境也造成了不利的影响。

受财力限制，县区一级的工业园区基础设施配套项目建设资金投入严重不足，园区内路网、供水、供电、排污等设施配套不足，园区产城融合度低，大部分工业园区专门为务工人员配套的经济适用房或廉租房的生活小区几乎是空白，务工人员生活极为不便，从而出现用工难问题，影响企业正常生产和工业项目落地。

总的来说，广西工业园区服务业的发展不充分，产城融合发展滞后。

（三）人才结构与产业转型升级人才需求不匹配

人才结构的问题，一是园区企业转型升级的过程中高级人才严重匮乏，引进难，留下难；二是产业工人招工难，企业用工难。

1. 高级科技人才严重匮乏。

传统企业的转型升级以及高新技术企业的发展都急需大量高级科技人才。但一方面广西工业基础薄弱，高级人才在待遇和发展环境上不如东部沿海地区，另一方面由于缺乏留住高级人才的较高等级的公共资源（如解决高级人才子女教育问题的国际学校），使高级人才引进面临种种困难。缺乏高级人才，传统产业转型升级、新兴产业研发创新就成了空中楼阁，难以推进。

2. 产业工人招工难。

在招聘产业工人方面，随着广西狠抓产城融合工作，一些离城区近的工业园区生活环境已大为改善，但一些新建园区和规模小的偏远园区仍然存在用工难的问题。一些工业园区由于位置偏僻，远离市区，园区内的市政配套、生活配套缺乏，交通出行不方便等，工人往往不愿意到园区工作，园区企业招工难，致使园区大部分企业受到人力资源问题的困扰，一直都存在一定数量的用工缺口（尤其是技术工人），用工稳工难度加大。

（四）高新技术产业发展不足，两化融合度较低

1. 战略性新兴产业与高新技术产业发展乏力。

虽然广西在高新技术产业的发展上取得了很大的进步，但目前广西工业结构仍然是资源型产业、传统型产业占了绝对主体地位，2015 年广西战略性新兴产业产品产值仅占全部产品产值的 4.9％，列全国倒数第二位；2016 年，广西装备制造业占工业比重为 24.6％，同比提高 0.5 百分点，但低于全国 8.0 个百分点。广西高新技术产业比重小，增速低，工业发展向中高端迈进的步伐明显滞后于全国。

2. 工业化和信息化融合水平较低。

据工业和信息化部中国电子信息产业发展研究院发布的 2015 年度中国两化融合发展水平评估报告，2015 年广西电子信息产业规模在全国占比不到2％；广西电子信息制造业与软件和信息技术服务业比值为 16∶1，而全国同期为 2.6∶1；广西电子信息产业处于产业链制造低端，软件、集成电路和新型元器件等发展滞后于整机发展。表明广西工业生产企业对信息产业需求的强度还未能达到产业化发展的要求，低水平的工业信息化导致工业内部产业结构转型的新动力不足。

表6 2011—2015 年广西与全国两化融合指数对比

年份	广西排名	总指数		基础环境指数		工业应用指数		应用效益指数	
		广西	全国	广西	全国	广西	全国	广西	全国
2015	17	72.61	72.68	67.25	75.38	76.12	66.04	72.61	83.25
2014	17	67.79	66.14	65.33	71.71	74.54	59.70	56.77	73.43
2013	15	63.91	61.95	57.80	64.87	73.76	57.34	50.33	68.27
2012	19	53.39	59.07	52.28	58.36	64.94	56.13	43.4	65.65
2011	17	49.89	52.73	44.42	52.93	57.25	50.26	40.62	52.47

数据来源：《2015 年度中国两化融合发展水平评估报告》。

表7　2015 年度各省两化融合指数

省份	总指数排名	总指数	基础环境指数	工业应用指数	应用效益指数
广东	1	98.84	94.94	82.40	135.62
浙江	2	98.15	91.64	94.04	112.88
江苏	3	97.37	91.67	80.94	135.94
上海	4	95.54	94.46	84.25	119.19
山东	5	93	85.77	85.78	114.65
广西	17	72.61	67.25	76.12	70.94

数据来源：《2015 年度中国两化融合发展水平评估报告》。

（五）科技服务业发展滞后，园区企业创新能力不足

科技服务业是为科技创新全链条提供市场化服务的新兴产业，具有科技含量高、附加值大、辐射带动能力强等特点，对支撑科技创新、推动战略性新兴产业发展、促进传统产业升级等具有重要作用。

1. 园区科技服务业发展较为落后。

广西工业园区除了南宁、柳州、桂林、北海等几大高新区内有与国内高校共建的高等实验室、企业研发中心等部分科技服务机构和企业外，其他园区多数没有科技服务业的踪影。

2015 年，广西规模以上高技术服务业入库企业 276 家，实现营业收入 432.3 亿元，营业收入增速在全国排第 18 位，比全国平均增速低 2.6 个百分点，在全国 31 个省（自治区、直辖市）排第 20 位，从业人员平均数偏少，在全国排 22 位。从总体上看，广西科技服务业的发展还是比较落后的。主要表现为科技服务中介机构发展滞后、专业技术人才数量不足以及科技成果转化能力较弱。

2. 园区企业创新驱动力不足。

广西企业整体发展模式相对粗放、技术力量相对薄弱，创新能力仍显不足。

（1）科技投入少。2015 年，广西大中型工业企业中，有研发活动的占 14.7%，同比下降 8.2%，占比居全国第 30 位；有研发机构的企业占 9.5%，居全国第 31 位。

（2）工业基础薄弱。广西大中型企业主要集中在制造业，其中，从事钢铁、水泥、电解铝、平板玻璃等产品的占近 26%，这些是被国家遏制产能严重过剩行业的企业。而高新技术产业和战略性新兴产业虽然增长速度较快，但占生产总值的比重尚不到 10%，还无法成为支柱产业，也难以支撑工业经济持续

快速增长。在目前工业基础还比较薄弱的情况下，园区企业创新能力也较为不足。

（3）企业自主创新意识淡薄。企业创新投入不足，跟风模仿开发较多，自主创新研发较少，缺乏自我创新能力的积累，大部分领域的科技成果转化率较低。同类企业间产品同质化现象普遍，陷入低水平竞争中，进一步恶化生存环境。

四、广西工业园区产业结构优化升级的重点任务

工业园区产业结构优化需要结合各园区区位优势、资源禀赋、产业基础和新型产业发展趋势，按照"智能、绿色、低碳、循环"的转型升级要求，依照"产业集群、结构优化、企业培育"的基本思路，构建全区高新技术开发区、经济技术开发区和工业集中区特点及发展体系。立足现有产业基础，着眼产业未来发展，带动全区工业转型升级。重点工作如下：

（一）高新技术类园区产业结构优化升级的优先方向

高新类工业园区的发展应立足于创新驱动，产业定位突出高端化、集群化、智能化、数字化，要依托科技和人才优势，全面提升创新能力，加快技术研发、高新技术产业化、服务外包、现代服务业以及高附加值制造业发展，率先实现转型升级。高新类园区应按国家级、省级、地方示范区分层次不断推动跃迁，首要推进国家级工业园区做大做强。

1. 强化产学研合作，推动创新发展。

推进与区内外相关高等院校、科研院所、领军企业等开展产业项目、科技成果转化、科技交流、人才培养、决策咨询等多领域合作；加强创新创业的孵化，为园区发展提供新动能。鼓励企业研发机构的设立，围绕智能制造、新能源汽车、石墨烯新材料应用、有色金属新材料、糖料蔗高效生产、非粮生物质能源、重金属污染防治、新一代信息技术、碳酸钙全产业链等领域开展协同创新活动，构建产业技术创新联盟，提升协同创新能力。

2. 优化产业结构，推动可持续发展。

发展高端产业，以适度的公共投资政策支持产业结构调整和升级，促进高消耗、高排放产业的淘汰和转移。依据各地资源禀赋，大力发展培育壮大汽车、机械、电子信息、医药制造和修造船及海洋工程装备等先进装备制造业；壮大提升新材料、节能环保、生物医药、高端装备制造、新一代信息技术及节能与新能源汽车等战略性新兴产业；培育机器人、增材制造、云计算、卫星导航、石墨烯、通用航空等新兴先导性产业；加快发展现代仓储物流、工业设计服务、信息技术服务、节能环保服务、现代电子商务和现代服务外包及专业会展服务、检验检测认证等生产性服务业、消费品工业龙头企业作为结构优化的重点，形成广西工业现代化新格局。

3. 推进产业集聚，做大园区工业规模。

强化创新驱动，加快产业集聚，实现产业竞争高端化，巩固与集中传统产业的优势；大力集聚培育战略性新兴产业，壮大先进装备制造业和消费品工业，建设特色产业基地，打造千亿元产业板块，形成具有区域竞争力的集群化、高端化、创新型先进工业体系；改造提升石化、钢铁、有色、建材等传统产业，同时培育壮大先进装备制造、新材料、新能源、生物、信息和节能环保等战略性新兴产业。制定严格的产业准入制度，提升要素聚集的质量，积极引导不适合功能区的产业转移，推动产业集群的升级换代。

4. 培育龙头企业，做强园区工业实力。

将培育壮大先进装备制造业、战略性新型产业和消费品工业龙头企业作为转型升级的重点，发挥龙头企业在推进工业转型升级中的技术溢出、引领示范和产业链集聚带动作用，引导产业布局优化，加快园区集聚发展。

（二）经济开发类园区产业结构优化升级的优先方向

经开区发展要以开放合作为抓手，全面制定和落实大开发带动战略，积极融入全球产业链、"一带一路"、东盟市场，加强与丝路沿线重点国家的开放合作，形成陆海边统筹、境内外联动、区域间协同的全方位开放合作新格局。

1. 融入全球产业链，助力产业升级。

经开区重点应通过全面践行《中国制造 2025》，结合各区位优势、资源禀赋、产业基础和新兴产业发展趋势，主动融入全球产业链。按照"智能、绿色、低碳、循环"的转型升级要求，立足现有产业基础，着眼产业未来发展，继续壮大千亿元产业，加快经开区从资源和劳动密集型粗加工产业向资本和技术密集型精深加工产业转变，推动产业结构升级。

2. 实施开放合作，提升国际化水平。

一是坚持"引进来"和"走出去"相结合，积极对接欧美日韩等发达经济体先进生产力，与广西电子信息、汽车及零部件、装备制造、石油化工、食品加工等优势产业开展深度合作，提升先进制造业国际化水平；二是紧扣中国—东盟自贸区升级版建设，面向 RCEP（区域全面经济伙伴关系）和"一带一路"沿线国家，发挥园区载体作用，坚持引资引技引智相结合，开展系列专题招商活动；三是探索招商引资体制机制改革，实施"开放强园"工程，加大园区招商力度，推动产业集聚发展。推动园区成为外来投资企业进驻的主阵地、主战场，创建全区开放型经济发展的战略高地。

3. 狠抓高新智能，狠抓内涵发展。

加强工业互联网基础设施建设规划与布局。推动物联网、云计算、大数据与制造业融合。打造一批智能制造和信息技术领域的龙头骨干企业，建设一批智能工厂。深化信息技术在企业研发设计、生产、营销管理、物流配送等环节的应用，通过淘汰落后产能、清洁生产改造、节能技术改进和新建先进工程项目，推动传统优势产业增效升级，实现由中低端产品为主向中高端产品为主转变，由以初级工业品为主向深加工工业品为主转变，由主要依靠物质资源投入向主要依靠科技进步和管理创新转变。

4. 坚持产城互动，推动融合发展。

通过以产业为支撑，以城镇为基础，拓展产业承载空间，促进城镇更新，完善服务配套，坚持以产兴城、以城促产，实现资源优化配置，促进产城互动发展。园区以优化环境为核心，完善生产与生活的配套功能，优化完善金融、商贸、文教、医疗卫生、信息乃至旅游度假区等功能板块，为居民提供完善配套服务设施。同时，加快向现代服务业提升，在产业升级的同时也不断丰富延伸城市功能内涵，促进产城融合发展。

（三）工业集中区产业结构优化升级的优先方向

工业集中区应充分发挥各地优势与特色，利用工业化和信息化融合建设改造的契机，加快沿边开放开发和跨境合作园区建设，构建以生态经济为特色的现代产业体系，优化升级园区产业结构。

1. 依托区域优势，建设特色产业园区。

各园区要充分考虑资源禀赋、区位优势、产业基础和区域分工协作等因素，发挥比较优势，建设特色产业园区。重点围绕清洁能源、有色金属、农林产品加工、养生健康、旅游休闲等特色优势产业，开展精准招商活动，推动建设一批重大产业基地，构建以生态经济为特色的现代产业体系。

2. 推动园区技术创新，加速产业改造升级。

根据广西"两区一带"的功能分区和产业布局，引导各类园区按照建链、补链、延链、强链的思路，围绕特色优势产业、战略性新兴产业和珠三角整体转移产业，充分运用科技手段和现代生产方式改造传统产业，大力引进知名企业、领导品牌和重大项目，形成整体合力与集聚效应，加快形成富有广西地方特色的优势产业。

工业集中区尤其是资源富集区的工业开发，要降低产业对资源和能源的消耗。加快形成有色、冶金、石化、建材、火电等资源型行业企业绿色系统发展。

3. 推进两化深度融合，推动园区特色发展。

工业集中区发展要统筹推进信息基础建设和信息化应用，促进信息化和工业化深度融合，以信息资源整合共享为突破口，促使企业提升信息化水平，通过信息化精准对外交流合作项目，优化供应链管理，改进生产流程，提高生产效率，使原有产业升级换代，发展电子商务，加快产品流通，鼓励发展基于互联网的工业设计创新模式和新型制造模式，积极开展智慧化工园区试点，创建一批智能制造试点示范企业。

五、广西工业园区产业结构优化升级的对策措施

（一）加强组织领导，形成产业升级合力

1. 加强园区产业结构优化的组织领导。

高度重视和切实加强对园区产业结构优化的领导，成立广西产业结构优化发展工作领导小组，由政府主要负责人担任组长，成员由相关部门负责人组成，在自治区工业和信息化委设立常设机构，统筹协调，适时出台重大性、关键性优化实施方案，强化落实措施，对优化过程进行整体推进和督察，确保优化任务全面落实。

2. 加快出台产业结构调整政策。

政府要围绕本地重点产业发展的战略要求，调整税收优惠力度，在地方税种方面给予适当调整，激励企业外迁或集聚。完善鼓励研发与创新的税收优惠政策，减免重点科技项目中间试验环节的增值税与企业所得税，扩大创新风险投资基金的税收优惠空间，适当延长转入企业城镇土地使用税、房产税和企业所得税的减免期限，缩减有助于本地重点产业发展的创业型企业或中介服务机构的税收负担。

3. 强化政策支持和责任落实。

强化园区产业优化升级的责任落实，建立工作责任制，分解任务，明确责任，狠抓落实。完善督办督察责任制，对重大的结构优化项目实施情况及时跟踪、及时督察、及时评估，确保各项结构调整举措落地生根。

（二）着眼创新发展，推动产业升级

1. 提升园区创新能力，搭建产业协同创新平台。

以各级实验室建设的方式搭建产业链共享的技术研究开发平台，研究开发行业优化升级中不同的技术层次的难题；搭建区域信息平台，促进创新过程中区域信息的交流以及各企业之间、企业与外界之间的信息交流；搭建由行业协会、各类中介组织、产品检验中心、质量认证中心、成果转化以及和创新相关的各类应用服务提供商区域服务平台；搭建包括投资基金、抵押、信贷等金融支持平台；搭建人才交流平台等；为园区产业结构优化与升级服务。

2. 提升自主创新能力，推动产业优化升级。

提高自主创新能力，实施企业品牌战略，创新工业产品结构；根据结构调整需要，制定招商导向目录，实施有目标的招商引资，优化工业结构增量调整，培育几个自治区级产业集群升级示范区和一批具有高科技含量的优质产

业。围绕产业优化升级难度大、任务重的产业领域，实施重大科技创新工程，加大关键技术的研发投入，当产业发展面临重大的技术瓶颈时，由政府牵头成立由龙头企业、研究机构、大学等组成的共性技术联盟，进行联合技术攻关，加快形成若干条技术含量高、特色鲜明的产业链。

（三）引进科技领军团队，助力园区产业优化发展

1. 重点引进和建设产业结构优化相关科研团队。

打破现有体制机制障碍，着力推进人才机制创新，打造特殊待遇、特殊环境和特殊服务的"三特"环境，加强政策支持，全力抓好人才引进和培育，利用已有合作关系构建友好合作园区；加强对国家"千人计划"、"万人计划"、中科院"百人计划"入选者、"新世纪百千万人才工程"、国家"杰出青年基金"等领军型高层次人才的引进和培育，重点打造一批"科技＋资本＋人才"的科技产业实体。

2. 鼓励与园区产业结构调整相关的成果转化。

鼓励研究机构与企业之间共建产业上的技术联盟、产业联盟、标准联盟，使研发平台与孵化器、技术投资形成良性互动，加速成果的有效转化，园区组成知识产权专题数据库等，促进园区企业利用知识产权信息开展预警分析，提高知识产权的制造力、运用力和保护能力，使园区成为催生科技企业和培育科技企业家的温床，多方提高工业园区高端要素集聚能力。

（四）实施"互联网＋"战略，推进两化深度融合

1. 发展制造业与互联网融合新模式，培育工业发展新动能。

一是大力推进智能制造。开展智能工厂应用示范建设，支持广西千亿元产业全面推进智能工厂（车间）建设，重点推进流程制造关键工序智能化。二是发展新型制造模式。组织开展"互联网＋"制造业试点示范，支持发展面向中小企业的工业设计、模具开发和产品定制等在线服务。

2. 实施"双创"平台建设工程，提升制造业创新能力。

根据《广西深化制造业与互联网融合发展实施方案》，选择重点行业骨干企业，打造基于创业创新、网络众包、投融资等制造业互联网"双创"平台，加快构建新型研发、生产、管理和服务模式。同时，立足现有中小企业服务平台，搭建具有区域特色的"双创"平台或中小企业云计算平台，为中小企业两化融合提供服务。

3. 加快公共服务平台建设，培育现代服务新业态。

支持各级两化融合试点示范园区建设具有符合园区特色的云计算平台、大数据公共平台和两化融合公共服务平台，为园区企业提供信息咨询、产品设计、生产制造、质量检测、经营管理、行业数据库共享、软硬件租赁、商贸物

流、供应链金融、电子商务、物流配送等服务，为工业园区打造良好的工业互联网应用环境。全面普及工业企业电子商务应用，支持龙头骨干企业发展集研发、设计、采购、生产、销售、物流、推介、服务为一体的全流程电子商务，加快发展大宗商品网上交易。

（五）提升园区要素组合，推进产业结构优化

1. 探索园区高效用地新模式，缓解用地难矛盾。

采用扩量、盘活、提高三个相应的对策，通过从土地数量增加到货量和效益提升的变化，来解决园区用地难矛盾。各园区用地规划需要与园区规划衔接，合理确定规模，对急需发展的重点产业、重点项目要纳入总体规划中去。对规模大、成效好的工业园区给予用地指标倾斜，做到重大项目有用地保障。通过盘活存量、闲置土地资源以及发展楼宇经济等方式，实现存量、闲置及低效用地再开发，对"三旧"（旧城镇、旧厂房、旧村庄）改造与土地利用，通过增资、转让、收购、依法收回重新出让、新上项目等方式盘活闲置土地。充分发展楼宇经济，向空间要地，有些生产性服务业的用地，如仓储用地，可以向高空发展，提高土地使用效率，同时也有利于降低生产成本，促进创新，实现工业园区节约集约用地。

2. 创新园区融资服务平台，拓展企业融资渠道。

加强财政专项资金引导作用，引导社会资金投入，提高财政资金的使用效率与杠杆效应，加强资金滚动使用和动态增长，对规划确定的重点行业、重点园区、重点企业和重点产业，财政资金给予重点支持、优先安排。健全企业融资服务体系和平台，完善融资担保体系，园区与金融部门加快建立企业信用评价系统，对资信好有发展潜力的龙头企业，银行要扩大信贷授信范围，实行综合授信，在授信额度内实行可循环周转贷款。支持企业上市，政府牵头组织园区优质企业的上市辅导，加快企业上市步伐，支持有条件的企业在上交所、深交所、境外主要交易场所以及新三板、天津股权交易所等区域性场外交易市场挂牌融资。

3. 建立电价调节机制，降低企业用电成本。

建立健全降电价政策，促进电价机制常态化。采取园区直供电等模式，切实降低工商业电价，争取与云南、贵州同电同价，免收新增电力用户临时接电费用，改进企业因产业结构优化调整而形成的减产停产期间基本电费计费方式、按现有高可靠性供电费用标准70%执行优惠政策等措施，并形成常态化；将扩大峰谷分时电价政策的应用范围扩大至全区园区范围，以企业自愿参与为原则，自主选择目录电价方式。建立健全电力补贴政策。进一步完善企业用电奖励政策制度。对符合产业优化调整的企业给予产能用电政策支持。

（六）加快园区服务业发展，优化亲商营商环境

1. 继续促进园区工业生产与商业服务基础设施配套建设融合发展。

大幅度增加居住与生活配套设施，集中建设公共服务设施，通过建设居住社区和完善社会资源布局，提升各片区的宜居、宜业、宜商程度，吸引各地的高素质人口资源向园区集聚，降低园区的劳动者往返主功能区的通勤和就业强度，推动园区的产城融合发展。科学统筹与均衡配置园区的优质公共服务资源，包括重点中小学、三甲医院、生态绿地、文化休闲设施、体育运动场所等配套设施以满足园区产城融合发展的需要。

2. 完善行政审批制度，优化行政审批流程。

园区要以行政审批制度改革为契机，全面清理行政审批事项，优化行政审批流程，实施行政审批流程再造工程。建立信息沟通机制，强化信息互联共享。要规范行政审批行为，进一步推行一次性告知、限时审批等制度。规范中介行为，放开中介市场，彻底脱钩。规范招投标行为，探索推进招投标市场黑名单制度，不断加大对市场主体违法违规行为的惩戒力度，建立招投标诚信体系，促进形成良好环境。

（七）发展循环经济，建设生态型园区

1. 树立循环经济观念，发展生态型工业园区。

摒弃传统粗放式发展的模式，在全区工业园区大力推行循环经济发展模式。一是在主导产业链行业特征明显的园区，采取纵向一体化策略，通过在不同工艺间建立将各种废弃和排放作为投入的产业链，在最大程度上实现"零污零排"，同时延长产业链的长度，实现多环节价值增值，促进产业的横向联合。二是在经济技术开发区和高新技术开发区等园区改造的生态工业区要通过企业间以副产品和废弃物交易的形式组建产业共生链，推进循环经济，并由此实现园区在整体上废弃和排放的减量，在整体上提高能源和水的综合利用水平。

2. 实施节能减排政策，推广循环生产技术。

通过高新技术及新能源企业优惠政策的推行，鼓励和吸引更多的低碳企业入驻，提升园区产业质量；对重点能耗行业、重点能耗企业及重点用能设备、重点耗能产品，要把节能减排作为重要目标，通过系列治理污染、限制排污量、鼓励节能减排政策的实施，实现节能降耗、清洁生产，大力提升能源资源的综合利用效率，全面提高工业经济质量。按照"环保、绿色、低碳、低能耗、高产出"的标准，对新引进的产业项目严格设置准入门槛，对新引进的年综合能耗 1000 吨标准煤以上的项目，实行节能减排评估，对达不到最低能效和排入标准的投资项目一律不"开门"，重大项目节能减排评估不合格的一律不批准。

3. 开展循环低碳生产，构建绿色制造体系。

以绿色产品、绿色工厂、绿色园区为重点，着力构建高效、清洁、低碳、循环的绿色制造体系。一是发展壮大高新技术产业和战略性新兴产业，致力于新材料、新能源汽车、新能源、生物农业、生物医药、健康产业等产业的发展，布局发展节能环保产业，协同有序发展生态型战略性新型产业，打造集技术研发、科技成果转化、设计、生产制造、工程施工、运营服务、合同能源管理等要素于一体的综合性现代化生态产业中心；二是完善提升循环经济与综合利用产业链；三是加强产业链建设，促进产业链条延长和升级。

提升广西装备制造业竞争力研究

一、广西装备制造业竞争力分析与评估

（一）装备制造业产销规模继续增加

2016年，广西装备制造业三大行业（汽车制造、通用设备制造、专用设备制造）产值达 3594 亿元（当年价），按当年价计算，与上年比，三大行业增加值约增 10%（名义增长）。其中，汽车制造产值达 2688.78 亿元，通用设备制造产值达 361.47 亿元，专用设备制造产值达 543.79 亿元，与上年比，增加值名义增长率分别达到 7.1%、15.4%和 8.4%。从主营收入看，2016年，三大行业主营收入达 3370.79 亿元，其中，汽车制造业主营收入为 2529.16 亿元，通用设备制造业主营收入为 327.89 亿元，专用设备制造业主营收入为 513.72 亿元，与上年比，主营收入分别增长 10.04%、7.29%和 6.83%。

2016年与上年比，广西装备制造业三大行业增加值约增长 10%（名义增长），主营收入增长 9.29%。值得说明的是，广西装备制造业产值、主营收入实现较好增长，是在国内经济增速下行，产能过剩，全球经济低迷，需求不旺，市场竞争异常激烈的背景下所取得的成绩，实属不易。

（二）装备制造业发展质量稳定提升

1. 装备制造业取得了较好的经济效益。

2016年，广西装备制造业三大行业实现利润 156.28

亿元，与上年比，实现利润增长 5.85%。其中，汽车制造业实现利润 115.16
亿元，专用设备制造业实现利润 22.09 亿元，通用设备制造业实现利润 19.03
亿元，与上年比，实现利润分别增长 11.49%、−20% 和 11.83%。在国内经
济增速下行，全球经济低迷，市场竞争激烈，需求不旺，产能过剩的情况下，
广西装备制造业仍取得了较好的经济效益。

2. 装备制造业主营收入超 2700 亿元，产生了一批百亿元企业。

2016 年，广西装备制造业三大行业主营收入达 3370.79 亿元，产生了一批
主营收入超百亿元的企业。其中，上汽通用五菱汽车股份有限公司主营收入达
922 亿元，广西玉柴有限公司主营收入达 330 亿元，东风柳州汽车有限公司主
营收入达 220 亿元，广西汽车集团主营收入达 150 亿元，广西柳工集团主营收
入达 104 亿元。

3. 培育形成了汽车、发动机、工程机械产业集群，协同配套能力增强。

目前，广西已经形成以上汽通用五菱汽车股份有限公司、东风柳汽有限公
司、柳州五菱汽车有限公司为主，主营收入超过 2000 亿元的汽车产业集群。
形成了以上汽通用五菱汽车股份有限公司、广西玉柴机器股份有限公司、东风
柳汽有限公司为主的汽车发动机、柴油内燃机产业集群。形成了以广西柳工集
团、广西玉柴机器股份有限公司为主的工程机械产业集群。通过发挥广西汽车
制造、发动机制造、工程机械制造有关龙头骨干企业的聚集效应，引进和催生
了一批配套企业，促进产业链完善，增强了产业协同配套能力。随着这些产业
集群发展壮大，产品技术升级，新技术新产品研发，产业链延伸、专业化分工
程度提高，将催生更多配套产品和服务需求，进而增强产业集群辐射带动作
用，提升协同配套水平。

4. 产品质量稳定提升，培育了一批全国知名品牌。

2013 年 12 月，广西柳工、广西玉柴荣获中国质量提名奖。2014 年，广西
柳工荣获全国质量奖，同年广西柳工、广西玉柴获得了"自治区主席质量奖"。
2015 年 5 月，广西玉柴荣获中国工业大奖提名奖，该奖项被誉为中国工业的
"奥斯卡"。2015 年 11 月，广西玉柴被选为首批"中国出口质量安全示范企业"。

2014 年，上汽通用五菱汽车股份有限公司荣获"自治区主席质量奖"。广
西汽车制造业，凭借上汽通用五菱"五菱宏光"市场销量排名第一，柳汽东风
的"东风菱智"市场销量排名第三。2015 年，"五菱宏光"和"宝骏 730"市
场销量排名第一和第二，上汽通用五菱刚上市的"宝骏 560"2015 年 10 月市
场销量排名第二，广西汽车制造业成功打造了一批全国知名品牌。

依靠坚持创新，高质量、高品质的产品和服务，广西装备制造业成功塑造
了良好品牌声誉，在汽车、柴油内燃机和工程机械制造业等领域成功培育了一

批全国知名品牌。

（三）企业自主创新意识增强、自主创新能力提升

2014 年，广西玉柴新技术、新产品研发投入超过 5 亿元。2015 年 3 月，广西玉柴成功研发了排放达到欧 VI 标准的新型发动机，填补了国内技术空白。在新品开发方面，"玉柴"不断推出环保高效发动机。目前，玉柴拥有授权专利 1500 多项，多项发明专利填补了国内技术空白，成功产业化获得良好的经济社会效益。2014 年，"玉柴"申请专利 695 件，获得授权专利 515 件，连续 9 年专利申请量在广西排名第一。广西玉柴集团产销量继续稳居行业榜首。

汽车制造业方面。上汽通用五菱汽车股份有限公司已完成国家级自治区科技计划、技术创新项目 20 余项，获国家级科技进步奖中国汽车工业科技进步奖 2 项，广西科技进步奖 9 项，为企业发展注入强大动力。上汽通用五菱还通过产学研相结合的方式，分别和湖南大学、上海交通大学、吉林大学以及中国汽车技术研究中心建立了战略伙伴关系，形成"企业为主体，整合创新资源"的自主创新模式。建立了《技术研究开发项目实施管理流程》，规范技术研究项目实施与应用，依据对国内外先进标准研究，结合企业产品设计和汽车制造技术沉淀，制定企业技术标准，为提升技术创新能力，加快技术成果产业化，提高核心竞争力提供了有力保障。在新产品研发上，上汽通用五菱成功开发了"五菱宏光""宝骏 730""宝骏 560"等系列新产品。

工程机械制造业方面。2014 年以来，柳工投入研发费用占公司主营业务收入比重达 4.05％，同比增长 14.3％；获得授权专利 257 项，同比增长 16.3％，其中授权发明专利占比 18.7％，同比增长 30％。2015 年 7 月，柳工"面向工程机械机特性的减震降噪共性关键技术与应用"项目通过了中国机械工业联合会的科技成果鉴定，并成功进行产业化应用，提升了工程机械减震降噪控制技术水平，较好解决了不同客户的舒适性需求。目前，柳工自有产品已经有 4 条产品线共 21 款机型使用该技术。正是坚持技术创新、产品创新、管理创新和商业模式创新，使得柳工集团在市场开拓、产品技术创新、提高运营效率和体系优化等方面取得了良好成效。

以上在创新方面取得的成绩，足以说明广西装备制造业自主创新意识增强，自主创新能力提高。

（四）市场竞争力进一步提升

2016 年与上年比，广西装备制造业三大行业主营收入、实现利润分别增长 9.29％和 5.85％。从主要企业的情况来看，2016 年，广西玉柴集团产销量继续稳居行业榜首，市场份额增加 1.3％，国内国际市场销售均实现正增长，销售收入达 330 亿元。2016 年，上汽通用五菱汽车股份有限公司以年销售超过

210万辆的成绩，位居国内车企销量冠军，约占当年我国汽车销售总量的7.7%。2016年，广西柳工集团有限公司在工程机械行业产能严重过剩情况下，主营收入仍达97亿元，比上年仍增长5%，而且，海外市场销售取得逆势增长。这些成绩的取得，说明广西装备制造业企业市场竞争力进一步提升。

综上分析认为，总体来看，广西装备制造业自主创新能力有所提高，具有较强的自主发展能力和市场竞争力。

二、影响广西装备制造业竞争力进一步提升的主要问题

（一）自主创新、新技术新产品自主研发设计能力有待提高

"十二五"以来，广西装备制造业在技术创新、新产品研发设计、产品技术升级方面有了较大提升。但与国内外先进企业相比，广西装备制造业自主技术创新，新产品研发设计，关键技术、新材料、零部件（元器件）、设备，新能源汽车关键技术，零部件的自主研发能力等仍显得薄弱、落后，是明显存在的短板。如汽车产业的发动机、变速器、汽车电子元器件、车型外观设计等自主研发设计能力仍显得薄弱，关键零部件自主生产配套能力不强，仍依赖进口。如工程机械产业在发动机、液压系统、轴桥和传动系统、电子系统等很大程度上依赖进口。在柴油内燃机制造方面，新技术研发、新产品自主研发设计、关键零部件自主研发能力显得薄弱等等。总之，由于技术创新能力较弱、试验检测手段不足，使得关键零部件、新材料在很大程度上依赖进口，造成关键共性技术、关键零部件、新材料自主研发能力、自主生产配套能力不足，产业链自主配套能力较弱。这些明显存在的短板，对于加快广西装备制造业转型升级，产品技术升级，优化结构，提高效率，降低成本，提高整体竞争力，增强自主发展能力，实现持续健康发展带来很大的负面影响。

（二）制造工艺技术水平有待提高

"十二五"以来，广西装备制造业工艺技术水平有了较大提高，但与国内外先进企业相比，仍有不小的差距。虽然与国内同档次产品比，广西装备制造业工艺技术水平并不显得落后，但在全球化快速发展的时代，国际竞争日益激烈，广西装备整机（汽车、工程机械）、关键零部件（汽车发动机、柴油内燃机等）等基础制造工艺技术水平要自觉向发达国家、国际先进企业看齐。要有精益求精的自觉要求，主动加大基础制造工艺技术研发投入，应用智能化、自动化制造技术，加快设备更新改造升级，努力掌握先进的制造工艺技术，不断提升基础制造工艺技术水平、提高产品质量技术标准，用先进、精湛的制造工艺技术，制造高质量、高品质的产品，塑造产品品牌的影响力和知名度。为加快广西装备制造业转型升级、提高产业层次，推动产业迈向价值链更高端，提高竞争力，做好必要的技术贮备和充分的技术准备尤为重要，只有这样才能在

日趋激烈的竞争中赢得主动，赢得未来。

（三）产业层次、产品档次需要进一步提升

从整体来看，与发达国家、国际上先进企业比，广西装备制造业主要产品档次（汽车、工程机械、发动机）、产业层次仍存在不小差距。如广西汽车制造业虽然研发生产了全国销量排名第一的产品，但广西生产的汽车仍属中低档产品，自主研制的汽车发动机也是以低排量为主，所掌握的发动机技术显得相对落后。在关键共性技术、核心关键技术、新材料、零部件（元器件）（如先进的发动机、变速器制造技术、汽车用新材料等）的自主研发能力仍显得薄弱，产品档次（技术含量和附加值）较低，关键零部件自主生产配套能力不强等等。又如广西的工程机械产品，除了装载机具有较好的竞争力和知名度外，其他产品的竞争力仍显得不强，且关键零部件（如发动机、液压件、密封件等）仍依赖进口，受制于不掌握核心关键技术以及新材料、零部件（元器件）和设备研发技术，关键零部件自主生产配套能力薄弱。总体来看，广西装备制造业明显存在低端产能过剩、高端产能不足，高技术含量、高附加值、高档次产品占比较低，生产性服务业发展明显滞后的缺陷。所存在的差距，都表明广西装备制造业的产品档次、产业层次仍显得不高。

（四）产业配套要进一步完善

自主研发能力不强，不掌握关键零部件制造技术，整机和零部件区内配套水平较低，产业链配套不完善，存在明显的短板。如广西汽车制造业，在高品质、高档次的汽车发动机等（如先进的发动机、变速器、汽车用新材料等）自主研发生产能力不足，新能源汽车的关键核心技术、零部件制造技术缺乏，汽车零部件制造工艺技术水平不高，整车和零部件区内配套水平较低。又如广西工程机械制造业，不掌握核心关键技术，关键零部件自主研发能力不足，关键零部件（如发动机、液压件、密封件等）仍依赖进口。广西装备制造业在完善产业配套方面存在明显短版，使得自主发展能力、降低成本、提升竞争力受到很大限制。从国际上来看，全球产销量名列前茅的美国卡特彼勒、日本小松等世界级工程机械企业都是自己生产发动机、液压元器件、控制元器件等基础零部件。一些跨国公司，发挥自身技术优势、研发设计能力，为增强竞争优势，降低成本，抢占市场，把企业研发制造基地设在市场需求最大的国家。如美国康明斯公司（发动机制造商）在我国就建立了4家公司，即东风康明斯、西安康明斯、重庆康明斯和福田康明斯，配套范围涵盖东风、陕汽重卡、重庆铁马、福田欧曼等重卡企业，宇通、金龙等客车企业，以及三一重工、中联重科、徐工等工程机械企业，康明斯公司几乎垄断了中国高端重型柴油机市场份额。日本爱信公司（丰田控股）是全球最大自动变速器制造商、全球第五大汽车零部件公司，爱信轿车变速器在全球、在中国已占有很高市场份额。随着国内市场不断开放，拥有技术优势、竞争力强大的外资企业进入汽车等装备制造零部件领域进行布局，抢占市场的趋势愈发明显。广西装备制造业要加大研发投入，要努力掌握核心关键技术、新材料研发技术、关键零部件（元器件）和设备研发技术，要努力突破关键核心技术瓶颈，尽快完善产业链配套、弥补短板。

（五）推动广西装备制造业向节能环保方向发展需要加大力度

促进装备制造业向节能环保方向发展已是大势所趋，也是装备制造业转型发展的重要方向。整体来看，广西装备制造业向节能环保方向转型升级的进度较慢、成效不够明显。如新能源汽车新技术、新产品的自主研发能力不强，造成广西新能源汽车产业发展相对滞后。产业规模偏小，产业配套不完善。产品只有纯电动汽车，其他新能源汽车发展慢（如插电式混合动力汽车）。新能源汽车应用环境尚不成熟，新能源汽车的示范推广尚未开展，新能源汽车技术自主研发能力较弱。总体来看，新技术、新产品自主研发能力薄弱，不掌握核心关键技术以及新材料、零部件（元器件）和设备研发技术，如自主研发低噪音、低油耗、低排放和高能效发动机，自主研发应用新材料实现产品制造轻量化，达到降耗节能环保等能力不足。对广西装备制造业向节能环保方向转型升级产生较大负面影响。从局部看，广西推动装备制造业向节能环保方向发展有所进展，如上汽通用五菱汽车股份有限公司决定在广西柳州投资生产新能源汽车（年产 20 万辆电动/插电式混合动力汽车）。广西玉柴集团成功研发生产出排放达到欧 VI 标准的新型发动机。广西柳工集团自主研发的"面向工程机械机特性的减震降噪共性关键技术与应用"通过了中国机械工业联合会的科技成果鉴定，且该项技术成功进行产业化应用。但整体来看，广西装备制造业向节能环保方向转型升级的进度仍显得较慢、成效不够明显。

（六）人才队伍、技术工人队伍建设有待加强

缺乏高端技术研发人才，缺乏优秀的高级工程师、技师，缺乏高级的经营管理人才，装备制造业技术工人培育体制不完善，与企业需求脱节等，是广西装备制造业（包括汽车、工程机械、发动机制造业）发展所面临的人才瓶颈。尽管引进龙头骨干企业也会起到吸引人才、聚集人才的作用，在一定程度上缓解广西装备制造业发展对人才的需求，但随着广西装备制造业的发展壮大，高端研发人才、高级工程师、高级技师、熟练技术工人的短缺愈发成为制约装备制造业发展的瓶颈。尤其是高级技术研发设计人才、经营管理人才的短缺，对提高广西装备制造业自主创新能力、研发设计水平，提高竞争力具有较大负面影响。因此，加大人才培养和引进，扎实做好人才队伍、技术工人队伍建设要

引起重视。

（七）广西装备制造业增速下行压力增大，增强有效供给能力显得紧迫

据进度统计，2015 年 1—9 月，在规模以上工业中，按可比价计算，广西汽车制造业增加值增速为 6%，通用设备制造业增加值增速为 0.6%，专用设备制造业增加值增速为 1.1%。与 2014 年全年增速相比，汽车制造业增加值增速下降 6.2 个百分点，通用设备制造业增加值增速下降 2.3 个百分点，专用设备制造业增加值增速下降 2.3 个百分点。虽然在需求不旺，产能过剩，创新驱动力较弱，有效供给能力不足的情况下，国内的汽车、工程机械、发动机制造业增加值也普遍呈现增速下行的趋势，但从广西自身来讲，2015 年前 3 个季度与 2014 全年比，汽车制造业增加值增速出现较大幅度回落，通用设备制造业和专用设备制造业增加值增速在 2014 年与 2013 年比，增速出现较大幅度回落的基础上，继续出现增速下行。可见，广西装备制造业增加值面临增速下行的压力不断增加。其中原因，除了受国内经济增速下行，全球经济复苏乏力，行业产能过剩，需求不旺等因素影响外，广西装备制造业自身创新能力不强，依靠加强创新投入，加快技术创新、产品创新、管理创新和发展模式创新步伐，来提高竞争力、创造有效供给的能力相对薄弱也是重要的原因之一。因而以市场为导向，提升创新能力，提升生产自动化、智能化水平，提升效率、降低成本，依靠创新驱动，增强有效供给能力，对实现广西装备制造业持续健康发展显得尤为重要。

三、提升广西装备制造业竞争力的对策和建议

（一）扩大开放、深化创新体制机制改革，为加快创新注入活力和动力

促进制度、体制机制创新，激发装备制造业创新活力、创新发展动力，增强自主创新，提升技术创新、产品创新、管理创新和商业模式创新能力，增强有效供给能力、自主发展能力，提高核心竞争力。为加快广西装备制造业转型升级，提高产业层次、产品档次，努力推动装备制造业迈向价值链高端，提高发展质量和效益创造条件。加大招商引资力度，引进更多国内外先进企业、优质投资项目、技术、人才和管理经验，鼓励、吸引国内外资金在广西投资高端装备制造业，投资与装备制造业相关的关键零部件（元器件）、新材料。鼓励市场化并购，股份合作、技术合作，鼓励加大研发投入，加大制造工艺技术升级，加快装备制造业产品技术升级，打造产业优势，努力提高竞争力。鼓励企业"走出去"，开展技术合作、产能合作，拓展发展空间，提升"广西制造"品牌知名度和影响力，提升广西装备制造业竞争力。

（二）鼓励自主创新，推动技术进步

完善和制定激励政策，推动自主技术创新、技术合作，鼓励组建各种技术

研发、技术创新联盟开展技术攻关，努力突破核心关键技术以及新材料、零部件（元器件）和设备瓶颈，增强研发设计能力、新技术应用融合能力、创新发展能力，提升装备制造业与信息化深度融合水平，加快引进自动化、智能化制造装备，为发展先进装备制造业，培育和发展战略性新兴产业，提供强有力的技术支撑。为此，一要大力推进体制机制改革，破除妨碍自主创新的各种弊端，构建良好的制度、激励机制，全面激发企业、高等院校、科研院所等机构进行自主创新的积极性、主动性和创造力，为提升核心关键技术以及新材料、零部件（元器件）和制造装备的自主研发研制能力注入强劲的动力。坚持对外开放，对内完善和深化改革，是更好推动技术创新，提升创新能力，强化创新驱动力的必然要求。加大对外开放，才能及时掌握技术、产业发展动态和趋势，客观审视自身产业技术水平、技术创新能力，找出与先进发达国家的差距，把差距变为赶超动力，才能为对外开展技术交流、开展技术合作，学习发达国家推动技术创新的先进经验，创造良好创新环境，才能扩大视野、少走弯路、避免方向性失误，引进用好国外科研人才等资源，提高技术创新质量、效益和效率，为加快自主创新创造条件。通过对内完善和深化改革，优化配置创新资源，充分释放体制、机制活力，调动技术创新的积极性，为推进自主创新，提升创新能力注入强劲、持续的动力。二要鼓励企业加大自主技术创新投入。鼓励有条件的企业加大自主研发投入，帮助企业降低风险，提高自主创新、新产品研发的效率和成功率。通过制度设计，构建科学激励机制，鼓励企业加大自主研发投入显得尤为必要。三要推动重大技术研发攻关。立足于市场和产业发展需要，依靠自主研发、创新，努力掌握核心关键技术以及新材料、零部件（元器件）和设备的研发技术。优化配置科研资源，组织精锐科研力量，开展科研联合攻关，也是发达国家支持鼓励自主创新的通常做法。

（三）重视推动技术成果转化和实现产业化

依托技术研发创新，推动技术成果转化和产业化，就是把研发成果转化为技术优势、实现产业化形成产业优势，提升国际竞争力，进而形成经济优势的过程。再好的技术研发成果必须转化为生产力和竞争力，才能体现其价值。一要为技术成果转化搭建平台，打通产学研联手推动技术成果转化、实现产业化的渠道。按照利益共享原则，由政府扶持、企业提供经费推动试验发展，促进企业与高校（研究机构）合作，为技术研发成果转化为现实生产力创造条件。二要以企业发展需要为导向，结合具体项目，组建产学研相结合的技术研发团队，确保技术研发、成果转化和实现产业化按计划有序推进，最终形成实际的生产力和竞争力。只有创造条件、搭建平台、畅通渠道，让技术研发成果加快转化为实际生产力、国际竞争力，才能体现技术研发和创新的价值，才能释放技术创新的强大驱动力。

（四）着力提升制造工艺技术水平、质量、效率，提高竞争力

在全球经济一体化、国内开放力度加大的背景下，只有拥有核心技术、先进工艺技术、质量标准的企业，在全球产业链分工合作、产业布局中才能拥有主动权，才能进入价值链高端。随着我国对外开放力度的加大，无论在国内市场还是在国际市场，我国装备制造企业都要面临强大国际竞争对手。提升核心竞争力，抢占战略制高点，掌控发展主导权，进入价值链高端，最终要靠提升自主研发和技术创新能力，提高制造技术工艺水平、产品质量和档次、生产效率。这是广西装备制造企业必然要面对而且又必须解决好的重大问题。提升"广西制造"的竞争力，关键在于提升自主创新能力，努力突破核心关键技术、新材料、零部件和设备等瓶颈制约。竞争取胜的基础在于坚持"精益求精"的精神，不断追求更精湛的制造工艺技术，更强的自主创新、研发设计能力，更好的产品品质和更高的生产效率。只有走"靠技术、实力取胜"的发展道路，依靠"更好更快"生产出更多高品质、高科技、高附加值，符合市场需求的装备产品，才是提高广西装备制造业竞争力，提高"广西品牌"国内外知名度的根本之道。

（五）做好宏观调控等工作

创新宏观调控，限制产能严重过剩产业发展，防止低水平重复投资建设，盲目扩张，淘汰落后产能、僵尸企业。加强生态环境监管和执法，建设良好的合作发展环境，制定和完善行业标准、产品质量和技术标准、节能环保技术标准等市场准入技术标准，探索建立产业投资的负面清单管理制度，促进装备制造业转型升级法制化、规范化管理。为企业提供公平竞争、公平发展的市场环境，维护良好的市场秩序，确保市场有效运行，为企业提供优质、高效的服务，做好服务协调。依法开展执法活动，依法查处"制假售假"等非法行为，依法保护企业和消费者权益。

（六）推动装备制造业改造升级

除高质量引进新增量外，更要重视优化存量。其中重要环节就是发挥市场优化配置资源的关键性作用，建立和完善政策法规、体制机制，引导、推动装备制造业改造升级。通过激励技术创新，应用先进技术，引进先进技术设备，改进制造技术工艺，提高产品质量和生产效率，提高研发设计能力、新产品和新服务创新开发能力，推动装备制造业向节能环保，向高技术、高品质、高附加值方向发展，提高装备制造业发展活力、竞争力，为加快装备制造业转型升级和结构优化，提高产业层次、产品档次，提高国际竞争力，保持强大发展后劲不断注入新活力。

（七）制定好产业发展规划，强化规划、产业政策的导向作用

着力谋划做好装备制造业发展规划，强化产业政策的导向作用。着力完善产业政策、法规配套，构建有效的激励约束机制，强化产业政策的导向作用，强化自主创新能力，有效促进发展理念创新、技术创新、产品创新、管理创新和商业模式创新，为加快发展先进装备制造业，促进创新发展、协调配套发展、可持续发展，提高发展质量和效益，提高核心竞争力提供纲领性、战略性的指导文件。

（八）优化投资营商环境，为促进装备制造业改造提升创造条件

通过营造和提供有利的发展环境、发展政策，引进优势企业、引进优质投资项目，是加快先进装备制造业，改造提升装备制造业，提高整体竞争力的有效途径。为此要做好以下工作：

1. 完善政策法规、体制机制，完善政策法规配套，更加注重软环境改善，充分发挥市场主导作用、企业主体作用，发挥好政府的作用，提供优质高效服务，创造良好政策法规环境、市场环境、投资营商环境。出台有效的融资、财税、土地使用等政策，增强自身招商引资的吸进力、竞争力，为引进国内外优势企业，引进优质投资项目，引进技术、人才和管理经验，加快发展先进装备制造业，培育发展战略性新兴产业创造更好的软环境。

2. 完善基础设施配套。包括交通、运输、物流、供电供水、通信网络、工业园区、污染源处理设施等基础设施规划建设和配套。通过营造良好的发展环境，增强招商引资吸进力、竞争力，为推动装备制造业转型升级，提高装备制造业整体竞争力创造条件。

BLUE
BOOK

广西工业发展报告

广西社会科学院 编

热点问题研究

GUANGXI INDUSTRIAL DEVELOPMENT REPORT

2018年
广西蓝皮书

广西工业发展报告

热点问题
研究

广西工业行业投资效率
及投资导向分析

工业在广西经济增长及产业结构调整中占据非常重要的地位。在稳增长、调结构和提高投资效益的多重目标下，对广西工业各行业的投资效率开展研究，对提高投资的有效性进而促进经济增长，具有重要的现实意义。本报告利用广西固定资产投资总额、新增固定资产投资额、工业总产值、吸纳就业人员人数、利润总额等数据，采用数据包络分析法（DEA分析法），对按国民经济行业分类的广西40个工业行业固定资产投资的规模效率、技术效率以及规模收益（投资收益）等指标进行测算；在此基础上进行聚类分析，对广西40个工业行业提出不同的投资导向，为改善广西投资结构、提高投资效益、促进产业转型升级，进而保持广西经济持续健康发展提供参考意见。

一、数据包络分析法（DEA分析法）的介绍

DEA分析，即数据包络分析（Data Envelopment Analysis，DEA）方法，是运筹学、管理科学与数理经济学交叉研究的一个新领域。它是根据多项投入指标和多项产出指标，利用线性规划的方法，对具有可比性的同类型单位进行相对有效性评价的一种数量分析方法。DEA方法及其模型自1978年由美国著名运筹学家 A. Charnes 和

W. W. Cooper 提出以来，已广泛应用于不同行业及部门，并且在处理多指标投入和多指标产出方面，体现了其独特的优势。DEA 是一个线形规划模型，表示为产出对投入的比率。通过对一个特定单位的效率和一组提供相同服务的类似单位的绩效的比较，它试图使服务单位的效率最大化。在这个过程中，获得 100％效率的一些单位被称为相对有效率单位，而另外的效率评分低于 100％的单位被称为低效率或无效率单位。

二、广西工业行业投资的边际效应

边际效应，通常是指当其他投入不变时，连续不断地增加某一种投入，其每投入单位产生的新增收益反而减少。对广西工业行业的 DEA 分析结果表明，广西工业行业固定资产投资的边际效应十分明显。

本报告的 DEA 分析得到的"规模收益"指标，是衡量行业投资是否出现边际效应的最好指标。"规模收益"指标显示三种结果，一是"不变"，说明投入和产出的关系达到最佳平衡点；二是"递增"，表示增加投入会得到更大比例的产出，即投入收益是递增的；三是"递减"，代表增加投入不会得到更大比例的产出，即投入收益是递减的。第三种表现，就是边际效应现象。在对广西工业行业固定资产投资效率的 DEA 分析中，"规模收益"即投资收益。

表 1 是按投资比重排序的 2015 年①广西工业行业投资效率 DEA 分析结果。广西 40 个工业行业中，有 28 个行业投资收益递减，出现边际效应现象。出现投资边际效应现象的行业数占全部工业行业数的 70％，其投资占比高达 93.4％。只有 10 个行业的投资收益体现出递增，这些行业占全部工业行业数的 25％，投资占比仅为 6.5％。

投资比重排前 18 位的行业，占据了广西工业行业 80％的固定资产投资，这些全部是投资收益递减、出现投资边际效应现象的行业。排在投资比重排行榜末端的，全部是没有出现投资边际效应的行业。由此可见，广西工业行业的投资结构有以下特点：广西工业行业投资比重较高的行业，无一例外地出现投资收益递减的边际效应现象，而投资比重最低的一批行业，其投资收益仍然是递增的。

---

① 因统计局的 2016 年的分行业工业行业投资数据要在 2017 年 11 月底才能公布，故暂时使用 2015 年数据。以下数据均为 2015 年数据。

表 1 按投资比重排序的广西工业行业投资效率 DEA 分析（2015 年）

工业行业	行业投资占工业固定资产投资的比重（%）	投资比重排位	纯技术效率	规模效率	规模收益（投资收益）
非金属矿物制品业	13.85%	1	1	0.026022	递减
木材加工及竹、藤、棕、草制品业	8.30%	2	0.520953	0.029757	递减
电力、蒸气、热水的生成和供应业	7.61%	3	0.819878	0.047935	递减
交通运输设备制造业	6.73%	4	1	0.053787	递减
农副食品加工	5.12%	5	1	0.066636	递减
化学原料及化学制品制造业	4.39%	6	0.589321	0.060092	递减
专用设备制造业	3.90%	7	0.146671	0.116745	递减
电气、机械及器材制造业	3.48%	8	0.432136	0.108508	递减
非金属矿采选业	3.07%	9	0.09242	0.215815	递减
金属制品业	3.03%	10	0.149539	0.156113	递减
有色金属冶炼及压延加工业	2.93%	11	0.846297	0.109017	递减
通信设备、计算机及其他电子设备制造业	2.82%	12	1	0.106047	递减
通用机械制造业	2.65%	13	0.093052	0.18036	递减
食品制造业	2.60%	14	0.174066	0.148952	递减
饮料制造业	2.43%	15	0.476821	0.114101	递减
橡胶和塑料制品业	2.31%	16	0.099059	0.189034	递减
医药制造业	2.23%	17	0.331401	0.134894	递减
黑色金属冶炼及压延加工业	2.22%	18	1	0.118498	递减
自来水的生成和供应业	2.15%	19	0.008869	0.80231	递增
造纸及纸制品业	2.03%	20	0.187831	0.154426	递减
纺织服装、鞋帽制造业	1.86%	21	0.024554	0.622084	递减
家具制造业	1.82%	22	0.01378	0.781572	递减
煤气生成和供应业	1.61%	23	0.020231	0.614537	递增
工艺品及其他制造业	1.51%	24	0.013704	0.533946	递增
废弃资源和废旧材料回收加工业	1.38%	25	0.124774	0.230231	递减
有色金属矿采选业	1.38%	26	0.25291	0.180199	递减
纺织业	1.35%	27	0.149227	0.165106	递减

续表

工业行业	行业投资占工业固定资产投资的比重（%）	投资比重排位	纯技术效率	规模效率	规模收益（投资收益）
印刷业、记录、媒介的复制	1.17%	28	0.038833	0.636607	递减
皮革、毛皮、羽毛（绒）及其制品业	1.02%	29	0.021981	0.874534	递减
黑色金属矿采选业	0.92%	30	0.095862	0.406394	递减
石油加工、炼焦及核燃料加工业	0.79%	31	1	0.150572	递减
仪器仪表及文化、办公用机械制造业	0.39%	32	0.047093	0.618476	递增
金属制品、机械和设备修理业	0.23%	33	0.07999	0.210376	递增
其他采矿业	0.23%	34	0.073602	0.205601	递增
煤炭采选业	0.17%	35	0.102959	0.393391	递增
烟草加工业	0.12%	36	1	1	不变
石油和天然气开采	0.08%	37	0.207413	0.913474	递增
开采辅助活动	0.07%	38	0.213663	0.255712	递增
化学纤维制造业	0.07%	39	0.210778	0.187475	递增
文教体育用品制造业	0.01%	40	1	1	不变

三、纯技术效率和规模效应视角下的分析

DEA分析还有两个重要的指标，一是"纯技术效率"，二是"规模效率"。纯技术效率高，说明投入通过技术因素获取收益的比例大，反之，则说明通过技术因素获得收益的比例小。规模效率高，说明投入通过规模效应获得收益的比例大，反之，则说明投入通过规模效应获得收益的比例小。

表2是按纯技术效率排序的2015年广西工业行业投资效率DEA分析结果。除了烟草加工业、文教体育用品制造业这两个投资比重极小的行业之外，纯技术效率排位居前的行业有"非金属矿物制品业""交通运输设备制造业""通信设备、计算机及其他电子设备制造业""黑色金属冶炼及压延加工业""石油加工、炼焦及核燃料加工业""有色金属冶炼及压延加工业"等。这类行业，大多属于对技术、人才、资金、管理都有较高要求的重工业和高新技术行业，因此，投资通过技术因素获得收益的比例较大。这类行业，体现出规模效率不足的共同特点，因此，立足于扩大规模效应的固定资产投资，对增加收益会有积极作用。但应当注意到这类行业的投资占比已经相当高，而且均出现投资收益递减的边际效应现象。

　　纯技术效率较低的行业，大多是技术门槛较低、规模效益较好的行业。此类行业的共同特点是：投资比重较低，其中很多行业的投资收益是递增的，还没有出现边际效应现象。因此，此类行业增加以技术更新改造为目标的固定资产投资，对增加投资收益会有明显的作用。

表2　按纯技术效率排序的广西工业行业投资效率 DEA 分析（2015 年）

工业行业	行业投资占工业固定资产投资的比重（%）	投资比重排位	纯技术效率	规模效率	规模收益（投资收益）
非金属矿物制品业	13.85%	1	1	0.026022	递减
交通运输设备制造业	6.73%	4	1	0.053787	递减
农副食品加工	5.12%	5	1	0.066636	递减
通信设备、计算机及其他电子设备制造业	2.82%	12	1	0.106047	递减
黑色金属冶炼及压延加工业	2.22%	18	1	0.118498	递减
石油加工、炼焦及核燃料加工业	0.79%	31	1	0.150572	递减
烟草加工业	0.12%	36	1	1	不变
文教体育用品制造业	0.01%	40	1	1	不变
有色金属冶炼及压延加工业	2.93%	11	0.846297	0.109017	递减
电力、蒸气、热水的生成和供应业	7.61%	3	0.819878	0.047935	递减
化学原料及化学制品制造业	4.39%	6	0.589321	0.060092	递减
木材加工及竹、藤、棕、草制品业	8.30%	2	0.520953	0.029757	递减
饮料制造业	2.43%	15	0.476821	0.114101	递减
电气、机械及器材制造业	3.48%	8	0.432136	0.108508	递减
医药制造业	2.23%	17	0.331401	0.134894	递减
有色金属矿采选业	1.38%	26	0.25291	0.180199	递减
开采辅助活动	0.07%	38	0.213663	0.255712	递增
化学纤维制造业	0.07%	39	0.210778	0.187475	递增
石油和天然气开采	0.08%	37	0.207413	0.913474	递增
造纸及纸制品业	2.03%	20	0.187831	0.154426	递减
食品制造业	2.60%	14	0.174066	0.148952	递减
金属制品业	3.03%	10	0.149539	0.156113	递减
纺织业	1.35%	27	0.149227	0.165106	递减

续表

工业行业	行业投资占工业固定资产投资的比重（％）	投资比重排位	纯技术效率	规模效率	规模收益（投资收益）
专用设备制造业	3.90％	7	0.146671	0.116745	递减
废弃资源和废旧材料回收加工业	1.38％	25	0.124774	0.230231	递减
煤炭采选业	0.17％	35	0.102959	0.393391	递增
橡胶和塑料制品业	2.31％	16	0.099059	0.189034	递减
黑色金属矿采选业	0.92％	30	0.095862	0.406394	递减
通用机械制造业	2.65％	13	0.093052	0.18036	递减
非金属矿采选业	3.07％	9	0.09242	0.215815	递减
金属制品、机械和设备修理业	0.23％	33	0.07999	0.210376	递增
其他采矿业	0.23％	34	0.073602	0.205601	递增
仪器仪表及文化、办公用机械制造业	0.39％	32	0.047093	0.618476	递增
印刷业、记录、媒介的复制	1.17％	28	0.038833	0.636607	递减
纺织服装、鞋帽制造业	1.86％	21	0.024554	0.622084	递减
皮革、毛皮、羽毛（绒）及其制品业	1.02％	29	0.021981	0.874534	递减
煤气生成和供应业	1.61％	23	0.020231	0.614537	递增
家具制造业	1.82％	22	0.013780	0.781572	递减
工艺品及其他制造业	1.51％	24	0.013704	0.533946	递增
自来水的生成和供应业	2.15％	19	0.008869	0.80231	递增

四、聚类分析

通过对 2015 年广西工业行业投资效率的 DEA 分析结果作聚类分析，我们可以得到更为细致的行业归类。表 3 是聚类分析结果，分类变量是纯技术效率和规模效率。行业的分类由 SPSS 软件自动完成，类特征是我们对计算机分类结果的解读，分类名由我们根据类特征给出。

最佳类只有两个行业，纯技术效率和规模效率都是最大值，规模收益不变，即说明投资与产出的关系处于最佳状态，但这两个行业投资比重极低。

技术类和次技术类由一批对技术、人才、资金、管理都有较高要求的重工业和高新技术行业组成，该类的特征是纯技术效率较高，投资比重较大，明显出现投资收益递减的边际效应现象。

　　规模类和次规模类行业主要由资金和技术门槛要求较低的行业构成，该类的特征是规模效率较高，投资比重较低，较多行业处于投资收益递增状态，边际效应现象不明显。

　　一般类由纯技术效率和规模效率处于中间偏下地带的行业构成，该类行业投资比重中间偏低。该类共有 15 个行业，除了投资比重最低的 4 个行业其投资收益是递增的之外，其余行业的投资收益是递减的，投资边际效应现象也很明显。

表 3　对广西工业行业投资效率 DEA 分析结果的聚类分析（2015 年）

类名	类特征	工业行业	投资比重	投资比重排位	纯技术效率	规模效率	规模收益
最佳类	纯技术效率和规模效率均最高，投资比重低	烟草加工业	0.12%	36	1	1	不变
		文教体育用品制造业	0.01%	40	1	1	不变
技术类	纯技术效率高，规模效率低，投资比重大，投资收益递减，边际效应明显	非金属矿物制品业	13.85%	1	1	0.026022	递减
		电力、蒸汽、热水的生成和供应业	7.61%	3	0.819878	0.047935	递减
		交通运输设备制造业	6.73%	4	1	0.053787	递减
		农副食品加工	5.12%	5	1	0.066636	递减
		有色金属冶炼及压延加工业	2.93%	11	0.846297	0.109017	递减
		通信设备、计算机及其他电子设备制造业	2.82%	12	1	0.106047	递减
		黑色金属冶炼及压延加工业	2.22%	18	1	0.118498	递减
		石油加工、炼焦及核燃料加工业	0.79%	31	1	0.150572	递减
次技术类	纯技术效率较高，但比"技术类"低，投资比重大，投资收益递减，边际效应明显	木材加工及竹、藤、棕、草制品业	8.30%	2	0.520953	0.029757	递减
		化学原料及化学制品制造业	4.39%	6	0.589321	0.060092	递减
		电气、机械及器材制造业	3.48%	8	0.432136	0.108508	递减
		饮料制造业	2.43%	15	0.476821	0.114101	递减

续表

类名	类特征	工业行业	投资比重	投资比重排位	纯技术效率	规模效率	规模收益
规模类	规模效率高，纯技术效率低，投资比重低，行业投资收益有递增、有递减，边际效应不明显	自来水的生成和供应业	2.15%	19	0.008869	0.80231	递增
		家具制造业	1.82%	22	0.01378	0.781572	递减
		皮革、毛皮、羽毛（绒）及其制品业	1.02%	29	0.021981	0.874534	递减
		石油和天然气开采	0.08%	37	0.207413	0.913474	递增
次规模类	规模效率较高，但比"规模类"低，投资比重低，行业投资收益递增者居多	纺织服装、鞋帽制造业	1.86%	21	0.024554	0.622084	递减
		煤气生成和供应业	1.61%	23	0.020231	0.614537	递增
		工艺品及其他制造业	1.51%	24	0.013704	0.533946	递增
		印刷业、记录、媒介的复制	1.17%	28	0.038833	0.636607	递减
		黑色金属矿采选业	0.92%	30	0.095862	0.406394	递减
		仪器仪表及文化、办公用机械制造业	0.39%	32	0.047093	0.618476	递增
		煤炭采选业	0.17%	35	0.102959	0.393391	递增
一般类	纯技术效率和规模效率，均处于中间地带，其中投资比重较低的几个行业投资收益递增	专用设备制造业	3.90%	7	0.146671	0.116745	递减
		非金属矿采选业	3.07%	9	0.09242	0.215815	递减
		金属制品业	3.03%	10	0.149539	0.156113	递减
		通用机械制造业	2.65%	13	0.093052	0.18036	递减
		食品制造业	2.60%	14	0.174066	0.148952	递减
		橡胶和塑料制品业	2.31%	16	0.099059	0.189034	递减
		医药制造业	2.23%	17	0.331401	0.134894	递减
		造纸及纸制品业	2.03%	20	0.187831	0.154426	递减
		废弃资源和废旧材料回收加工业	1.38%	25	0.124774	0.230231	递减
		有色金属矿采选业	1.38%	26	0.25291	0.180199	递减
		纺织业	1.35%	27	0.149227	0.165106	递减
		金属制品、机械和设备修理业	0.23%	33	0.07999	0.210376	递增
		其他采矿业	0.23%	34	0.073602	0.205601	递增
		开采辅助活动	0.07%	38	0.213663	0.255712	递增
		化学纤维制造业	0.07%	39	0.210778	0.187475	递增

五、分析结果

1. 广西工业有较多行业的投资出现边际效应现象。广西工业内部行业中，大部分行业投资出现边际效应，即投资收益呈递减趋势。广西 40 个工业行业中，有 28 个行业投资收益递减，出现边际效应现象。

2. 出现投资边际效应的工业行业其投资占比较高。广西工业行业投资比重较高的行业，无一例外地出现投资收益递减的边际效应现象；而投资比重最低的一批行业，其投资收益仍然是递增的。出现投资边际效应现象的行业数，占全部工业行业数的 70%，其投资占比高达 93.4%。只有 10 个行业的投资收益体现出递增，这些行业占全部工业行业数的 25%，投资占比仅为 6.5%。投资比重排前 18 位的行业，占据了广西工业行业 80% 的固定资产投资，这些全部是投资收益递减、出现投资边际效应现象的行业。

3. 广西应重视投资收益递增的工业行业技术更新改造。广西工业行业中，有部分纯技术效率较低的行业，大多是技术门槛较低、规模效益较好的行业。此类行业的共同特点是：投资比重较低，其中很多行业的投资收益是递增的，还没有出现边际效应现象。因此，此类行业增加以技术更新改造为目标的固定资产投资，对增加投资收益会有明显的作用。

4. 广西应在稳增长、调结构和提高投资效益的多重目标下，综合考虑纯技术效率、规模效率和边际效应情况，制定行业的分类投资导向和投资策略。

六、工业行业分类投资导向的策略

目前，广西经济已由高速增长阶段转向注重质量发展阶段，正处在转变发展方式、优化经济结构、转换增长动力的攻关期，广西要以贯彻落实党的十九大精神为契机，在稳增长、调结构和提高投资效益的多重目标下，继续深化供给侧结构性改革，综合考虑纯技术效率、规模效率和边际效应情况，制定工业行业的分类投资导向策略，对投资进行引导，从而提高投资的有效性。

1. 对规模效应较大而投资收益递增的行业，应鼓励扩大投资规模，努力提高投资占比。广西的石油化工工业中的石油和天然气开采行业，机械工业中的仪器仪表及文化、办公用机械制造业行业，煤炭工业中的煤炭采选业，自来水的生成和供应业，煤气生成和供应业，以及工艺品及其他制造业等行业，均属于规模效率高且纯技术效率低的行业，其投资比重低，行业投资收益仍处于递增阶段，这些行业技术门槛低，但规模效率明显，应该鼓励扩大投资规模，努力提高其投资占比。

2. 对规模效应及技术效率较高而投资收益递增的行业，应鼓励扩大投资规模，努力提高投资占比且注重技术提升。食品工业中的烟草加工业，机械工业中的金属制品、机械和设备修理业，纺织服装工业的化学纤维制造业，文教体育用品制造业，以及其他采矿业及开采辅助活动等行业，其纯技术效率和规模效率较高，投资收益仍处于递增阶段，而这些行业的投资占比较低，应鼓励扩大投资规模，努力提高投资占比，并且要注重扩大更新改造投资规模。

3. 对规模效率低且已出现边际效应，但技术效率较高的行业，应控制投资规模，适当降低投资比重，主攻产业转型升级。广西的电力工业、电子工业，建材工业中的非金属矿物制品业，有色金属工业中的有色金属冶炼及压延加工业，造纸与木材工业中的木材加工及竹、藤、棕、草制品业，以及机械工业中的交通运输设备制造业和电气、机械及器材制造业，食品工业中的农副食品加工、饮料制造业，冶金工业中的黑色金属冶炼及压延加工业，石油化工工业中的石油加工、炼焦及核燃料加工业和化学原料及化学制品制造业等行业，其纯技术效率高，但规模效率低且已出现边际效应，这些行业相对来说其投资比重较高，应该控制投资规模，适当降低投资比重，主攻方向为应扩大更新改造投资，通过技术改造、产业转型升级来提高投资效益。

4. 对规模效应较高且技术门槛较低，投资收益出现递减而投资占比还较低的行业，应适当扩大投资规模，适当提高投资比重，且加快产品更新换代及技术改造。广西造纸与木材工业中的家具制造业，纺织服装与皮革工业中的纺织服装、鞋帽制造业和皮革、毛皮、羽毛（绒）及其制品业，冶金工业中的黑色金属矿采选业，以及印刷业、记录、媒介的复制等行业，纯技术效率低，技术门槛较低，但投资的规模效率高，且投资占比仍然较低，不过，这些行业已经出现投资边际效应，投资收益递减，可适当扩大投资规模，适当提高投资比重，且通过产品的更新换代以及技术改造来提高投资效益。

5. 对技术效率和规模效率不明显且已出现投资边际效应，但投资占比较低的行业，应适当提高投资比重，努力提高产品技术含量。广西的医药制造业，纺织服装与皮革工业的纺织业，机械工业专用设备制造业、金属制品业、通用机械制造业，建材工业中的非金属矿采选业，食品工业中的食品制造业，石油化工工业中的橡胶和塑料制品业，有色金属工业中的有色金属矿采选业，造纸与木材工业中的造纸及纸制品业，以及废弃资源和废旧材料回收加工业等行业，纯技术效率和规模效率不明显，处于中间位置，虽已出现了投资收益递减的情况，但这些行业的市场需求较大，且具有较好市场前景，投资占比仍有提升的空间，可注重技术创新，提高产品技术含量，加快产业转型升级，以提高投资有效性，创造有效供给。

企业多元化发展的机遇与挑战

——从皇氏乳业到皇氏集团发展之路的回顾与思考

皇氏集团股份有限公司（以下简称皇氏集团），是广西第4家在国内中小板上市的企业，也是至今为止广西在国内中小板上市的7家企业之一。

皇氏集团的前身系广西皇氏生物工程乳业有限公司（以下简称：皇氏乳业），成立于2001年5月31日，设立时的注册资本为人民币300万元。其后皇氏乳业几经变更股东和增资，至改制前的2006年11月12日，注册资本增加至2000万元。

皇氏乳业于2010年1月在深交所上市，在2014年12月更名为皇氏集团股份有限公司。

皇氏集团旗下现共有36家分、子公司以及参股公司，其中5家乳品加工厂和27个标准化奶牛养殖基地。

自2003年起，皇氏集团的水牛奶系列产品产销量名列全国第一，为中国最大的水牛奶生产加工企业，也因此被业内誉为"水牛奶之王"。现有产品12大系列、70余个品种。

历年来，皇氏集团连续承担了科技部"十一五""十二五"国家科技支撑计划项目的研究。其研制开发的水牛奶系列产品，先后荣获了广西名牌产品、西部乳业最具创新产品奖、中国品牌节最佳产品创新奖、科技进步奖等多项荣誉。

皇氏集团注册与办公地址现位于南宁市科园大道 66 号。

就乳制产品而言，皇氏集团现在的主营业务是液态乳和液态乳制品的生产、加工、销售以及与此产业关联的奶牛养殖和牧草种植业务。经营范围是定型包装乳及乳制品（含不锈钢桶装，30KG/桶）、脱脂乳、酸乳、强化奶（AD钙奶、高钙奶）生产、加工和销售；禽畜的饲养、加工及销售；普通货物运输；国内商业贸易（国家有专项规定除外）；自营和代理各类商品和技术的进出口，但国家限定公司经营或禁止进出口的商品和技术除外；煤炭的批发、零售；资产投资经营管理，企业策划、咨询服务；五金交电、矿产品、有色金属的销售（具备经营场所后方可展开经营活动，除国家专控外）。

因为已有乳制产品的拓展直接受到了地域的制约，水牛奶业务成长空间有限，不足以支撑上市公司的持续发展，皇氏乳业上市后的企业发展遇到了明显的瓶颈。为了突破这个瓶颈，自 2014 年底起，"广西皇氏甲天下乳业股份有限公司"更名为"皇氏集团股份有限公司"，开始走向了企业多元化经营之路，向文化传媒领域转型，通过收购和股权投资御嘉影视、盛世骄阳、北广高清等企业，逐步布局包括了从内容到平台的文化板块全产业链，至今已基本形成了"乳业＋文化传媒业"的双主业协同发展的格局。

从皇氏乳业到皇氏集团，其走上"乳业＋文化传媒业"双主业协同发展格局之路，至今已历经了三年多。作为一个典型案例，我们现在回顾与分析这段历程，不难窥见一个现代企业在迈向多元化发展的历程中，所不可不面对且必须应对的机遇、陷阱与挑战。

一、皇氏乳业的设立与上市

（一）皇氏乳业的设立

广西皇氏生物工程乳业有限公司于 2001 年 5 月 31 日成立后，在 2006 年 11 月 12 日迎来了一个重要的时刻：经企业的股东会决议，同意按 2006 年 6 月 30 日经审计的账面净资产 8028.01 万元为基础，由黄嘉棣先生、张咸文先生、真牛公司和中国风投共同作为发起人，以整体变更方式发起设立广西皇氏甲天下乳业股份有限公司，并于 2006 年 12 月 20 日依法在广西壮族自治区工商局登记注册，注册资本为 8000 万元。此举为该企业的日后上市，直接奠定了基础。

（二）皇氏乳业的上市

2009 年 12 月 11 日，经中国证监会核准，皇氏乳业采用网下向询价对象询价配售和网上资金申购定价发行相结合的方式，向社会公众发行人民币普通股（A 股）2700 万股，发行价格为 20.1 元/股。2010 年 1 月 6 日，皇氏乳业股票在深圳证券交易所中小企业版正式挂牌上市，交易代码 002329。

皇氏乳业在 2009 年底、2010 年初的发行与上市，使其步入了通过上市融资来谋求企业的壮大发展之路，实现了常规经营与资本运作的有机结合，通过内生性增长和对外的企业收购，企业的资产规模得以不断增长，得到了翻番的大幅度提升，企业品牌的知名度和产品的市场地位，也得到了空前的加强。

上市之后，皇氏乳业的发展路径，就是以募集资金和自有资金为主，银行融资为辅，确保企业当下与未来发展资金的需求，为企业的长远发展奠定基础。

二、从皇氏乳业到皇氏集团：增资扩股与双主业发展

（一）上市募资与 2014 年和 2015 年的增资扩股

皇氏乳业在 IPO 上市后，经历了从皇氏乳业到皇氏集团的发展历程。上市至今，该企业又经过了 4 次的增资扩股，通过资本市场募集来的股本资金，不断推动着企业的内外高增长。具体的数据如下表：

表 1 皇氏集团 IPO 及上市后的 4 次增资扩股所募集的股本金

发行起始日	资金来源类别	每股价格（元）	最终发行（万股）	募集总额（万元）
2015 - 10 - 15	增发募集	10.05	2179.00	21899.00
2015 - 08 - 03	增发募集	26.34	2494.19	65696.99
2014 - 11 - 18	增发募集	13.45	1691.26	22747.50
2014 - 11 - 18	增发募集	13.45	3552.04	47775.00
2009 - 12 - 23	首发新股	20.10	2700.00	54270.00

数据来源：皇氏乳业首次发行股票上市公告书；皇氏集团股份有限公司 2014 年、2015 年年度报告。

（二）双主业发展：乳制品生产销售＋文化传媒

皇氏集团在 2014 年和 2015 年的 4 次增资扩股，投资目标并不是扩大乳业生产，因为该企业的水牛奶生产与销售在上市后的几年里，即遇到了瓶颈期，一是水牛奶的单产比较低；二是相关产品的成本比较高；三是区域的销售进展并不顺利，就我们的调研所见，皇氏乳业上市后的拓展计划之一，就是想拓展自己的产品在北上广深这些一线城市的销售，欲走高端路线，却因市场消费的不够景气与一线城市乳业产品的竞争激烈，结果并不尽如人意。

皇氏集团的上述 4 次增资扩股，投资目标是直接通过并购文化类公司来直接进入文化产业，将皇氏集团进一步打造成为拥有乳制品生产销售、文化传媒并行的双主业上市公司。具体进程是：

1. 全资收购御嘉影视集团有限公司。

2014 年 4 月，皇氏乳业以 6.825 亿元的价格全资收购御嘉影视集团有限公司 100％的股权，后者其后更名为皇氏御嘉影视集团有限公司（以下简称"御嘉影视"），御嘉影视的控股股东李建国因此成为皇氏集团的二股东。

《广西皇氏甲天下乳业股份有限公司 2013 年度报告》显示，皇氏乳业在 2013 年的总营收约为 9.91 亿元，总资产约为 12.66 亿元。

比较以上三个数字，可见当年的皇氏乳业的大股东，是用大价钱收购了御嘉影视的全部股权，也可见皇氏乳业进入文化产业的意志之坚决和手笔之巨硕。

皇氏乳业也因此在 2014 年 12 月更名为皇氏集团股份有限公司。

2. 全资收购北京盛世骄阳文化传播有限公司。

2015 年初，皇氏集团以发行股份＋支付现金的方式，以 7.8 亿元（增值率 237.99％）的价格全资收购北京盛世骄阳文化传播有限公司（以下简称"盛世骄阳"），后者成为皇氏集团的全资子公司，徐蕾蕾因此成为皇氏集团的股东。

3. 构建以云平台为技术支撑，打通影视、幼教、互联网金融等多条线的业务架构。

皇氏集团自 2014 年起向文化传媒领域积极转型，具体步骤是通过收购和投资御嘉影视、盛世骄阳、北广高清等标的，大举布局从内容到平台的文化板块全产业链，形成了乳业及文化传媒业务双主业协同发展的格局。在文化产业方面，初步构建了以云平台为技术支撑，打通影视、幼教、互联网金融等多条线的业务架构。其中包括：

（1）影视方面，形成"内容制作—媒体运营—终端传播—衍生品开发"的产业链，为企业未来业绩的持续快速发展注入动力。皇氏集团以皇氏御嘉影视、盛世骄阳的丰富 IP、版权资源为核心，并广泛地与互联网视频、有线运营商、IPTV、OTT 等主流媒体渠道进行合作，为内容的可持续发展奠定良好基础。

（2）幼教：通过 TV 电视端，Online 线上，Offline 线下（T2O2O）布局，打造 T2O2O 的商业闭环，在幼教领域形成独特商业闭环。力图依托盛世骄阳、伴你成长、北广高清、新动漫频道、遥指科技等合作方，实现内容、渠道和技术间的相互协同和良性互哺，面向长期打开企业自身的成长空间。

（3）互联网金融：搭建影视宝众筹平台并投资银联电子账单服务商完美在线，拓宽影视文化业务融资渠道并助力衍生品在电商平台的推广。

4. 皇氏集团 2014 年度和 2015 年度新增合并财务报表范围。

以收购御嘉影视和盛世骄阳这两条主线为主，加之一系列的对文化企业的参股或收购，具体体现在皇氏集团在 2014 年度和 2015 年度新增合并财务报表范围中。

皇氏集团 2014 年度新增合并财务报表范围：皇氏御嘉影视集团有限公司、中广金像文化传媒（北京）有限公司、中视盛禾文化传媒（北京）有限公司、御嘉影视制作（北京）有限公司、御嘉传媒（北京）有限公司、北京上院星河文化发展有限公司、御嘉星艺（北京）文化发展有限公司。

皇氏集团 2015 年度新增合并财务报表范围：北京盛世骄阳文化传播有限公司、浙江完美在线网络科技有限公司、皇氏集团湖南优氏乳业有限公司、皇氏广西贸易有限公司、御嘉（霍尔果斯）影视传媒有限公司、昆明皇氏供应链管理有限公司、西藏皇氏投资管理有限公司、皇氏集团华南乳品有限公司、皇氏来宾乳业有限公司、浙江皇氏金融信息服务有限公司、霍尔果斯骄阳文化传播有限公司、北京伴你成长文化传媒有限公司、北京天广信通广告有限公司、北京银屏风采文化传播有限公司、天津骄阳盛世文化传播有限公司。

《皇氏集团股份有限公司 2015 年年度报告》显示，皇氏集团在 2015 年的总营业收入约为 16.85 亿元，较之上年，同比增幅为 49.09％；总资产约为 44.54 亿元，较之上年，同比增幅为 95.47％。

将皇氏集团 2015 年年报的数据与 2013 年年报数据进行比较，很直观地就可以发现，皇氏集团通过增资扩股来进入文化产业，在两年内就通过外延式的爆发性增长，使企业步上了高速的不断翻番做大的进程。

三、皇氏集团：双主业发展在 2016 年度尤其是 2017 年度经历的严峻考验

企业步上了高速的不断翻番做大的进程，并不是企业经营与发展的全部内容，因为，不断做强与不断做长久，同样是企业经营与发展的重要追求，甚至是更重要的追求。

皇氏集团作为一个乳业企业，通过进入文化产业来进入双主业发展的全新疆域，不再局限于乳业的生产与销售，而是追求跨产品、跨行业的经营扩张，面临着的就不仅是机遇，更是全新的挑战，因为这势必要面对更多的不确定性和不可预见的陷阱。

尤其是皇氏集团的双主业发展，就企业的多元化经营而言，不是同心多元化或水平多元化经营战略，也不是垂直多元化经营战略，而是挑战性更高的整体多元化（也被称为"混合式多元化"）经营战略，要向与其自身原乳业产品、技术、市场无关的文化产业扩展。一般而言，这种扩展更需要充足的资金和其他资源，所以一般多为实力雄厚的大公司所采用。皇氏集团作为一家身在广西的区域性乳品企业，要收购地处北京的御嘉影视、盛世骄阳等企业，挑战性自然是不小的。

为了增加确定性，避开不可预见的更多陷阱，维护全体股东的利益，皇氏

集团在花费巨资全资收购御嘉影视、盛世骄阳等文化企业时，采取的措施之一是，特别要求御嘉影视、盛世骄阳等文化企业的股东签署了承诺书，以降低企业并购的风险。

御嘉影视、盛世骄阳的原股东签署承诺书及其具体履行过程如下：

（一）皇氏御嘉影视原股东李建国签署承诺书

皇氏御嘉影视原股东李建国在 2014 年 4 月 18 日签署承诺书，对 2014 年至 2017 年约定了盈利承诺，具体内容为：

1. 业绩补偿承诺期限：李建国对皇氏御嘉影视的利润承诺期间为 2014 年、2015 年、2016 年及 2017 年。本次非公开发行股份购买资产实施完成日至 2017 年上市公司年度审计报告出具日期间为利润补偿期间。

2. 承诺净利润数：李建国根据皇氏御嘉影视目前的经营情况，承诺皇氏御嘉影视 2014 年、2015 年、2016 年及 2017 年扣除非经常性损益后的归属于母公司所有者的净利润分别不低于 6500 万元、8775 万元、11846 万元、15992 万元，如承诺净利润数低于评估机构确定的净利润数，则李建国最终承诺的净利润数应相应提高与评估报告预测的净利润数一致。

3. 补偿方式：

（1）股份回购：如果李建国须向上市公司补偿利润，李建国同意上市公司以 1 元的价格回购其持有的一定数量的上市公司股份，回购股份数量的上限为上市公司本次李建国非公开发行的股份。

（2）现金补偿：李建国所持上市公司股份数不足以补偿盈利专项审核意见所确定净利润差额时，股份数不足以补偿的净利润差额部分，李建国将在补偿义务发生之日起 10 日内以等额现金支付给上市公司。

（二）皇氏御嘉影视原股东李建国完成了 2014 年—2017 年度的业绩承诺

根据皇氏集团 2017 年年度报告，李建国关于皇氏御嘉影视 2014 年度、2015 年度、2016 年度、2017 年度的业绩承诺已经完成。

（三）盛世骄阳原股东徐蕾蕾签署承诺书

盛世骄阳原股东徐蕾蕾女士在 2015 年 3 月 16 日签署承诺书，对于盛世骄阳的业绩及补偿承诺内容为：

盛世骄阳 2015 年度、2016 年度和 2017 年度经审计扣除非经常性损益后归属于母公司即皇氏集团股东的净利润分别不低于 7500 万元、9000 万元和 10800 万元。同时，盛世骄阳 2015 年度、2016 年度和 2017 年度运营收入比例指标（指运营收入占营业收入的比例）分别不低于 45％、55％、65％。

如果出现扣非净利润或运营收入比例指标低于上述承诺内容，则徐蕾蕾作为补偿义务人将按照签署的《盈利预测补偿协议》及补充协议的约定进行补偿。

（四）盛世骄阳原股东徐蕾蕾未能完成 2016 年度运营收入比例和 2017 年度业绩承诺

根据皇氏集团 2017 年年度报告，徐蕾蕾关于盛世骄阳 2015 年度的业绩承诺已经完成。2016 年度达到业绩承诺，运营收入比例实际完成 38.22%，未完成承诺。2017 年度业绩承诺未完成。

（五）盛世骄阳原股东徐蕾蕾因未能完成业绩承诺而承担的补偿责任

1. 徐蕾蕾因未完成 2016 年度运营收入比例而支付现金补偿款 3294.98 万元。

徐蕾蕾承诺盛世骄阳 2016 年度额外考核指标运营收入比例不低于 55%，实际完成为 38.22%。根据徐蕾蕾与皇氏集团签署的业绩承诺补偿协议的相关约定，徐蕾蕾需现金补偿 3294.98 万元，该现金补偿经皇氏集团第四届董事会第二十次会议审议批准后，要求徐蕾蕾于 2017 年 9 月 30 日前将该笔款项支付至指定账户。徐蕾蕾因个人资金周转的原因未能于 2017 年 9 月 30 日前筹集足够的现金对皇氏集团进行补偿，向皇氏集团提交书面承诺于 2017 年 12 月 31 日前支付上述补偿款。

截至 2017 年 12 月 30 日，皇氏集团已收到徐蕾蕾支付的现金补偿款 3294.98 万元，徐蕾蕾 2016 年度业绩补偿义务已经履行完毕。

徐蕾蕾因重组标的未全部完成 2016 年业绩承诺事项，根据盈利预测补偿协议书及其补充协议的相关约定，应于 2017 年 9 月 30 日前对公司做出现金补偿，但未按期支付相关款项。为此，深圳证券交易所于 2018 年 1 月 22 日出具深证上〔2018〕49 号文，给予徐蕾蕾通报批评。

2. 皇氏集团向徐蕾蕾提起民事诉讼并申请对其及配偶名下皇氏集团股份及其他资产进行财产保全。

皇氏集团于 2018 年 3 月 16 日向南宁市中级人民法院就盛世骄阳原控股股东徐蕾蕾未完成业绩承诺事项提出诉讼，并递交了《民事起诉状》，要求徐蕾蕾支付运营收入比例指标补偿款，并保留要求以 1 元总价回购徐蕾蕾所持公司股票等净利润补偿和资产减值补偿的权利（待盛世骄阳相应审核报告出具后再行主张），要求徐蕾蕾之配偶对上述债务向原告承担连带清偿责任，同时申请法院对徐蕾蕾及配偶名下皇氏集团股份及其他资产进行财产保全。

南宁市中级人民法院于 2018 年 3 月 21 日向皇氏集团发出案件受理通知书，已就本案正式立案。

2018 年 4 月 15 日，皇氏集团收到南宁市中级人民法院《财产保全情况告知书》，该院已于 2018 年 4 月 10 日对徐蕾蕾持有的皇氏集团股份 22640630 股在中国证券登记结算有限责任公司深圳分公司办理进行了司法冻结，冻结期限为三年；于 2018 年 4 月 11 日至 12 日，分别对徐蕾蕾及其配偶孔晓名下的位于北京的两处房产进行了查封，查封期限为三年，相关诉讼财产保全工作已经完成。

《皇氏集团股份有限公司 2017 年年度报告》提供的数据显示，在净利润补偿方式方面，徐蕾蕾的股份补偿应为 2240.53 万股；股份不足时需要现金补偿。在运营收入比例指标补偿方面，徐蕾蕾应补偿现金数为 6753.16 万元，该运营收入比例指标的现金补偿经公司董事会审议批准后，徐蕾蕾应在 2018 年 12 月 31 日前将该笔款项支付至公司指定的账户。

（六）皇氏集团拟在上海联合产权交易所公开挂牌转让所持有的盛世骄阳 100％股权

2018 年 5 月 7 日，皇氏集团发布公告称，拟在上海联合产权交易所公开挂牌转让所持有的盛世骄阳 100％股权，挂牌价格参考标的资产评估值确定为人民币 81216.28 万元。出售盛世骄阳股权主要基于产业结构调整考虑。皇氏集团目前的核心业务主要有乳制品产业、电视剧制作和发行、影视剧新媒体版权分销及运营、信息服务，根据企业自身"支柱产业＋轻资产"运营发展战略，拟调整产业结构，退出回报期较长的高投入项目，集中财力发展支柱产业和电视剧制作发行及信息服务业务，大力提升资产运营效率最大化，提升股东投资资产价值最大化。

四、对皇氏集团全资收购御嘉影视和盛世骄阳的简单点评

企业经营以追求利润为目标，是以成败来论英雄的。

就皇氏集团全资收购御嘉影视和盛世骄阳而论，一则以喜一则以忧，前者是成功的，后者则是不尽如人意的——对收购者与被收购者而言，都是这样。

皇氏集团全资收购御嘉影视和盛世骄阳的这段历史，现在还不到闭幕时，原因在于徐蕾蕾因 2017 年度业绩承诺未完成的股份补偿与现金补偿尚未到位，皇氏集团与徐蕾蕾的民事诉讼也还没有开庭审理。所以，现在只能做以下简单的点评：

（一）皇氏集团拓展新主业是进入了一个陌生的红海市场

皇氏集团的前身皇氏乳业只是一个主营乳业的企业，主营业务是液态乳和液态乳制品的生产、加工、销售以及与此产业关联的奶牛养殖和牧草种植业务。因为通过全资收购御嘉影视、盛世骄阳等企业的多种资产重组手段来切入文化产业，全新进入原本完全陌生的影视、网络幼教、互联网金融等产业领域，而这些企业所在的产业领域又不是一个蓝海市场，已经是竞争激烈的红海市场，行业里的龙头企业每每已经呈现出准垄断、独角兽乃至要通吃的架势，面对这种产业状况，皇氏集团能发挥的作为可谓有限，尤其是隔行如隔山，专业上就近乎是无所作为了。以对盛世骄阳的全资并购为例，皇氏集团除了加强对其规范化管理之外，能做的也就是对盛世骄阳董事会进行改选，委派相应董事、监事、财务负责人及风控负责人，主要做好相应战略决策把控及管理风险、财务风险控制，同时，自并购之日起至今，鉴于皇氏集团与盛世骄阳仍处于业绩对赌期内，为保持后者经营业务及管理团队稳定性，在经营层面，仍只能沿用其原有的管理团队，具体经营管理工作仍由徐蕾蕾主抓，能发挥的作用是十分有限的。

（二）皇氏集团通过与被收购企业原股东签署承诺书来降低收购风险

从维护包括中小股东在内的全体股东利益出发的角度，皇氏集团全资收购御嘉影视、盛世骄阳等企业时，都要求了御嘉影视、盛世骄阳等企业的原股东签署了具有法律意义的承诺书。以全资收购盛世骄阳为例，皇氏集团在制订相关的收购方案时，考虑到盛世骄阳版权分销业务后续的发展可能存在的风险及局限性，因此，除了设置相应的利润业绩指标外，将运营指标（即非版权分销业务占比）也设定为业绩对赌的一项关键指标，按照2016年、2017年的影视剧版权行业发展情况来看，皇氏集团当初对盛世骄阳设定的运营指标的考核，可谓是颇具前瞻性的。

（三）皇氏集团对盛世骄阳的股权买卖出现了较大亏损

比较皇氏集团全资收购盛世骄阳时的价格与皇氏集团拟转让所持有的盛世骄阳100％股权的挂牌价格，可以看到的是，2015年7月，皇氏集团收购盛世骄阳的总成本为支付收购交易对价7.8亿元。2015年10月，皇氏集团使用8000万元对盛世骄阳进行增资，增资后盛世骄阳注册成本升至8686.66万元，皇氏集团收购盛世骄阳的总成本为8.6亿元。时间过去了两年多，2018年5月，皇氏集团拟转让所持有的盛世骄阳100％股权，挂牌价格参考标的资产评估值确定为人民币81216.28万元。两相直接比较，皇氏集团对盛世骄阳的一买之后，现在再拟一卖了之，资本的投入损失已近5000万元，至于能否如愿以81216.28万元的价格卖出盛世骄阳的100％股权，至今也仍是未知数。

（四）2017年皇氏集团的净利润、加权平均净资产收益率等出现断崖式的下跌

盛世骄阳在2016年度和2017年度未能完成业绩承诺，加之部分下属企业的业绩倒退，对于皇氏集团的净利润、加权平均净资产收益率等企业财务核心指标产生了较大的影响，具体数据可见表2：

表 2 皇氏集团 2015 年、2016 年、2017 年的年度主要会计数据和财务指标

	2017 年	2016 年	本年比上年增减	2015 年
营业收入（元）	2,366,753,868.96	2,446,430,743.22	−3.26%	1,685,137,677.84
归属于上市公司股东的净利润（元）	56,740,002.18	290,602,509.85	−80.48%	184,617,257.56
归属于上市公司股东的扣除非经常性损益的净利润（元）	8,315,964.73	266,717,406.54	−96.88%	174,934,832.31
经营活动产生的现金流量净额（元）	612,025,026.56	245,186,764.66	149.62%	431,556,773.33
基本每股收益（元/股）	0.0677	0.3469	−80.48%	0.2300
稀释每股收益（元/股）	0.0677	0.3469	−80.48%	0.2300
加权平均净资产收益率	2.07%	10.77%	减少 8.7 个百分点	9.77%
	2017 年末	2016 年末	本年末比上年末增减	2015 年末
总资产（元）	5,614,956,627.75	5,202,450,932.08	7.93%	4,453,534,490.77
归属于上市公司股东的净资产（元）	2,750,193,721.53	2,736,463,256.38	0.50%	2,588,319,536.23

数据来源：皇氏集团股份有限公司 2016 年、2017 年年度报告。

从表 2 可以看到，皇氏集团在 2016 年和 2017 年的总资产分别约为 52.02 亿元和 56.15 亿元，年增长幅度达到了 7.93%，企业可谓是在不断做大。

皇氏集团在 2016 年和 2017 年的归属于上市公司股东的净利润分别约为 2.906 亿元和 0.567 亿元，年度降幅为 −80.48%，可见企业在不断做大的同时，盈利能力在快速下降。

皇氏集团在 2016 年和 2017 年的加权平均净资产收益率分别约为 10.77% 和 2.07%，年度减少 8.7 个百分点，同样可见企业在不断做大的同时，净资产的盈利能力也在快速下降。

一言以蔽之，皇氏集团在迈入双主业之后的关键的这两年里，企业是在不断做大，但并没能在做大的同时也做到了做强，在 2017 年的业绩更呈现出了断崖式的下跌。

这样一种不利的状况，也直接体现在皇氏集团的二级市场股价上，在 2015

年至 2018 年 6 月 6 日期间，就前复权价看，2015 年 12 月 17 日出现了最高股价：30.13 元；最低股价出现在 2018 年 5 月 30 日：5.13 元。两相比较，跌幅高达约 82.97%，同样是呈现出了断崖式下跌的态势，走出了典型的大熊股走势。这种走势，直接表现出了二级市场不少投资人对皇氏集团多元化策略与净利润大幅下滑态势的失望，用脚投票一走了之。

（五）盛世骄阳及其原股东徐蕾蕾的前途面临着诸多的不确定性

就盛世骄阳及其原股东徐蕾蕾而言，这场被皇氏集团并购的大戏就近乎是一出悲剧的大戏了。通过被皇氏集团的全资收购而达到上市目标的盛世骄阳，本欲借着皇氏集团的更多资本进来达到做强做大企业的目标，却在 2017 年直接受到国家行业政策的影响，因为各省、市对地面数字电视传输覆盖网进行了专项整治，关停全部轮播商业频道，致使盛世骄阳原有近二十个省区的 NVOD 轮播频道业务被迫停止，节目版权运营在广告方面的收入出现大幅缩减，对其 2017 年的经营业绩产生较大负面影响。同时，由于新媒体版权市场发生较大变化，盛世骄阳版权运营成本高企，节目发行和运营业务盈利降低，各主流视频平台整合加剧，中小型的视频网站大量消亡或者被并购，当年新电视剧版权获取的方式从分销到自制或早期投资方向转变，且投资额巨大，致使盛世骄阳业务收入及盈利能力有所下降，从而影响盛世骄阳实现的效益未能达到预期。

盛世骄阳的原股东徐蕾蕾因未能完成 2016 年度运营收入比例和 2017 年度业绩承诺，现在须直接面对个人的持股及其配偶的房产遭查封的局面，正在等待着司法的裁决。盛世骄阳的全部股权则已被皇氏集团挂牌拍卖，是否有接手者、接手者是谁，盛世骄阳的未来企业之路还能走多远，等等，都还是未知数，答案还有待时间老人来揭晓。

欲速则不达，对盛世骄阳如此，对徐蕾蕾也是如此。

五、皇氏集团现有的核心竞争力

皇氏集团自 2015 年迈进了双主业的企业发展之路后，至今仅过去了三年多，其间的得失是明显的，但仅以这样一段时间的得失来论成败，显然是早了一点。

立足当下，关键问题是：皇氏集团还具有企业核心竞争力吗？如果有，皇氏集团的企业核心竞争力体现在哪些方面？

《皇氏集团股份有限公司 2017 年年度报告》给出的答案是：皇氏集团是具有企业核心竞争力的企业，具体体现在以下三方面：

（一）皇氏集团是国内水牛奶之王

皇氏集团是目前国内最大的水牛奶技术研究和产品生产加工企业，拥有多项发明专利，水牛奶系列产品产销量始终保持全国第一，企业品牌在中国西南片区享有盛名。

（二）皇氏集团区位竞争优势明显，核心产品表现突出

皇氏集团在进一步扩大原有核心区域产销规模的同时，加快湖南、贵州等新区域的市场扩张，乳业版图不断扩大，区位竞争优势大幅提升。同时，皇氏集团着力推广具有区域特色的乳制品，水牛奶、酸奶、果奶等核心产品表现突出，酸奶研发技术位于国内同行前列。

（三）皇氏集团通过资源整合，形成了自身相互协同的竞争优势

皇氏集团产业链日趋完善，旗下拥有影视剧制作公司皇氏御嘉影视、版权运营商盛世骄阳、提供电子账单系统和呼叫中心系统整体解决方案的服务商完美在线。与国内多家知名文化企业形成多方面的合作关系，联合了新媒体及传统媒体资源的运营平台，使皇氏集团从内容到渠道的渗透力大大增强，同时积累了银联数据、金融机构、电信运营商、物流企业、航空公司等互联网企业、政府机构等多个行业的重要客户，通过分析挖掘消费大数据，实时了解消费习惯，进而快速改进公司营销决策；利用影视剧的热播、第三方宣传平台与资源开展销售活动，加强与消费者的互动，扩大消费群体及提升消费者对品牌的黏度，不断探索皇氏独有的新消费产业发展之路。

（四）我们对皇氏集团是否具有企业核心竞争力的三点看法

对于以上皇氏集团对于自身具有企业核心竞争力的表述，作为旁观的研究者，我们现在的看法是：

其一，就现在的时点看，因为皇氏集团已拟出售盛世骄阳的全部股权，显然，皇氏集团未来的企业核心竞争力或将不再包括盛世骄阳在内了。

其二，一家企业在年报中用文字来表述企业自身具有核心竞争力，这是一种文字上的自信，是年报的规范性写法。而任何一家企业真正的核心企业竞争力，都应该而且只能体现在这家企业真正能够依序做到：做强，做大，做长久。在这一点上，皇氏集团还需要更多的努力和拿出真正过硬的业绩来证明自身确实是已经形成了企业核心竞争力。直白地说，这种企业核心竞争力，应该体现在企业的净利润上涨之中，体现在二级市场股价的上涨走势之中。

其三，皇氏集团进入双主业的模式，至今仅三年多。未来的三年，对于证明皇氏集团进入双主业的路子是否对路，是否走得稳妥，是关键的三年。对此，我们还得边走边瞧。

六、对皇氏乳业发展到皇氏集团之路的几点思考

每一个成功企业的成功之路都是独特的，同时，回顾这些不同企业的不同成功之路，我们也能发现一些共性，这些共性，可以给包括各级政府在内的社会各方尤其是企业家们带来有益的启示与可借鉴之处。

思考皇氏乳业发展到皇氏集团之路，至少有以下几点启示：

（一）中小创企业首先要渡过生存关

有数据显示，国内中小企业平均寿命只有 3.7 年，其中小微企业还不到 3 年。对于创业企业与中小企业而言，生存是第一位的，顺利渡过初创期是最重要的。皇氏乳业创立于 2001 年，作为创业企业，之所以能成功地度过生存关，就外在环境而言，与其身处乳业这个朝阳产业密切相关；就企业自身的成长而言，亮点在于立足主营业务，有稳定的核心团队，有合理的股权结构，有科研专利与业务专长，善于参与市场竞争，并在竞争的过程中逐渐摸索并形成了企业自身的核心竞争力。

（二）善于借力资本市场来促成企业的跨越式发展

中小创民营企业在度过生存期后，进入了成长期，要取得长足进步，对长期稳定而优质的资本金就会有大规模需求。皇氏乳业把握到了时代的机遇，通过在中小板上市，直接促成了企业自身的跨越式发展，表明了国内多层次资本市场，尤其是其中的中小板和创业板，是优秀民营中小企业可倚仗的资本平台。展望国内资本市场的未来愿景，股票发行注册制迟早会推出来，这将为包括地处广西在内的更多中小企业与创业企业，更顺畅地借力资本市场来谋求更大发展，提供前所未有的历史性机遇。

（三）以民生为本，形成企业的核心竞争力

优秀的中小企业和创业企业要做强做大和做久，资本市场是支持企业跃升的平台，募集到较充足的资本金后，关键点是有限的资本金要用到钢刃上，落实到以民生为本的企业项目中，将形成或是提升企业核心竞争力当作企业经营的重中之重，这才可能让企业实现长久且可持续的发展。皇氏乳业自上市之后到 2014 年的发展之路表明，企业专注于以乳业当主业的发展策略是成功的。

（四）皇氏集团因为选择整体多元化经营战略而面临着巨大的挑战

从皇氏乳业发展到皇氏集团，是因为企业自身发展遇到瓶颈所致，皇氏集团致力于谋求双主业的发展，一是为企业开辟新的利润增长点，二是为了降低依赖原有的单一乳业业务所带来的风险。这些出发点是无可厚非的，也获得了当时的大多数股东所肯定的。只不过，在过去三年多的时间里，皇氏集团走上双主业的发展之路之后，却出现了业绩的大滑坡，这显然跟行业政策的改变、市场环境发生了变化等外部环境有关，更与企业自身的选择与决策有关，因为皇氏集团在选择企业多元化的经营时，选择的是难度更高的整体多元化经营战略，要向与其企业自身原来的乳业产品、技术、市场无关的文化产业扩展，是极具挑战性的跨界并购，而且进入的是影视等红海市场，面临的挑战远大于机遇，双主业彼此之间缺乏协同效应，后期整合难度不小。因此可以看到一个深刻启示是，企业的双主业转型虽说是现代企业的一个可选的方向，但是因为其中的风险巨大，在选择时，如何做到慎选、优选，对于企业的大股东与管理层都是巨大的挑战，是不可稍微轻忽的。

（五）选择双主业的上市企业出现业绩不佳是一种较普遍的现象

皇氏集团选择双主业发展已然是一种事实，业绩出现大滑坡则已然是另一种事实。就国内外的上市企业看，因为选择双主业而业绩出现不佳，并不是一种个别的现象，而是一种较普遍的现象，皇氏集团过去三年多出现双主业伴着业绩大幅下滑的现象，只不过是对此提供了一个新的案例而已。因此带来的一个启示就是，企业尤其是上市企业在考虑转型双主业时，应该慎之又慎，缜密的风险评估与尽可能周详的事先防范，都是不可或缺的。

（六）业绩是判断企业多元化战略是否成功的最主要标准

展望未来，皇氏集团的双主业发展是否有可能更顺畅，是否有可能在步入低谷后再创新的辉煌，答案都还是未知数。我们要进一步跟踪关注皇氏集团的未来发展，始终要把握的一条准绳：业绩是判断企业多元化战略是否成功的最主要标准。对于皇氏集团是这样，对于其他践履企业多元化战略的企业也是这样，概无例外。

广西工业供给侧结构性改革研究

进入 21 世纪以来，广西重工业的发展速度明显高于轻工业的发展速度。2000 年至 2015 年，广西轻工业产值增长了 5843.87 亿元，同期重工业增长了 15735.3 亿元，是轻工业增长的 2.7 倍。2015 年广西轻重工业结构的比重为 27.6∶72.4，而同期广东轻重工业结构的比重为 38.2∶61.8。广西工业供给侧的结构性问题除了轻重工业结构不尽合理之外，广西重工业中的部分行业存在着严重的产能过剩问题，而轻工业仍然以传统的农产品初加工为主，且高端产品所占比重偏低。

一、广西工业供给侧的结构性问题

（一）重工业方面：部分行业产能过剩严重

目前，广西的电解铝、钢铁、水泥、平板玻璃、光伏行业面临着比较严重的产能过剩问题，产业发展面临着严峻的挑战。这些过剩行业具有三大现实特征：

1. 产能过剩行业国有企业占较大比重。

广西黑色金属以及有色金属冶炼及压延加工业国有及国有控股企业产值占全行业产值比重一直都超过工业行业国有及国有控股企业产值占全行业产值的比重（见图 1），特别是黑色金属冶炼及压延加工业，2011 年国有及国有控股企业资产占全行业资产比重甚至超过了 80%，在出现多次严重的产能过剩后，国有及国有控股企业资产占全行业资产比重在 2015 年仍居 50% 左右。

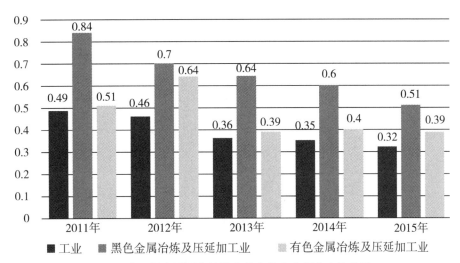

图1　广西国有及国有控股企业产值占全行业产值比重

资料来源：广西统计信息网。

2. 民营企业的效率优势逐渐得以显现。

随着经济市场化进程的不断深入，民营企业的天然效率优势逐渐显现。考察不同所有制企业的资产利润率可以发现，钢铁、电解铝这类行业中国有企业的盈利能力要低于非国有企业，且差距呈逐渐拉大的趋势。由图2可知，2011—2015年，在绝大部分年份，广西黑色金属、有色金属冶炼及压延加工业中非国有企业资产利润率要高于国有及国有控股企业的资产利润率。

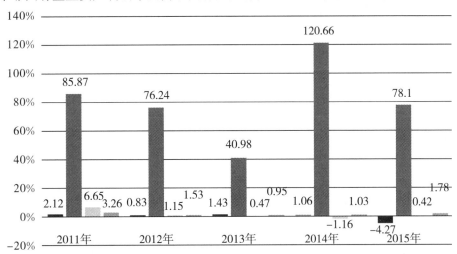

图2　广西黑色、有色金属冶炼及压延加工业不同所有制企业资产利润率对比

资料来源：广西统计信息网。

3. 产能过剩行业的管制政策存在缺陷。

对钢铁、电解铝等出现产能过剩的行业，中央政府制定了严格产能管制政策，对新建产能项目进行直接行政审批，并要求、监督地方政府配合执行。尽管中央政府对新建产能项目直接进行行政审批并对违规项目进行查处，但产能扩张项目是否能落地开工的决定权掌握在地方政府手中，地方政府直接为新建产能项目提供土地并办理环保、工商、税务等相关手续。然而，在对产能过剩行业进行管制的过程中，同为管制实施者的中央政府和地方政府之间存在利益不一致和信息不对称等缺陷，这使得产能过剩行业中出现了大量违规新建产能项目。

（二）轻工业方面：高品质消费品供给不足

1. 仍然以传统的农产品初加工为主，且高端产品所占比重偏低。

广西消费品工业依然以传统产品为主，采用的生产技术和生产手段相对落后，大宗农产品初加工比重大，高技术、高附加值的高端产品所占比重偏低，产业同质化竞争问题突出，缺乏较强竞争力的大企业、大集团。从产业结构上看，直接以农、林、牧、渔业产品为原料进行的谷物磨制、饲料加工、植物油和制糖加工、屠宰及肉类加工、水产品加工以及蔬菜、水果和坚果等农副食品加工，多为粗放式的生产方式，其在广西消费品工业中占较大比例。从出口结构看，2015 年，广西机电产品出口 685.59 亿元，占出口商品的 39.4%。但主要出口产品仍是以低附加值、低科技含量的产品为主，技术密集性强、加工程度深的产品出口较少，参照经合组织（OECD）对制造业的分类标准[①]，2015 年广西高新技术产品出口 230.31 亿元，占出口商品的 13.24%。

2. 家用电器行业发展基础依然薄弱，处于行业价值链的中低端。

"十二五"以来，广西家用电器产业开始逐步复苏，进入了恢复性发展阶段，取得了一定的成就。但总体上看，广西家用电器产业规模和贸易规模仍较小，尚处于恢复性起步发展阶段。在自主创新、研发设计、专利技术等方面同国内家用电器产业强省还有不少差距，缺乏竞争力，例如南宁的多丽电器在广西区内属于家用电器龙头企业，但是只能生产电磁炉、排气扇、抽油烟机等技术含量低下的传统厨卫小家用电器。与国际国内一流家用电器企业相比，广西的关键核心技术并不领先，在自主创新能力方面还存在一定差距。中低端产品多，高技术、高附加值产品少，产品质量和可靠性有待进一步提高，不能满足消费日益升级的市场需求。引进的企业大多是贴牌代工企业，缺乏具有竞争力

---

① 经合组织（OECD）按研发密集度把制造业大致分为四类，即高技术产业、中高技术产业、中低技术产业和低技术产业，其中高技术产业包括航空航天、医疗医药、计算机器械、精密光学仪器制造、收音机、电视及通信设备制造。

的品牌，自主品牌国际影响力较弱。

二、导致供给侧结构性问题的原因

（一）根本原因是广西市场化程度低

广西的市场化程度低主要是表现在生产要素市场发育不完全，而生产要素市场的发展滞后对于产业的优化升级有较大的负面作用，主要表现在以下两个方面：（1）扭曲的价格信号造成错误的资源导向，较低的获取成本造成资源浪费、环境污染，企业效率低下，缺乏创新动力。（2）以国有大银行为主的金融结构与产业结构不匹配问题突出。由于现有的国有银行并非是完全按"市场规则"行事的市场主体，仍然存在的"政策性负担"和"预算软约束"，不可避免资金流向低效率的国有企业以及落后、剩余产能。由于多元化的银行主体、利率市场化机制没有形成，银行间竞争不充分，银行超高的利润率使银行没有动力进行金融创新以争夺市场资源，导致资金更多的流向具有较多担保和稳定收益的传统产业、国有企业、房地产领域，而那些高风险、高收益、低担保的创新性项目往往得不到资金支持。同时，广西中小银行、资本市场、天使投资、风险投资等多元化的科技金融市场的发展滞后，制约了科研型、创新性产业的快速发展。总之，市场机制不完善、政府过度干预经济是造成资源不能向高效率企业、创新型产业集中的根本原因。

（二）部分行业产能过剩的原因分析

广西产能过剩的行业，通常也是受国家政策调控最多的行业。阻碍市场资源配置功能的政府干预，尤其是旨在促进特定产业发展的产业政策，可能是产能过剩出现的重要原因，其作用机制是扭曲了企业的投资和退出决策，使得企业受到不合理的激励。

1. 政府干预对企业投资决策的激励扭曲。

第一，审批机制与寻租行为导致的过度投资。政府规划远不如市场精准，因项目审批机制的存在形成的较高市场进入壁垒，会激励市场上的在位企业实施垄断或合谋行为，从而获得垄断经济利润。审批机制等类似的行政性进入壁垒错误地激励了企业的投资行为，高进入壁垒可能保护了低效率企业。审批权力带来的寻租行为更是对市场竞争机制的一种破坏，也是企业过度投资的诱因，寻租行为的存在使得监管机构对企业进入的审批更加宽松，也会导致企业的过度进入。

第二，政府补贴错误激励了企业的投资决策，也带来了道德风险问题。在政府补贴后的扭曲要素价格下，企业的成本结构和供给曲线也被扭曲，原本无利可图的投资也可能因补贴的存在而出现。政府为了吸引企业到地方投资而竞相对企业进行补贴，地方政府的竞争性引资导致平均的补贴水平升高。企业因此存在套取政府补贴的动机，事实上，有不少企业在新开工厂、拿到补贴后，没有继续进行生产活动，形成大量的过剩产能。

2. 政府干预对企业退出决策的激励扭曲。

第一，政府干预形成的高退出壁垒带来的企业退出障碍，恶化了产能过剩问题。六大产能过剩行业的共同特征是固定资产投资较大、资产专用性较强。企业经营出现问题后，其资产难以被用于其他行业。但在资本市场不完全的背景下，通过证券流通方式退出市场的渠道受阻，而地方政府为了追求经济增长、保证就业和税收，阻碍企业的退出行为，甚至再次进行补贴，从而形成一个"产能过剩—无法退出市场—政府补贴—产能过剩加剧"的恶性循环。

第二，国有企业退出市场受到严格的政府干预，产权交易市场的缺失加剧了产能过剩问题。与私营企业不同，国有企业的退出不仅受到严格的政府管制，也面临着利益群体的博弈。于是，经营困难的国有企业通常会得到政策性补贴，得以继续在市场上留存。产权交易市场的不完善是企业退出市场的另一个障碍，完善的产权交易市场，可以使拟退出企业进行产权交易，从而退出市场或转让给更有效率的经营者。

（三）消费品工业发展滞后的原因分析

1. 广西民营经济发展滞后。

消费品工业属于轻工业，相对于资本密集型和技术密集型的重工业而言，其进入门槛比较低，是民营经济比较活跃的领域。而广西作为欠发达和后发展的西部地区，远离国内、国际市场中心，民营经济发展滞后。2015 年，广西规模以上私营工业企业 2995 家，仅是广东的 18.06%，江苏的 9.79%；主营业务收入 7324.61 亿元，仅是广东的 28.31%，江苏的 12.39%。在全区规模以上私营工业企业中，大型企业 65 家，仅是广东的 28.01%，江苏的 22.97%；中型企业 537 家，仅是广东的 21.73%，江苏的 20.94%。广西民营经济大都是立足于本地资源发展起来的，绝大多数企业分布在劳动密集型产业中，现代服务业和新兴产业较少，企业装备普遍落后，信息化程度较低，多个领域加工制造业还是小而散，技术水平不高，创新能力和经营效率不强。

2. 广西加工贸易发展滞后。

与开放型经济发展水平较高的东部地区相比，广西消费品工业发展滞后是全方位的，除了与广西民营经济发展滞后相关之外，还与加工贸易发展滞后相关。众所周知，消费品工业除了民营经济占很大份额之外，外资企业也占了相当大的比重。而且很多消费品工业中的民营企业、外资企业都是从加工贸易中发展起来的，逐步从加工发展到代工贴牌，再发展到拥有自主技术和品牌。从珠三角、长三角消费品工业的发展历程可以很清楚地看到这一点。由于历史、区位环境和后发展欠发达等因素的影响，广西的对外开放整整比东部地区晚了十年，而且远离国内、国际经济中心，外商直接投资、加工贸易发展滞后。2015 年，广西加工贸易 56.90 亿美元，占出口贸易总值的 20.37%。而同期广东加工贸易占出口贸易总值的比重为 55.8%，江苏加工贸易占出口贸易总值的43.68%，上海加工贸易占出口贸易总值的 42.78%。

三、推进广西工业供给侧结构性改革的思路与重点

广西工业供给侧的结构性问题主要表现为轻重工业结构不合理，重工业比重偏高，部分行业存在着严重的产能过剩问题，轻工业比重偏低，且仍然以传统的农产品初加工为主，高品质消费品供给不足。导致供给侧结构性问题的根本原因是广西市场化程度低，体制弊端再加上行业国有经济的比重高，其作用机制扭曲了企业的投资和退出决策，使得企业受到不合理的激励。而广西消费品工业发展滞后除了与广西民营经济发展滞后相关之外，还与外资企业数量少、规模小、加工贸易发展滞后相关。从广西工业供给侧结构性改革目前所采取的举措来看，大都是"治标"性质的应急措施，因此，要进一步推进改革，必须要在"治本"上下功夫。

（一）推进广西工业供给侧结构性改革的思路

坚持市场化的总体改革方向，加快转变政府职能，深化国有企业改革，完善生产要素市场，减少政府对市场经济的干预，用改革的办法推进结构调整，矫正要素配置扭曲，减少无效和低端供给，扩大有效和中高端供给，增强供给结构对需求变化的适应性和灵活性，提高全要素生产率。围绕国家"一带一路"建设，结合广西工业转型升级的需要，积极利用现有的国家级平台和机制，统筹对外开放和对内开放、统筹出口和进口，大力实施"引进来"战略，以广西北部湾经济区、珠江—西江经济带和桂东承接产业转移示范区为重点，积极承接珠三角地区产业转移，大力发展出口加工业；大力实施"走出去"战略，通过对外直接投资和工程承包带动广西原材料、建材和成套设备的出口，积极开拓"一带一路"沿线市场；大力实施创新驱动战略，着力培育自主知识产权、自主品牌和创新型企业，高水平引进外商直接投资，推动加工贸易转型升级。

（二）推进广西工业供给侧结构性改革的重点

1. 市场化——以转变政府职能为关键点解决产能过剩问题。

市场机制不完善、政府过度干预经济是造成资源不能向高效率企业、创新型产业集中的根本原因，因此，必须要改进现有以 GDP 增长速度为核心的绩效考核体系，弱化地方政府行政干预动机，同时，推进要素市场的市场化改革，只有这样才能为产业优化升级奠定一个良好的制度环境。

地方政府和债权银行干预企业退出得以成功的客观条件是我国要素市场改革滞后，要素资源配置的权力仍有很大部分掌控在政府手中，导致市场配置资源的决定性作用难以发挥。因此，合理划分政府与市场的有效边界，明确地方政府干预方式和范围，能够有效地提高市场调节能力和政府效率。加强对政府非市场化行为的监控，规范其投资管理和招商引资的方式，提高土地供给的透明度，禁止政府以低环保标准、低地价、减免税收等方式扭曲资源和要素价格，以不符合国民待遇的原则招商引资，创造公平的市场竞争环境。

建立有关企业绩效的评估机制，促进产权交易市场的发展，使低效率的企业能够及时退出，使企业的自由进出成为市场机制发挥作用的一个重要前提。规范企业关闭破产或淘汰落后产能的程序，深化企业社保体制的改革，建立落后产能退出的补偿、保障机制。引入动态的竞争机制，在市场准入方面用"注册登记制度"来替代"审批制"，放松市场准入限制，完善各种所有制企业公平的市场竞争环境，禁止给中小企业、民营经济的市场准入设置不合理阻碍。引入动态的市场机制，使在位企业与其他企业在公平的环境下竞争，避免由于进入壁垒保护而导致的低效率生存。

2. 引进来——以承接产业转移为着力点促进加工贸易发展。

广西应立足现有产业基础和发展优势，着力突出特色，以广西北部湾经济区、珠江—西江经济带和桂东承接产业转移示范区等环珠三角地区为加工贸易重点承接地，以珠三角为产业转移重点来源地，加快推进产业项目对接，重点承接和发展科技含量较高的技术密集型、资本密集型加工贸易，积极吸引研发、营销、服务等环节的转移。

坚持发挥区域特色与提升产业优势相统一，着力承接有利于发挥资源优势、促进产业优势提升的加工贸易项目；坚持扩大加工贸易规模与推进转型升级并重，在积极引进劳动密集型、资金密集型项目的同时，着力推动加工贸易向更高技术水平、更高附加值升级。坚持大力推进产业招商，积极承接境外和沿海加工制造业转移，吸引"有技术、有品牌、有市场"的国际知名公司来广西兴办加工贸易企业。坚持注重发挥广西劳动力资源丰富的优势，积极承接劳动密集型产品加工贸易产业转移，加快纺织服装与皮革、电子信息等产业发展。鼓励加工贸易上下游企业集聚，推动加工贸易形成产业集群，带动物流、信息等生产性服务业发展，进一步推动加工贸易企业扎下根。

以加强基础设施、功能配套设施和产业发展环境建设为保障，以工业园区、出口加工区、保税物流园区、加工贸易重点承接地为主要载体，大力引导沿海地区加工贸易向广西转移，全面推进和深化与港澳台地区的产业发展合作，加快形成布局合理、比较优势明显、区域特色鲜明的加工贸易发展格局。

围绕增强本地配套能力，大力发展加工贸易配套产业，培育产业集群，延伸产业链，发挥聚集效应。培育壮大优势产业和特色产业专业市场，中间产品、元器件、零部件、配件等生产资料市场，提高区内采购率，缩小企业采购半径，降低企业采购成本。

3. 走出去——以对外投资合作为突破口带动一般贸易发展。

广西应依托海关特殊监管区及各类工业园区，加快国家和自治区出口加工基地建设，加快发展铝加工、机械与装备制造、农产品加工、生物工程与制药、电子信息、石化产业等重点产业，并做好上下游延伸和横向延伸。进一步巩固和扩大制糖、机械、卷烟、铝材、平板玻璃等产品在东盟国家的市场份额，开发和生产适合东盟市场特点的运输车辆、工程机械、农用机械、小水电产品等机械产品，并注重在东盟国家实施转口贸易。

将一般贸易出口与推动企业"走出去"结合起来，通过对外直接投资和工程承包带动国内原材料、建材和成套设备的出口。积极鼓励优势企业探索采用兼并、收购和重组等方式开展跨国投资和经营，快速拓展境外发展空间，提升国际化竞争能力。鼓励钢铁、汽车、纺织服装、商贸等具备较强国际市场开拓能力的大型企业，在境外设立工业园区或商贸中心市场。支持具有较强境外经营能力的企业参与境外经贸合作区建设和设立海外研发中心、产品设计中心。鼓励有比较优势的生产企业在海外设厂，支持有条件的企业到境外上市，利用好境外资本市场。引导有条件对外投资的企业不断创新业务发展模式，大力发展PPP（公私合营）类的投资业务。

充分发挥广西在桥梁、电力、水利等方面的竞争优势，提高对外工程承包行业的组织化程度，加强工程承包行业的统筹协调，合力开拓国际工程承包市场；组建集工程承包、建筑施工、工程监理、房地产开发、建筑装饰、劳务输出、境内外投资、进出口贸易为一体的大型外经集团，提升企业核心竞争力。鼓励优势企业内联外合，更多地承揽国际大型勘测、设计、施工等工程项目，带动技术、成套设备、原材料出口和劳务合作。规范外派劳务市场秩序，培育具有国际先进管理水平的国际劳务合作经营企业，加强外派劳务基地建设，推动外派劳务由传统低端市场向高端市场转变。

四、进一步推进广西工业供给侧结构性改革的对策与措施

（一）加快转变政府职能

一是简政放权，推动建立服务型政府。根据国家转变政府职能要求，充分发挥各级政府的能动性，敢于创新、敢于改革，围绕经济建设和发展民生，推动政府的工作重心从干预和管控变为监管和服务，从前置许可审批变为后续服务监管。二是强化政府自身管理和考核，建立符合新发展理念的政绩考核体系。转变各级政府短期经济行为，强化政策的连续性。转变政府绩效唯 GDP 论，强化对经济发展效益和发展质量的评价。三是深化国有企业改革。在推进垄断行业改革的基础上，着力解决国有出资人实际缺失问题、委托代理问题，去除国有企业管理人员的行政级别、减少政府部门对国有企业经营活动的干预。国有企业要尽可能退出市场有效率的领域。同时，要提升国有企业经营效率、降低经营成本。

（二）完善生产要素市场

推进人才、土地、资金、技术等生产要素市场的市场化进程，降低行业准入门槛，引入市场竞争机制，把资源配置到最有效率的行业、部门中去。其中，金融市场是现代经济的核心，因此，要把完善金融市场作为突破口：（1）加快资本市场发展。稳步发展金融衍生品市场，鼓励金融产品创新，提高资本市场产业优化升级的针对性、有效性。鼓励各类创新、创业风险投资基金发展，建立科技金融担保机制为风险投资提供有效的银行信贷。（2）大力发展中小银行。与广西产业结构相适应，必须大力发展中小银行，通过采取差别化管理、放宽准入条件等政策措施，扶持小额贷款公司、村镇银行等中小银行的发展。（3）支持互联网金融。互联网金融具有"成本低、效率高、覆盖广、发展快"的特点，更加符合小、微企业对融资的要求。应进一步完善信用体系和相关法律，建立类似银行的风控、合规和清收机制，支持和引导互联网金融健康、规范发展。

（三）实施科技创新战略

支持产业技术升级。积极支持企业建立产学研相结合的创新网络，加强基础技术、高新技术的研发，加快产业技术的发展。大力鼓励逆向创新。重点加强对先进技术和高端制造或研发环节的引进，制定和完善鼓励技术引进尤其是高新技术引进的相关政策。要高度重视对引进技术的二次开发，尤其是在基础产业、装备制造业等重点领域，促进企业提高集合创新能力和自主创新能力。完善科技创新机制。改革政府科研资金管理方式，积极探索企业技术创新"后补助"的财政投入方式，建立"企业出题、先行投入、协同攻关、市场验收、政府补助"的科研项目形成和支持机制。进一步推进科研机构改革转型，健全科技成果入股、收益分配等机制，政府部门要通过搭建成果转化平台、组建产学研联盟等方式，强化服务支持，解决实际问题，促进科技成果转化。建立健全相应的知识产权保护制度体系以解决创新者的后顾之忧。

（四）推动加工贸易升级

发展加工贸易是由广西在全球化生产格局中的比较优势决定，由于广西加工贸易企业大部分存在核心技术自主研发能力不足，产品档次偏低，缺少高附加值、高新技术、高创汇的产品，资源和能源浪费严重等问题，因此，要大力推进加工贸易转型升级，促进加工企业增大核心技术与关键零部件进口，提高在国际市场上的经营开拓能力。具体来讲，可以从以下几个方面着手：第一，加工贸易领域应向高技术、高附加值方向发展，应积极推动加工贸易企业向产业价值链的上游拓展，推动加工贸易企业从代工（OEM）向贴牌（ODM）转化。第二，在加工贸易生产链条上应吸引跨国公司将具有高附加值、技术外溢性强的制造环节转移到广西，并积极鼓励其增加在广西的 R&D 投入；鼓励国有、民营企业发展，政府应在市场环境、研发、品牌和知识产权保护以及人力资源培训方面给予政策上的支持。第三，推动加工贸易企业实施品牌战略，推动加工贸易企业由代工和贴牌向自有品牌（OBM）转化。推动加工贸易创立自有品牌，切实解决加工贸易企业在实施品牌战略过程中的资金、信息等难题。在创立自有品牌的过程中，可首先鼓励加工贸易企业通过内销，在国内市场形成品牌优势，条件成熟时再推向国际市场。

（五）加快一般贸易发展

广西进出口结构仍以低附加值的原材料、劳动密集型产品为主，外贸竞争力相对较弱。因此，应大力支持有机食品、绿色食品的深加工，开展有机农产品认证、质量体系认证培训工作，积极推动有实力、有潜力的生产企业提升产品附加值。支持企业和中介组织建立为出口服务的行业公共技术平台和出口农产品质量可追溯体系。同时，还应坚持以质取胜，从优化产业结构入手调整出口结构，加快提高出口商品质量和附加值，拉长出口产业链，努力扩大高新技术产品、机电产品、成套设备出口。此外还需注意的是，广西在劳动力成本方面的优势并不很强，随着劳动力市场的成熟、完善，广西劳动力成本会上升，优势必然会缩小，经济发展不能一味依靠这种不稳定的比较优势。因此，只有切实提高企业的竞争力，把优势核心业务做大，才能使企业得到长足发展，成为具有国际竞争力的企业集团。推行创新的多元化的贸易方式，在国际贸易中，要充分重视电子商务这一新型贸易方式的运用，利用电子商务来突破传统交易过程中信息、时间、空间阻碍，增加贸易机会，降低贸易成本，提高贸易效率，改变贸易模式，简化贸易流程，增强企业的国际竞争优势。

（六）积极开拓海外市场

目前广西与世界上 180 多个国家和地区有经贸关系，但出口商品的地理方向主要集中在越南、美国、新加坡、日本和香港地区，偏高的出口市场集中度给广西经济发展带来了市场风险，使得广西出口贸易易受越南经济状况和贸易政策的影响，从而对经济发展构成压力。因此，必须实行贸易市场的多元化，可以从两方面着手：一方面，根据不同贸易方式分别制定出口市场多元化路线图，加工贸易应积极巩固和发展美、日、欧市场，一般贸易应巩固和发展东盟市场，多方面地开拓新的市场，包括印度、独联体国家、东欧地区、南美、中东以及非洲等地区的市场。支持企业通过行业商协会开拓境外市场，设立境外销售网络和售后服务中心。支持企业技改、产品研发、国际认证、境外注册等。另一方面，推进贸易投资一体化，通过对外直接投资实现产业的海外转移，实现从出口向生产本地化的转变。建立有效的服务贸易促进政策体系，大力发展服务贸易，扩大现代服务产品的出口；要积极培育具有竞争优势的服务外包企业，着重开拓面向东盟的服务外包业务，重点发展信息技术外包、金融后台服务外包、技术性知识流程外包和技术性业务流程外包，发展各具特色的服务外包示范区，创建服务外包产业基地，建设国际服务外包基地城市。

（七）促进制造业服务化

服务贸易是现代经济中附加值高、最具增长潜力的行业，而且服务贸易领域内的倾销和反倾销等贸易摩擦很少，大力发展服务贸易对于广西转变经济发展方式以及优化贸易结构具有重要意义。首先，要积极发展服务外包，加快推进加工贸易转型升级示范区建设，进一步发挥服务贸易在转变外贸增长方式、调整产业结构、促进广西经济与社会协调发展中的重要作用。其次，大力发展服务贸易。服务贸易是现代经济中最具增长潜力的领域，服务贸易业可以吸收加工贸易业升级过程中的过剩劳动力，减缓就业压力；同时，服务贸易的整体增长还可优化一国的产业结构，提升贸易的国际竞争力。目前，广西服务贸易发展相对滞后，主要集中在运输、旅游、建筑、劳务输出等劳动密集型服务领域，银行、保险、法律、咨询、租赁等技术、资金、知识密集型服务贸易仍有较大发展潜力。所以具体措施包括：发挥政府的主导作用，积极参与区域经济合作和贸易自由化，带动服务贸易发展；支持区内有实力的企业"走出去"，以对外承包工程、劳务合作和设计咨询等服务为重点；加强涉外人才的培养，使人员输出由普通型向专业型、技术型升级。

（八）加大财税金融支持

建议自治区财政设立承接产业转移发展加工贸易引导资金，专项用于扶持承接转移公共服务平台建设，促进加工贸易企业技术创新，组织开展承接产业转移招商引资活动，鼓励落户加工贸易企业扩大进口，奖励承接产业转移工作等。对于引进的产业转移项目，可按实际到位投资额（现汇）的多少，对所在地人民政府进行不同程度的工作经费奖励，奖励资金从自治区承接产业转移发展加工贸易专项资金中列支。鼓励市场化投资中介机构、社会组织引进产业转移项目，根据引进项目的类型和到位资金额，承接地政府可给予适当奖励。对加工贸易企业技术改造项目所购置的国产设备和进口设备，认真落实国家有关享受所得税减免、免征进口环节关税及增值税等政策。开辟承接产业转移发展加工贸易的信贷绿色通道，对符合条件的转移企业适当增加贷款额度、放宽企业贷款抵押担保条件；对产品有市场、有效益的转移企业，利率可按基准利率适当下浮；完善自治区、市两级中小企业信用担保体系，支持担保机构为落户加工贸易企业提供贷款担保。重点加强出口信用保险支持，对落户加工贸易企业优先纳入出口信用保险支持范围，优先满足信用限额。

2018年
广西蓝皮书
广西工业发展报告
热点问题研究

创新扶贫模式，
加快广西糖业市场化转型研究

广西是中国糖业第一大省份，甘蔗种植面积、糖料蔗产量和蔗糖产量均超全国总量的 60%，并且呈现不断上升的发展态势，在全国占有举足轻重的重要地位，为保障国家食糖战略安全、促进蔗农增收脱贫、推动地方经济发展发挥着越来越大的重要作用。但是，近年来受国内外发展形势影响，广西蔗糖产业发展举步维艰，整个行业形势十分严峻。随着 500 万亩"双高"基地的建设，糖业生产专业化、商品化程度的提高，广西糖业对产业链的完成度要求越来越高。一方面，甘蔗种植生产经营存在着基础设施建设投入大、农业风险性强等特殊性和弱质性，甘蔗种植生产服务主体单一，以散户为主导的生产模式已不能实现有效供给。另一方面，甘蔗作为糖业的原料来源成本占比非常高。同时，糖价受国际国内市场的冲击波动较大，固定的种植成本和剧烈波动的糖价阻碍了广西糖业的持续健康发展，如何实现糖业种植、生产、加工、销售一体化是广西糖业持续健康发展的关键问题。广西的蔗糖产业经过几十年的发展，已经到了生死攸关的关键时期。由于国际市场的冲击以及现有蔗区管理体制的限制，蔗糖产业的生存和发展遇到了前所未有的困难，而最大的障碍集中反映在蔗区资源固有化的体制问题和资金不足上。蔗区固有的体制问题与资金不足已严重束缚了广西蔗糖产业生产力发展，只有加快广西糖业市场化转型，实现投资市场化、资源市场化机制，才有可能逐步实现500万亩糖料蔗"双高"基地经营规模化、种植良种化、生产机械化、水利现代化，降低糖料蔗生产成本，不断提高单产、糖分和生产效益，进一步提高广西糖业国际竞争力，促进广西糖业可持续发展。

笔者经过大半年对广西蔗糖产业发展状况与出现的一些问题进行深入调研，尤其对主糖区的南宁市、来宾市、崇左市16个县（市区）经过实地调研、电话访谈、召开座谈会、发放调查表等形式，获得了难能可贵的第一手资料，再经笔者反复思考、讨论修改，完成本调研报告。本报告最大的创新亮点是提出了加快建立糖企、蔗农、政府、金融利益共同体机制，侧重于探索研究以糖企为主体，建立健全投资市场化、资源市场化机制，实现广西糖料蔗规模化、集约化、产业化发展新路子。加快广西糖业市场化转型，是创新扶贫模式、解放蔗糖产业应有的生产力，挑战国际市场竞争，实现农民增收、企业增效、社会稳定多赢局面的必由之路。以及创新提出改革财政投入机制，优化财政投入方向，通过广西与澳大利亚的差距比较，获得有益启示，从而促进广西500万亩糖料蔗"双高"基地建设高速、健康地发展等许多对策建议，谨为自治区党委、政府工作提供有价值的决策参考。

一、广西糖业发展建设状况

广西以其得天独厚的地理区位优势和良好适宜的气候条件，成为全球最适合甘蔗生长的地区之一和中国最大的甘蔗生产基地和蔗糖生产中心。广西糖料蔗种植主产区主要集中在崇左、来宾、南宁、柳州、百色、河池6个市，共有56个县（区）种植甘蔗，整个蔗糖产业产值达1000亿元，涉及人口近1500多万人。目前，广西共有104家糖厂，主要产品有白砂糖、赤砂糖、蔗渣浆、机制纸、酒精、复合肥等。2016年，全区甘蔗播种面积1300万亩，连续三年呈下降趋势。虽然2016/2017榨季糖料蔗收购价格有所提高（约480元/吨），但未能有效调动蔗农积极性，未来甘蔗种植面积仍呈下降势头。糖料蔗品种主要有新台糖22号等新台糖系列、桂糖29号等桂糖系列及粤糖60号等品种。全区甘蔗种植综合机械化水平约30%，其中甘蔗机收率最低，不到10%。

全区糖厂总日榨能力66万吨，占全国总产糖量的60.28%。甘蔗是广西种植面积最大的经济作物，近年来广西甘蔗种植面积维持在100万公顷左右，约占广西耕地面积总量的20%。从1992年开始，广西食糖产量已经连续21年居全国首位，产糖量也基本稳定在全国总产量的60%左右。2007/2008年榨季，广西产糖量941万吨，为历史最高。近年来，产糖量维持在800万吨左右。同时，糖业综合利用水平不断提高。制糖加工的副产品蔗渣、糖蜜、滤泥等得到充分利用，形成了若干条具有广西特色的糖业循环经济产业链，综合产值占制糖产值之比超过 40%，处于全国领先水平，初步建成糖业循环经济示范省区。节能减排指标优于国家制糖业二级以上清洁生产水平，居全国同行领先水平，为广西经济社会发展腾出了宝贵的环境空间。糖业作为广西经济的优势产业，还推动了食品、运输、生产资料供应及贸易等产业的发展。糖业为增加国家税收、地方财政收入、农民收入，促进广西经济持续发展做出了重要贡献。事实证明，蔗糖产业已经成为广西农业经济的支柱，对整个广西农业经济乃至工业经济都有着举足轻重的作用，同时对保证我国食糖的供应和食糖市场的稳定有着积极的意义。

2016 年，广西"双高"糖料蔗基地建设进展顺利，新增 100 万亩"双高"糖料蔗基地建设，大多数已建成的"双高"糖料蔗基地平均亩产超过 7 吨，糖分达到 14%。2016/2017 年榨季，广西入榨甘蔗量 4700 万吨左右，产糖量 570 万吨左右，同比分别增长 6% 和 12%。糖价从年初的 5200 元/吨回升到当前的 7100 元/吨左右；种植面积由上榨季的 1071 万亩增加到本榨季的 1121 万亩；甘蔗收购价格从上榨季的 440 元/吨上升到本榨季的 480 元/吨；全区农民种蔗收入 230 亿元，比上榨季增加约 30 亿元。

但截至 2017 年 5 月 5 日，糖价又降到 6500 元/吨。糖价有所回升是因为国家对进口食糖的严厉限制和对走私糖的打击所带来的利好结果，但国家不可能一直用这种手段保护国内糖业，一旦放开国际市场后果不可想象，如真的打破贸易壁垒，限制进口食糖就很困难，很多省份就会打破封锁开始合法地进口食糖，因为进口食糖价格便宜质量又好，这对于广西糖业今后的发展是一个严峻的挑战。

表 1 广西糖料蔗种植生产变化情况

年份	糖料蔗面积（万亩）	糖料蔗总产（万吨）	亩产（吨）
1995	660.79	2461.07	3.72
2000	732.84	2798.49	3.82
2001	829.02	3490.98	4.21
2002	969.23	4404.63	4.54
2003	1026.64	4672.65	4.55
2004	1050.97	4817.04	4.58
2005	1085.76	4958.93	4.57
2006	1220.99	5709.43	4.68

续表

年份	糖料蔗面积（万亩）	糖料蔗总产（万吨）	亩产（吨）
2007	1478.55	8223.24	5.56
2008	1600.35	8008.43	5.00
2009	1555.78	6398.13	4.11
2010	1566.58	6880.04	4.39
2011	1598.54	7009.47	4.38
2012	1651.37	7478.13	4.53
2013	1646.13	7809.82	4.74
2014	1500（预计）		
2015			
2016	1121	4700	7

数据来源：糖料蔗面积为广西统计年鉴数据，糖料蔗总产为广西统计局数据。

表2　广西糖业近10个榨季产值、税利、种蔗收入情况表

单位：亿元

序号	榨季	销售收入	利税	税收	种蔗收入
1	2004/2005	157.67	35.82	14.02	86.21
2	2005/2006	230	63.16	19.96	128.81
3	2006/2007	262	61.94	19.94	164.2
4	2007/2008	278	39.91	20.5	211.3
5	2008/2009	270	30.34	17.86	168.46
6	2009/2010	337.9	89.15	29.64	199.51
7	2010/2011	444.15	117.51	35.24	276.53
8	2011/2012	434.03	48.51	29.26	290.22
9	2012/2013	395.15	7.68	22.93	322.60
10	2013/2014	378.63	—12.58	19.11	314.82
合计		3187.53	481.44	228.46	2162.66

数据来源：《广西糖业年报》。

二、广西糖料蔗"双高"基地建设效益评价和资金需求分析

(一) 效益评价

表 3　甘蔗种植方式效益对比评价表

单位: 元/亩

成本种类	过去传统种植	"双高"基地种植	说　明
耕作	150	100	传统种植为自家劳动力,按现行劳动力价格计算成本
蔗种	100	400	自留蔗种每亩投入约为 300 元,宿根 3 年;良种初种为 1200 元/亩,宿根 3 年
种植	100	80	传统种植为自家劳动力,按现行劳动力价格计算成本
地膜	40	40	
肥料	400	200	测土配方＋水肥一体化将大大节约化肥和农药用量
农药	50	30	测土配方＋水肥一体化将大大节约化肥和农药用量
中耕培土	25	25	
收割	750	560	人工收割装车约为 150 元/吨,按 5 吨/亩计算,机械收割成本约为 70 元/吨,按 8 吨/亩计算
灌溉	0	90	每年用水 10 次,每年每亩用水量 150 吨,按水费 0.6 元计
土地租金	800	800	传统种植为自有土地,按土地资本收益计算成本
成本总额	2415	2325	
产量	5 吨	8 吨	按良种＋水利每亩增产 3 吨计算
产值	2200	3520	按 2013/2014 榨季每吨 440 元计算
每亩利润	−215	1195	

　　注: 目前,从实际情况看,传统的种植模式每亩年收益大约在 1000 元,收益的来源基本为家庭成员的劳动力和土地的资本产生的收益,假设传统糖料蔗种植个体不再从事糖料蔗种植,将土地以 800 元每亩每年流转给种植大户,节约出来的劳动力再从事其他工作获得工资性收入,收益将比甘蔗种植更高。所以在计算传统农户种植成本中要将农户的劳动力成本和土地资本收益成本一起计算。

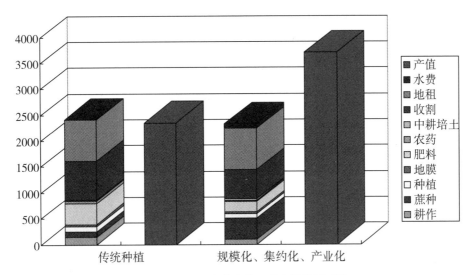

图1 两种种植方式产值、成本结构图对比

从以上传统种植与"双高"基地种植的比较来看，传统种植每亩成本约为2415元，产值仅为2200元，处于亏损状态。而规模化种植每亩成本约为2325元，产值为每亩3520元，每亩利润可达到1195元。"双高"基地种植每吨原料蔗的成本约为290元，已接近国外产糖大国的生产成本（国外产糖大国生产成本约为200元），目前，中国配额内原糖进口关税为15%，配额外原糖进口关税为50%，加上国际运费，"双高"基地的建设将使广西糖业在国内市场重新夺回竞争优势。

小结：在当前劳动力和农业生产资料成本持续快速上升的常态下，"双高"基地建设是改善糖料蔗生产条件，提高生产水平，降低进厂原料蔗成本的战略选择，是提高广西糖业市场竞争力的主要途径。

（二）资金需求及来源分析

"双高"基地建设需要大量的资金投入，500万亩"双高"基地的如期建成，关键是要解决好资金的需求和来源问题。

笔者根据500万亩"双高"经营规模化、种植良种化、生产机械化、水利现代化"四化"发展要求以及综合广西自然资源条件和经济发展水平，测算出"双高"基地建设所需要的资金额度（见表4）。

表4 "双高"基地建设资金需求情况表

单位：元/亩

项目	金额	说　明
土地整理	1500	土地整理根据不同地形不同价格为 500～2500 元不等，取中间值 1500 元/亩。但"双高"基地大多建设于较为连片且平整的土地上，实际资金需求可能较估算值低
节水灌溉	2200	节水灌溉按滴灌 2200 元/亩计算，甘蔗高效节水灌溉可采用滴灌、喷灌等方式，如果使用喷灌则为 1000 元/亩左右，申请高效节水灌溉水利资金需要使用滴灌技术，故按滴灌造价计算
农机购置	800	农机购置部分费用分解为：机耕拖拉机国产为 30 万元左右、进口为 40 万元左右；甘蔗种植机 20 万元；甘蔗收割机如凯斯 A4000 型为 180 万元每台，每套机械可供 3000 亩蔗区使用 20 年左右，首年需全额投入
良种种植	1200	良种种植初种需投入资金 1200 元（桂糖 42 号），按照《广西 2015 年优质高产高糖糖料蔗基地建设实施方案》要求给予不低于 500 元/亩的一次性补助，其中自治区财政补助 300 元/亩，市县财政补助不低于 200 元/亩。其余 700 元由业主自筹
合　计	5700	

从表4资金需求情况表看，"双高"基地建设平均每亩需要资金 5700 元，2015 年 80 万亩"双高"基地需要资金 45.6 亿元，500 万亩"双高"基地建设预计需总投入资金 285 亿元。

"双高"基地建设资金主要来源于中央资金、自治区财政配套资金、地方财政资金、金融资金、社会资金等方面（见表5）。

表5 "双高"基地建设资金来源情况表

单位：元/亩

资金类型	投入项目	金额	单项占比	说明
中央资金（60.4%）	土地整理	2000	100%	《广西 2015 年优质高产高糖糖料蔗基地建设实施方案》中土地整理专项补贴为 1300～1500 元/亩；国家土地整理专项资金为 2000 元/亩（含基础设施），但需要提前打包项目申请
	节水灌溉	1540	70%	高效节水灌溉工程建设为 2200 元/亩，其中中央资金补贴 70%
	农机购置	234	30%	初期投入为平均每亩 780 元，国家农机购置补贴为 30%
	甘蔗良种	0	——	

续表

资金类型	投入项目	金额	单项占比	说明
自治区财政资金（8.4%）	土地整理	70	—	项目前期工作经费
	节水灌溉	158	7%	节水灌溉地方配套部分自治区财政支出80%
	农机购置	0	—	
	甘蔗良种	300	25%	按照《广西2015年优质高产高糖糖料蔗基地建设实施方案》要求给予不低于500元/亩的一次性补助，其中自治区财政补助300元/亩
地方财政资金（3.8%）	土地整理	0	—	
	节水灌溉	40	2%	节水灌溉地方配套部分地方财政支出20%
	农机购置	0	—	
	甘蔗良种	200	17%	按照《广西2015年优质高产高糖糖料蔗基地建设实施方案》要求给予不低于500元/亩的一次性补助，其中地方财政补助200元/亩
金融资金（6.1%）	土地整理	0	—	
	节水灌溉	0	—	
	农机购置	382	49%	金融部门可提供贷款比例最高不超过农用机械总价款减去财政补贴金额差额的70%
	甘蔗良种	0	—	
社会资金（21.2%）	土地整理	0	—	
	节水灌溉	462	21%	除去补贴部分，剩余为社会资金投入
	农机购置	164	12%	除去补贴和金融贷款部分，剩余为社会资金投入
	甘蔗良种	700	58%	除去补贴部分，剩余为社会资金投入

从表5看，500万亩"双高"基地建设资金来源主要为：政府奖补资金约为227.1亿元，占总投资的72.7%（其中：中央资金188.7亿元，占总投资的60.4%；自治区投入26.4亿元，占总投资的8.4%；市县级政府配套12亿元，占总投资的3.8%）；金融资金19.1亿元，占总投资的6.1%；社会资金66.3亿元，占总投资的21.2%。

小结：广西要完成500万亩"双高"基地的建设任务，一方面必须积极向国家申请支持对广西糖业的扶持资金，自治区和市、县级层面也要出资相应的配套资金；另一方面要拓宽资金来源渠道，创新方法引进金融资金，积极推进糖企为主体和社会资金的投入。

三、广西糖业发展存在的主要问题与难点

（一）糖料蔗机械化种植与广西地貌特征脱节

广西位于全国地势第二台阶中的云贵高原东南边缘，地处两广丘陵西部，南临北部湾海面。整个地势自西北向东南倾斜，山岭连绵、山体庞大、岭谷相间，四周多被山地、高原环绕，呈盆地状，有"广西盆地"之称。"八山一水一分田"是广西地形地貌的最简明表述，也是对广西地形地貌的高度概括。就全国地形地貌看，广西属于东南丘陵的一部分，称为广西丘陵。广西地形地貌的特点是山地多，平地少；四周山岭连绵，中间地势略低，呈现盆地状特点；喀斯特地貌广布，山水秀丽。全区境内各种山地和丘陵面积占总面积的74.8%，平原面积占14.4%，水面面积不大，仅占2.8%，因而就有了"八山一水一分田"之称。这种地形地貌特点，直接影响广西糖业的发展。

虽然广西的气候条件非常适宜甘蔗的种植生长，但是目前所现有的甘蔗收割机并不能完全适宜应用于广西的地理地貌。拥有着典型丘陵地貌的广西不仅地块小而且缺少大片宽阔平坦的土地。自从中国实行了土地承包到户的生产制度以后，广西大多数是以户为生产单位的甘蔗种植农民，户均种植面积为4.5亩，如此条件制约了甘蔗收割机的推广和使用。工作效率方面，人工一人一天仅能砍收0.7~1吨左右，而引进的澳大利亚甘蔗临河收割机在农场收割280吨甘蔗仅仅耗时8个小时，相当于300个广西蔗农一天的工作量。中国早于1970年后开始，就已经着手自主研制甘蔗收割机。然而，40年来广西没有研发出一款突破性的机械。与此同时，国外成熟的甘蔗收割机并不适合用于广西地貌的实际情况，与其甘蔗产区的农艺管理条件、生产机制体制、相关政策补贴、地形地貌条件等多个方面的因素息息相关。

（二）糖料蔗良种化种植与收购标准脱节

2013/2014榨季湛江市不设甘蔗的最低保护收购价，执行的是每15天公布一次基础糖价的新机制，若15天内糖价均价涨跌超过200元，将会以该周期糖价加权平均价为基础糖价进行计算，及时调整甘蔗收购价格。榨季期间将会严格加强落实甘蔗收购价格与糖价联动机制，并杜绝收购甘蔗出现打白条的现象。榨季结束后，还会按白糖实际销售价格对甘蔗结算价实施二次结算。因此随着糖价的不断下跌，湛江下调甘蔗收购价是符合相关文件规定的，这也是由市场来决定价格的一个最直接体现。

广西2013/2014榨季执行的仍然是蔗糖价格挂钩联动、二次结算的管理方式，设定首付保底收购价，不管后期糖价如何变化，至少需要保证按照440元的保护价格来向农民收购甘蔗，与湛江定价完全市场化相比，显然广西的收购政策对农民的保护力度更大。如果广西也像湛江那样实行市场化定价，那么按

照 440 元蔗价与 6000 元蔗价挂钩联动的政策，现在 4500 元的糖价将对应 350 元的甘蔗收购价。而从相关传闻的情况来看，广西方面虽然有意降低甘蔗的首付价，但农民最终得到的收入仍然还会是 440 元，因此这并没有违反相关收购价政策的规定，理论上具备可操作的条件。

党的十八届三中全会的精神很明确，充分发挥市场在资源配置中的决定性作用和顶层设计结合，处理好政府和市场的关系，凡是市场能自主决定的东西，政府要少干预，价格让市场自己说了算。尽快建立市场主导的定价机制，从广西糖业长期发展的角度来看，这无疑也是一种进步，对远期价格肯定是巨大的利好。只是短期的阵痛仍然不可避免。

（三）糖料蔗规模化种植与土地使用权脱节

受土地资源及传统农业生产经营方式的限制，广西主要蔗区生产还是依靠家庭分散经营为主，全区人均种植面积仅 1.9 亩，户均仅约 9 亩，远低于世界食糖主要出口国巴西（户均 600 亩）、泰国（户均 375 亩）、澳大利亚（户均 1200 亩）的经营规模。甘蔗种植分散化经营模式严重削弱广西蔗糖市场竞争力。一是甘蔗种植分散化经营经济效益较差，严重影响蔗农积极性；二是甘蔗种植分散化经营严重制约甘蔗经营规模化、水利现代化、种植良种化、生产机械化，造成甘蔗种植成本很高、单产较低，导致蔗糖成本中原料所占比例过高，严重削弱广西蔗糖市场竞争力。

广西要围绕"甘蔗经营规模化、水利现代化、种植良种化、生产机械化"发展目标，大力培育新型甘蔗种植经营主体。一是自治区、市、县政府要积极承担蔗区公共服务职能，加大蔗区水利、道路、通电等基础设施建设力度，切实减轻制糖企业蔗区基础设施建设负担。二是加快全区农村土地确权登记进度，为推进农村土地经营权流转奠定基础，促进甘蔗种植经营规模化、良种化、机械化。三是大力培育新型甘蔗种植经营主体，积极鼓励工商资本投资甘蔗种植经营，大力发展农村甘蔗种植合作社，提高合作社经营管理水平，实现广大蔗农分钱不分地。

（四）糖料蔗水利化种植与广西气候特征脱节

广西蔗区种植条件差，糖料蔗 80% 集中在桂中旱片、左江旱片、桂西北旱片等干旱贫瘠的坡地，地块分散，水利、道路等基础设施条件差，糖料蔗生产基本上"靠天吃饭"，全区有灌溉条件的蔗地不到 15%。而坡度低于 15° 的蔗地仅占蔗区总面积的 55% 左右，是世界上主要产糖国种植条件最差的蔗糖产区。蔗区水利设施薄弱，抗旱能力差。广西蔗区基础设施建设严重滞后是广西农业建设投入不足的充分表现，突出表现在水利设施严重老化，病险水库问题严重，蓄水和抗旱能力薄弱，水渠年久失修，渗水、漏水严重，蔗区有效灌溉面积小，抗旱能力差，广西甘蔗种植基本"靠天吃饭"。广西独特的喀斯特地质，使得广西成为一个年降雨量多却还年年受旱的地方，且呈现出"涝时一条线，旱时一大片"的独特的景象，即每年雨季广西洪涝灾害呈现出沿江分布的线状格局，而受旱时则以大面积形式呈现，且近几年农作物受旱面积都在 66.67 万公顷左右。如 2010 年春，根据广西气象部门统计，广西共有 77 个县市发生不同程度的气象干旱，农作物受旱面积达 75 多万公顷，因旱导致 200 多万人、110 多万头大牲畜饮水困难。广西蔗区有效灌溉面积仅为约 8.3 万公顷，仅占总种植面积的 8%，而澳大利亚、泰国和巴西的有效灌溉面积分别为 25.67 万公顷、49.5 万公顷和 491.5 万公顷，分别占总种植面积的 55%、45% 和 50%。从实际有效灌溉面积来看，广西的 8.3 万公顷的面积，仅有上述三个国家的 32.33%、17.77% 和 1.69%，差距非常明显。广西有效灌溉面积的不足，使得广西甘蔗经常遭受干旱的考验，而干旱对甘蔗产量、含糖分和纯度等都有着非常明显的影响。广西糖料蔗大多种植在干旱、贫瘠的旱地、坡地，很多甘蔗地坡度在 15 度以上，水利基础设施条件很差，灌溉设施极其薄弱，防旱抗旱能力差。甘蔗灌溉严重依赖自然降雨，大部分是靠天吃饭，年景的好坏对甘蔗的产量有着巨大的影响。2011 年崇左市江州区以第三批中央财政小型农田高效节水灌溉试点县为平台，大规模实施甘蔗高效节水灌溉项目，积极探索丘陵、旱坡地水、肥、药一体化种植，彻底改变过去甘蔗种植的"上靠天、下靠地、中间靠空气"的靠天吃饭状态，取得了巨大的成功。在 2013 年自治区水利厅组织专家对该项目区进行测产验收结果中显示：滴灌处理区每公顷产甘蔗 129.75 吨，比无灌溉设施的处理区每公顷产 79.5 吨高出 50.25 吨，增产比例高达 63.2%。可见，加强水利基础设施建设对广西糖料蔗生产大有可为。

（五）糖料蔗种植的风险特征与农业保险脱节

从 2015/2016 榨季开始，广西启动糖料蔗价格指数保险试点工作，试点面积为 40 万亩。糖料蔗价格指数保险是以白糖的市场销售价格为参照标准，由保险公司对甘蔗种植经营户或糖企由于白糖价格波动造成的损失，给予一定补偿。

2016 年 1 月 7 日，自治区财政厅、发展改革委、农业厅、工信委、物价局、优质高产高糖糖料蔗基地建设工作领导小组办公室和中国保监会广西监管局联合下发了《2015/2016 榨季糖料蔗价格指数保险试点工作方案》。保险试点范围为自治区 2014 年和 2015 年优质高产高糖糖料蔗基地，试点面积 40 万亩，每亩保险费 180 元。其中自治区补贴 80%（其中使用自治区本级价格调节基金 3000 万元），糖厂补贴 10%，投保人自行缴纳 10%。2016 年 3 月 14 日，自治区财政厅、农业厅、物价局下达《关于做好 2015/2016 榨季糖料蔗价格指数保险保费补贴资金结算工作的通知》。通知明确了保费补贴资金结算标准和结算程序，自治区财政厅将会同自治区农业厅、物价局对试点县和自治区农垦局报送的保费补贴申请材料进行审核，核定并下达补贴资金项目。但据调研发现，2016 年糖业保险赔付率只有 10% 左右，价格保险没有起到应有作用。

（六）糖料蔗种植主体与生产加工主体脱节

划分蔗区限制糖料蔗自由流通导致制糖企业缺乏发展动力。一是限制糖料蔗自由流通，基本限定了蔗区内糖料蔗供应上限，也封死了其他糖料蔗来源渠道，导致制糖企业缺乏做强做大发展动力；二是限制糖料蔗商品自由流通没有任何法律依据；三是划分蔗区限制糖料蔗自由流通效果越来越差，政府、企业、蔗农三方都颇有怨言。

（七）制糖产业与市场脱节

现行糖料蔗政府定价机制剥夺制糖企业参与市场竞争机会。目前，广西实行"糖—蔗"价格联动机制，政府对糖料蔗统一规定收购价格。这种政府定价机制虽然可以防止制糖企业压价损害蔗农利益，但也从源头上剥夺了制糖企业参与糖料蔗市场竞争的机会，不但违背市场经济发展客观规律，而且严重影响制糖企业的市场竞争动力。

改革现行糖料蔗政府定价机制，让制糖企业对糖料蔗拥有部分的市场竞争权利。自治区每年根据甘蔗生产经营成本测算，制定出台糖料蔗最低收购价格，确保蔗农适当利润以维护广大蔗农积极性。制糖企业可以根据企业发展需要，以不低于政府定价标准自主定价收购糖料蔗。利用自治区政府糖业发展引导基金，如果糖料蔗定价占当年国内蔗糖平均价格比例高于一定标准，则可以通过糖业发展引导基金适当补贴制糖企业，以确保全区 1/3 糖厂赢利、1/3 糖厂保本，其余 1/3 糖厂亏损。

（八）制糖产业与末端产业链脱节

目前，广西制糖企业主要产品同质竞争大，缺乏高附加值的创新产品。广西制糖企业主要产品除了朗姆酒以外基本都是白砂糖、赤砂糖和酒精、机制纸等低附加值产品，不但主要产品基本相同，同质竞争市场压力巨大，而且缺乏高附加值的创新产品，基本都是作为原料供应"为他人作嫁衣"，没有一个品牌糖果等高附加值产品。

积极鼓励制糖企业推进糖料蔗深加工，延长和完善产业链，创新研发各种高附加值产品。一是自治区每年安排专项资金用于支持蔗糖产业开展产学研合作研究，增强制糖企业自主创新能力，改造淘汰落后生产设备，培育广西本土甘蔗优良品种。目前，广西甘蔗种植主要品种还是 30 年前引进的台糖品种，经过多年反复种植早已退化。全区制糖企业生产设备普遍比较落后，特别是一些民营制糖企业生产设备还是 20 世纪五六十年代的产品。二是引导制糖企业创新研发各种高附加值产品，以满足不同阶层消费者需求，分散市场风险和减轻市场压力，增强制糖企业抵抗市场风险能力，做大做强广西蔗糖产业。

（九）政府、糖企、蔗农利益连接机制不够健全

蔗糖价格联动机制不完善。广西自 1999/2000 榨季开始探索实践蔗糖价格联动机制，十几年来，价格联动政策促进了企业与蔗农利益的有机结合，使两者共担风险，共同受益，促进了全区蔗糖产业稳定快速发展。但是，从目前情况来看，广西在实施"糖—蔗"联动机制是"只对上，不对下"的单一食糖价格挂钩联动机制，不少问题在实施过程中突显出来，主要是执行不到位不尊重客观事实和市场规律，制定甘蔗收购价格时，虽然以蔗糖价格联动的方式出现，但是，因为食糖价格与其相对应的甘蔗收购首付价已经脱离了实际的市场价格，因而导致联动机制失去其应有的效用。具体表现在这几个方面：第一，"风险共担、利益共享"机制失效。当食糖市场波动时，甘蔗收购价的下跌幅度往往远远小于食糖。在 2012/2013 榨季，食糖平均价格由上榨季的 6300 元跌至 5500 元，同比下降 15％，然而，甘蔗价格由上榨季的 500 元跌至 450 元，同比下降仅仅为 5％，由此可见，绝大部分风险落在企业的肩上。第二，甘蔗收购首付价相对的食糖价格脱离现实，远远超过市场食糖价格。例如，2012/2013 年度榨季内甘蔗收购的首付均价约为 474 元，与之相对应的食糖价格为6582 元左右。但是，现实说明，整个 2012/2013 年度榨季国内食糖平均价格仅仅是 5500 元，食糖联动机制价格超现实 1080 元。第三，广西甘蔗种植者和糖厂还未形成真正意义上的产业一体化经营，蔗农与蔗糖企业未形成与现代农业的经营发展相符合的模式。主要表现在经营模式、甘蔗原料的收购销售模式、分配利益的模式等方面。广西从 2002 年开始实施甘蔗收购价与食糖市场价格联动机制，每年由制糖行政主管部门制定甘蔗收购最低价、蔗糖与联动价格挂钩、二次结算价格系数值等，如果食糖平均销售价格高于蔗糖挂钩联动价格，蔗糖二次结算价格和收购最底价的价格之差遵循之前制定的二次结算系数计算后，由蔗糖企业付给甘蔗销售者；如果低于之前公布的蔗糖挂钩联动价格，甘蔗收购最底价将作为甘蔗的最终结算价格。这个方法，一方面让甘蔗种植农户享受到蔗糖市场的收益，解决实际超出的生产成本，保障再生产根本的成本；但是，另一方面，会造成糖厂不能灵活应对市场的供求局势，提高糖厂的生产成本，价格竞争力低下。

四、加快广西糖业市场化转型的对策建议

广西是中国国内第一大蔗糖生产基地，蔗糖业已成为广西经济发展的重要支柱和农民脱贫致富的主要经济来源。在广西，几乎两个人中就有一个人从事

的事情与糖业有关。广西三分之一的土地是甘蔗田,种植甘蔗的农民近 2000万人,且大多数都是在贫困地区,比如崇左市 6 县 1 市就有龙州、大新、天等、宁明为国家级或自治区级贫困县。广西 104 家糖厂有 30 多万产业工人,还有依靠白糖财税收入供养的人员。预计到 2017 年,可产糖量达到 1100 万吨,综合销售收入 1650 亿元以上;到 2020 年,全区力争实现糖料蔗集约化、规模化生产面积 500 万亩以上。

广西蔗糖产业要突破困境,真正能参与国际市场的竞争,必须要解决目前面临的瓶颈问题,而要突破这些瓶颈,关键在于改革过时、落后的蔗区管理体制和投入机制。打破蔗区资源固有化机制,按照"谁投资谁受益"的原则,让有能力、有意愿、有条件的制糖企业和专业生产公司、农民专业合作社、科研院所、种蔗农民采取多种模式合作投资发展甘蔗种植现代化生产,形成利益共同体机制,实现投资市场化、资源市场化,是解放蔗糖产业应有的生产力,挑战国际市场竞争,实现农民增收、企业增效、社会稳定多赢局面的必由之路。

(一)加快建立糖企、蔗农、政府、金融利益共同体机制

广西 500 万亩糖料蔗"双高"基地能否健康地"接地气"发展起来,简政放权、建章立制、市场化转型很重要,必须由企业出资出力并具体实施,政府只要协调即可,金融部门要在资金投入方面给予全力支持,真正把糖企、蔗农、政府、金融等的利益捆绑在一起,一荣俱荣、一损俱损,形成利益共同体机制。具体做法如下:

1. 土地整合。

稳定种蔗面积,提高蔗农种蔗积极性,只有通过实施土地整合创建甘蔗高产高糖糖料蔗生产基地项目的建设,提高甘蔗种、管、收全程机械化作业,使土地经营更具规模化、良种化、机械化和水利化,才能从根本上达到降低蔗农劳动强度,提高劳动生产率,降低生产成本,达到稳定甘蔗种植面积及提高蔗农种蔗积极性的目的。同时还可以帮助蔗农解决劳力不足、人工费贵、甘蔗单产偏低的难题。

为方便机械化作业,实施"小块并大块"后重新规划机耕道路,然后再把耕地重新分配给参与项目的农户,每一农户分到的地块为 1~2 块,每一块地块至少有一面靠近路边,以达到交通方便的目的。地块与地块之间不设田埂,只在地块分界线的一头或两头用水泥柱立分界牌。

2. 项目实施的形式。

采取结合实际,灵活多样的方式进行改革,在人多地少的地方,实施土地整合,经营主体是农民;在人少地多的地方实施土地流转,经营主体是承包者(经济能人或企业)。

3. 土地整合后经营模式有三种选择。

由参加项目建设的农户自行选择。第一种是把土地从"小块并大块"后，把耕地重新划分给农户，由农户自行经营及管理；第二种是土地整合后承包给其他单位或个人经营；第三种是股份制经营，即以农户的土地面积为股份入股，按股份所占比例参与投资和分红，由农户自行选举管理、会计、出纳等人员，负责对土地整合项目进行经营及管理。

4. 形成规模化种植。

土地整合项目推行种、管、收全程机械化作业，甘蔗种植行距要求达 1.1 米/行以上。实行统种、统管、统收的规模化生产、经营和管理。

5. 规范种植合同。

实施土地整合项目的农户，要求必须与糖厂签订为期 6 年以上的甘蔗种植合同，在合同期内，土地整合项目内的耕地要求必须种植甘蔗。

6. 运输道路和灌溉要科学布局。

以土地整合项目为中心，机耕道建设以满足机械耕作、方便车辆交通运输为基准；水利建设主要通过打井或从江河、山塘、水库取水灌溉，并根据地形、地貌、水源、交通、土壤条件等情况综合考虑确定布管、安装灌溉方式（即管灌、喷灌或微灌）。对于土地整合中所实施的水肥一体节水灌溉高产高糖糖料蔗生产基地，要求农户与糖厂签订 15 年的合同，在合同期内确保种植甘蔗。

7. 全面实行"订单"种蔗。

南宁糖业股份有限公司与原料区的 36 个乡镇 18 万农户全部签订甘蔗种植收购"订单"，把传统农业的先产后销转变为现代农业的先销后产，是依法规范购销双方的权利与义务的成功典范。糖企与农户之间，依据"龙头"企业签订"订单"，围绕"订单"调结构，紧紧依靠"订单"把农民与"龙头"企业牢固连接起来，切实解决广大农户种什么蔗种，种多少，怎么种的问题，使双方按照"平等自愿、互惠互利"的原则，长期保持稳定的经济合作伙伴关系，在糖企增效的同时，农民可大幅度增加收入。

8. 增强糖厂竞争力。

随着工业化进程的加快，随着人民生活水平的提高，对于食糖的需求会越来越多。目前广西糖厂数量多，规模偏小，布点分散，生产集中度低，且产品品种少，质量不高，生产设备较落后，难以适应市场及经济发展的需要。所以必须在扩大规模的同时，着重提高产品质量，降低产品成本。为此必须大力发展甘蔗生产，增加优良品种的产量，只有这样才能使糖厂降低成本，适应市场需求，提高企业在国际市场的竞争力。

（二）加快 500 万亩糖料蔗"双高"基地发展建设，确保提供足够的高质量糖料蔗

甘蔗是糖厂最大最重要的原料，是糖厂生存发展的基础，蔗区是糖厂的"第一车间"。不少糖厂原材料一直吃不饱这是众所周知的，中粮屯河崇左糖厂就是较典型的案例。南宁糖业糖料蔗生产加工能力达 500 万吨以上。近几年来，南宁糖业股份有限公司为加快当地群众脱贫致富步伐，确保农民群众稳步增收，一直很注重甘蔗生产发展，每年都投入大量的资金扶持辖区内农民发展甘蔗生产，使蔗区的甘蔗生产得到了稳步发展。甘蔗面积及产量从 2009/2010 年榨季的 94.64 万亩，产量 350 万吨，平均单产 3.73 吨，上升到 2012/2013 年榨季的 100.88 万亩，产量 510 万吨，平均单产 5 吨。目前，由于城市建设步伐的加快，种蔗面积已逐渐萎缩，农村种蔗劳动力匮乏，甘蔗的生产发展遇到了瓶颈。为此实施了 80 万亩土地整合创建甘蔗高产高糖糖料蔗生产基地项目建设，实现甘蔗平均亩产量由目前的 5 吨提高到 8 吨左右，每年增产原料蔗达 150 万吨左右，可以抵消因城市建设需要而下滑的甘蔗种植面积，确保南宁糖业股份有限公司下属各糖厂有充足的糖料蔗供应，实现可持续发展。

（三）充分发挥"甘蔗专业合作社"的应有作用

综观近年投资种植甘蔗的各种经济实体及机构，大部分都是为了获取政府的各种项目补助而种的，当这些项目验收补助后，所种的甘蔗就会被弃之不理或用来改种香蕉等其他农作物，而唯有农民专业合作社才是蔗糖产业得以发展的组织和最有效的模式。因为农民自愿组织起来的合作社为当地农民的经济组织，由大家推选的、有能力的理事长经营管理，大家共同参与、共同分成，并且利用合作社的组织优势克服了千家万户单打独斗的劣势，能有效解决土地整合、规模化种植、统一市场销售、资金筹措、技术咨询、种子采购、肥料购进等诸多的问题。当地的党委政府、村党组织第一书记、新农村建设指导员、美丽广西·清洁乡村工作队队员应当发挥更大的作用，指导和帮助成立"蔗农专业合作社"并加以健全、规范，使"蔗农专业合作社"真正成为彻底解决广西蔗农稳步增收问题的"蔗农之神""市场之手"。

通过资源市场化机制，充分发挥"甘蔗专业合作社"有效联结农民、发展蔗糖产业的作用，最大限度地释放农业生产力，让制糖企业与"甘蔗专业合作社"、专业种植公司、蔗农以契约化的形式确立供需关系，实现甘蔗资源配置市场化，让制糖企业充分发挥资金、技术、信息等优势形成良性发展竞争，以推动现代农业尽早实现。

（四）适度合理调整现有蔗区划分，不能一破了之

打破蔗区划分有利有弊，各自的依据也比较充分。课题组认为，目前放开

蔗区划分势必会造成糖业的混乱，全面打破蔗区划分条件尚未成熟，完全市场化不够现实，但可以开展蔗区调整的试点尝试，建议开展以下几方面工作：

1. 调整蔗区种植面积。

按照优势区域增加种植面积、次优势区域调减种植面积、非优势区域退出甘蔗生产的原则重新整合广西糖料蔗种植区域，有利于下一步的蔗区调整和流转。一是 25 度坡以上的蔗地和原种植林木的缓坡蔗地，全部退蔗还林还草。二是以制糖企业为中心，运输半径超过 40 公里的，要逐步调减甘蔗种植面积。三是经济相对较发达、有条件发展高效种养的，可逐步退出甘蔗生产，使甘蔗生产向具有比较优势的县、乡、村集中。四是土地过于零散且无法整合的要逐步退出甘蔗生产。在调整甘蔗种植面积工作中要本着农民自愿的原则，积极做好替代产业的引导工作。

2. 建立糖企强制退出机制。

针对部分存在白条收购、拖欠蔗款、经营不善、亏损严重、不依法经营等现象的糖厂，自治区政府应出台相应的评估规则，对于被认定为不良糖企的应限期整改，整改内容包括技术革新、管理强化、道德建设等。特别是对于拖欠农民蔗款的，应限期补足，逾期不整改的应通过司法程序强制企业进行合并、重组或出售。企业价值通过司法评估确定。在合并、重组或出售的过程中蔗区流转至新的企业。

3. 开展蔗区调整试点工作。

建议在崇左市开展蔗区调整的试点工作。在崇左市境内选取 1～2 个蔗区矛盾较为突出，实施调整积极性较高的县开展蔗区调整试点。

（1）进行摸底调查。首先对全县（区）所有企业和蔗区进行摸底调查和评估，制定调整计划，多方征求制糖企业、种植大户、农户意见。在确保农户自愿的前提下，组织实施合同式蔗区流转试点工作。

（2）遵循流转原则。一要做到政府管理与市场配置相结合的原则，开展蔗区流转，切不可一下放开，要通过试点以点带面逐步推进。二要在政府的指导下遵循产能不足的向产能过剩的制糖企业流转、距离蔗区远的企业向距离近的企业流转、实力弱的向实力强的企业流转的原则。

（3）建立调整机制。试点市县（区）政府结合自治区 80 万亩"双高"基地建设方案，制定"双高"改造方案，确定改造范围并进行公示。糖企在政府的指导下根据改造范围与改造区内的农户签订改造收购合同，合同期一般为15～20 年，现有蔗区的糖企拥有优先投资权。糖企必须在合同约定的时间内完成糖料蔗"双高"建设的任务，糖企通过投资获得蔗区；甘蔗种植者应配合投资企业开展"双高"改造，并指定原料蔗销售给投资企业。政府充当裁判员的角色制定监督和评估规则以及相关奖惩措施，对糖企投资情况、经营情况、种植者的履约情况进行评估和监督。

（五）建议适当延长糖料蔗生产发展资金项目的建设期限

建议区别划定现代农业项目的实施期限，考虑农业生产季节性强、部分项目需跨年度实施或产生效益等特点，建议将糖料蔗项目的实施期限定为 2 年比较合理，以便于组织项目实施和对项目的实施效果进行考评。

（六）建议放宽对扶持产业数量的限制

由于广西自然条件、气候千差万别，特色优势产业种类多、分布广，而按规定现代农业生产发展资金只能支持 1～2 个产业，数量太少，覆盖区域小，导致产业带动的效益受到限制。因为现代农业生产需要扶持的产业很多，数量限制太死就会对糖料蔗项目投入减少。建议在针对广西这类老少边、石山地区扶持的产业数量上适当放宽，允许支持 2～3 个产业。

（七）恳请中央财政加大对广西糖料蔗生产发展的支持力度

由于历史和战争等多种因素的制约，广西经济社会发展与兄弟省市相比相对滞后，产业结构仍以分散经营的传统农业为主，地方财政收入规模小，财政比较困难，可用财力十分有限，农业投入的强烈需求长期以来均远远不能满足，导致广西农业生产技术比较落后，生产力水平不高，农业增产增效和农民增收困难。一方面，利用财政转移支付的手段，争取国家加大对广西财政转移支付的力度。另一方面，争取将蔗渣、桔水、滤泥列入国家公布的《资源综合利用目录》，通过税收优惠政策鼓励对蔗渣、桔水、滤泥等糖业副产品的综合利用。同时，争取国家对糖业发展的重视，加大储备规模，设立糖业发展专项资金。

因此，恳请中央财政在分配现代农业生产发展资金时，多向老、少、边、山、穷的广西倾斜，以加快广西的现代农业发展，增加农民收入，早日实现农民人均纯收入倍增计划。

（八）加大财政投入力度，优化财政投入方向

明确财政支持重点，加大支持力度，优化投入方向，充分发挥财政资金的使用效益。

1. 支持建立健全蔗糖业科技支撑体系，普及和推广先进实用技术。

增加科研投入，重点支持甘蔗育种和技术创新，支持甘蔗良种繁殖示范推广体系建设，推广新品种和新技术，提高甘蔗生产力水平和生产效率。要进一步加强蔗糖业科技基础条件平台建设。继续支持广西甘蔗分子遗传与品种改良研究重点实验室、广西制糖装备新技术重点实验室、广西生物基质材料工程技术研究中心的建设，集成优势力量，新组建一批与蔗糖业密切相关的重点实验室和工程技术研究中心，建立健全资源共建共享的机制，搭建公益性、基础

性、战略性的蔗糖业科技基础条件平台，为蔗糖业创新人才提供良好的科研条件，进一步提升蔗糖业自主创新基础能力。同时在自治区本级技术研究和开发经费中加大对蔗糖业科研的支持，重点围绕蔗糖业发展需求，针对制约广西蔗糖业发展的科技瓶颈问题和薄弱环节，开展产业重大共性关键技术研究与攻关。

2. 充分发挥蔗糖技改资金作用，支持蔗糖业技术创新，发展蔗糖精深加工、提高综合利用率。

食品加工产业是广西七大千亿元产业之一，今后财政扶持资金应紧紧围绕这一目标对产业实施重点扶持。为了确保资金使用的有效性，必须对企业技术创新给予重点扶持。财政重点支持制糖业的技术创新主要包括以下方面：企业制糖技术（设备、工艺）的创新，综合利用（蔗糖、蜜糖）技术的创新，废物、废液治理技术的创新。引导鼓励蔗糖企业发展循环经济，提高综合利用水平，形成完整的产业链，政府在税收方面给予优惠。同时，制糖业是广西的重点排污行业，要结合技术改造创新引进先进生产工艺、装备，把工作重点放在综合利用、环保治理和节能降耗方面，实现节能减排增效的目标。

3. 加大财政对蔗区水利设施和道路设施建设的支持力度，提高甘蔗产量和生产效率。

目前广西70%的甘蔗种植在旱坡地，甘蔗单产低，全区平均只有70吨/公顷，且不稳定，与发达国家如澳大利亚平均单产100吨/公顷相比，甘蔗单产提升的空间非常大。结合财政部新近开展的小型农田水利建设"民办公助"政策，要加大各级财政的配套投入，利用蔗区现有的水库、河流等水源条件，建设提水、引水工程，开挖疏浚和衬砌渠道，推广管道输水、移动喷灌等技术，进一步提高广西蔗区治旱能力。引导农民从提高甘蔗种植科技水平、品种改良方面下功夫，通过深耕深松盖地膜，改善生产条件，抓好灌溉治旱工程建设。提高甘蔗单产，加强基地建设。目前甘蔗种植面积已达1000万亩，要防止盲目扩大种植面积，保持合理种植面积。

4. 加大蔗农对购买农机具的补贴力度，在蔗区推广机械化耕地等作业。

随着蔗区劳动力成本的上升，甘蔗生产成本（如甘蔗收获、耕地）上升速度非常快，导致生产成本上升。如果采用机械化作业，不但可降低耕地成本，而且深耕深松能提高单产。因此，财政部门应进一步加大广西大型农机具购买补贴的支持力度，在2008年农机补贴2400万元的基础上，考虑广西蔗区的生产需要，进一步扩大补贴规模。

5. 支持加速推广甘蔗种植良种化，配套甘蔗良种技术推广。

甘蔗品种的优劣是影响甘蔗产量和品质的关键因素。一是加快高产高糖优良品种的推广。在甘蔗布局优势区域内，要通过良种补贴、科技培训、高糖高产示范、优质优价等有效措施，加快良种的推广和品种的更新换代，提高良种的覆盖率。二是大力推广以智能化施肥为重点的先进技术。三是加强优良品种引进、培育与试验、示范。做到推广应用一批，贮备一批，试验一批，确保糖业生产对优良品种的需要。

（九）加大财政对广西蔗糖业可持续发展能力建设的支持力度

应根据国际市场糖走势、国内生产成本等，合理确定并定期公布食糖的保护价、目标价和最高价，并综合运用生产、信贷、进出口、库存（储备）和限制糖精生产等政策工具，力保市场糖价围绕目标上下波动。为适应食糖市场变化快的特点，应建立一个决策迅速、运转灵活的宏观调控机制，改变目前报批程序过多、决策时间过长的状况。当市场糖价接近保护价或者最高价时，就自动启用调控机制，对市场进行及时有效的调控，防止糖价出现过大幅度的波动。为了实现上述目标，可采取以下措施：一是扶持建立完善食糖储备制度。近年来，食糖生产出现了较大的周期性波动，产量和价格的巨幅波动，严重阻碍了糖业经济的良性发展。根据战略要求和调控市场的需要建立食糖储备制度很有必要，为了发挥其作用，必须走政府引导和市场相结合的方式。财政资金起引导作用，充分利用已设立的广西华洋储备中心做大储备规模，并真正地发挥效用，根据收储的年限和市场的需求进行轮换和投放。二是有计划地调控原料蔗的种植面积，支持完善广西食糖市场体系。促进食糖批发市场和期货市场共同发展，争取在期货公司、交割仓以及结算中心等方面占有一定份额，发挥广西作为糖料主产区、食糖主产地、贸易集散地的地位作用，共享改革和市场发展的利益成果。

（十）健全监督管理机制，提高财政资金使用效益

1. 强化资金管理。

根据公开、公平、公正和奖优罚劣原则，改进和完善财政资金综合因素法分配，全面推行并严格执行"专人管理、专账核算、专款专用"制度，财政无偿资金县级报账制度和有偿资金委托银行贷款制，健全财政有偿资金发放风险抵押制度，建立正常的呆账核销制度，努力降低财政有偿资金投放风险；实行项目资金公示制度，加强监督检查，逐步加大社会中介机构参与监督检查力度，建立开发资金支出使用"在线监控"制度，确保专项资金安全运行和有效使用。

2. 完善资金的管理制度。

要规范资金管理，推进制度建设和项目管理改革，制定和完善专项资金管理制度和办法；引进推广招投标、项目预算、集中支付、政府采购、报账制、

公告制、专家和中介机构评估等科学管理措施，为开展监督检查工作提供条件。同时，改革资金拨付方式，保证资金足额和按时到位。要改变以往上半年定项目、下半年拨付资金的习惯，做到项目一旦确定，就按计划拨付资金，确保资金使用的时效性。目前县级财政形势十分紧张，地方配套资金常常难以及时落实到位。采用追加方式下达的资金，不是被抵扣就是不能按时拨到用户，而且层层追加下达，流转环节多，资金在途时间长。因此，财政部门应改变以往补助资金以追加方式拨付到县级的做法，对于各项专项资金的下达采用直拨方式。这不仅能够有效解决各项资金流转环节多、流转时间长的问题，而且能够有效避免专项资金被截留、挤占和挪用现象，提高资金使用效率。

3. 建立绩效考评机制。

建立财政支持蔗糖业资金的绩效考评机制，对财政支持蔗糖业发展所产生的经济效益与社会效益、短期效益与长期效益、直接效益与间接效益、整体效益与局部效益进行全面的评价，从定量和定性两个方面全面真实地反映蔗糖业的成果。把蔗糖业和财政增收节支指标作为考核的重要内容。

（十一）普及"小块并大块"模式，促进广西糖料蔗向规模化、集约化、产业化健康发展

因地制宜，创新整治模式，整合土地，推动土地向农业龙头企业、专业大户、家庭农场或农民合作社流转，降低成本，促进广西糖料蔗生产管理向规模化、集约化、产业化健康发展，从而促进农业增效、农民增收、农村繁荣。

1. 实施大户承包经营构建家庭农场模式。

由企业全额投资，项目建设周期短、见效快、典型示范性强。如朔龙农业综合开发公司（个体老板）在政府不给予任何扶持的情况下，在龙州县上降乡里成村实施土地流转，承包 500 亩耕地，建成了水肥一体化甘蔗高效节水灌溉基地。

2. "并户联营"构建农民专业合作社经营模式。

构建农民专业合作社统一经营管理模式，实现农户与农民专业合作社收益共享、风险共担。如龙州县逐卜乡弄岗村那坎屯 72 户农民并成面积达 500 亩的甘蔗地，成立农民专业合作社，由 3 户专业种植大户实施，按照土地比例投入和收益，每年每亩保底 5 吨甘蔗，超过 5 吨则按六四分成，农户六成，专业种植户四成。

3. 实施"公司＋基地＋农户"新型农场模式。

农业开发公司承包农户土地，农户进行土地流转，政府在水源建设等方面给予企业支持和补助，由企业实施甘蔗高效节水灌溉和甘蔗"六化"，应用甘蔗种植现代科技提高单产和土地产出率。

4. 实施土地整治项目模式。

利用国家和自治区实施的土地整治项目进行并地，交由农民经营。如龙州县武德乡板想村在并地后投入 2232.4 万元资金建设水利设施，依托绿施水库进行渠灌，由农民进行规模化、机械化经营，既方便管理，又节约生产成本，促进了农村土地、劳力、财力、物力等生产要素的合理流动和优化配置。

（十二）出台甘蔗良种补贴政策

国家已把"糖"列入与"粮、棉、油"同等重要的战略高度，且粮、棉、油良种补贴已经实现全覆盖，国家应尽快出台甘蔗良种补贴政策，扶持甘蔗生产。建议按进厂原料蔗每吨给蔗农直补 50～80 元。

（十三）提高机械化水平

糖料蔗生产走集约化和机械化道路，关键是逐步建立糖料蔗生产基地，全力抓好"双高"糖料蔗示范基地的建设，探索糖料蔗生产的整地、种植、施肥、培土、除草直至收获、装载全程机械化应用技术模式，并逐步推广，不断提高土地利用率和生产效率，努力降低生产成本。

（十四）建议加大对制糖企业的税收优惠政策

争取国家对制糖企业实行大宗农产品加工税收优惠政策，将糖料蔗进项增值税抵扣率由 13% 提高到 17%。同时，在自治区层面研究出台针对制糖业的税收减免政策，减轻企业税费，一定程度上减少企业成本。

（十五）建议自治区先行出台蔗糖产业优惠政策

争取国家发改委及有关部委，根据李克强总理关于出台支持广西糖业发展政策的指示精神，尽快研究出台种植甘蔗的直补政策和改善甘蔗种植的土地、水利、种子、机械化等方面的扶持政策，推动提高糖蔗生产效率。在国家层面未出台相关政策之前，建议自治区先行研究出台针对促进崇左市、来宾市、南宁市、柳州市等主要蔗糖产区发展的优惠政策和措施。

（十六）严禁速生桉抢占耕地

出台控制速生桉占用耕地种植的有关政策；做好速生桉发展种植规划，设定速生桉种植区域，保护耕地；清理速生桉苗木市场，从源头上制止速生桉种植的漫延和扩大，把规范育苗和销售速生桉树苗的源头工作抓实、抓好；全面清理占用 25 度以下耕地及水源地种植速生桉行为。

（十七）加快糖业立法步伐

加快国家层面上的糖业管理立法步伐，规范育种、种植、生产、运输、经营、储备等行为，建立国家级糖业收储机制，强化主要产糖区的主导地位，把控糖产品市场话语权和定价权。

（十八）设立糖业发展专项资金

在国家层面设立糖业发展专用资金，重点用于食糖收储运营管理与价格调节、糖料蔗基地基础设施建设、良种选育推广、病虫害监测预警防控体系建设、农机研发生产及技术推广、企业技术进步、循环经济与综合利用、甘蔗转化产业培育等方面。建议国家加大对广西糖料蔗基地水利、道路建设和农机推广、土地整治的扶持力度和扶持糖业的资金支持力度，以推进广西糖业健康持续发展，为稳定国家战略物资食糖发展做出应有的贡献。

（十九）命名一批重点制糖企业为广西蔗糖龙头企业，鼓励整合并购亏损糖厂

广西目前有 6 家重点制糖企业，它们分别是广西洋浦南华糖业集团股份有限公司、广西南宁东亚糖业集团、广西东糖投资有限公司、广西农垦糖业集团股份有限公司、广西凤糖生化股份有限公司、南宁糖业股份有限公司，外加 1 家新兴崛起的中粮屯河崇左糖业有限公司。

这些重点制糖企业的共同特点是实力雄厚，市场经营经验丰富，惠农效益显著。如广西洋浦南华糖业集团股份有限公司，通过"公司＋农户"模式发展糖料蔗生产，并以资金投入、技术、农资扶持、补贴、推广良种法等方式帮助农民发展糖料蔗种植。该公司原料区域涉及 100 多万户，约 500 万蔗农，占整个广西 2000 万蔗农的 1/4，食糖产量连续十年居全国首位，多次入选中国民营企业五百强，被自治区党委评为"广西强优工业企业"。近三年来，广西 104 间制糖企业中仅有 11 家能够赢利，大多数都亏损，有的已经濒临破产，而上述重点制糖企业均在赢利之列，可见其市场经营有一套、办法多。命名这些重点制糖企业为广西蔗糖龙头企业，目的是通过企业的"市场之手"按照市场需求，独立或与混合型金融机构联合整合并购濒临破产或经营不善的制糖企业，避免经营不善的制糖企业整天整年地向政府申请补贴和保护价，甚至拖欠农民蔗款引发群体事件，造成社会不稳的现象再次发生。整合并购其实是帮助濒临破产或经营不善的制糖企业脱离困境、重振广西糖业的有效办法，也是当前广西糖业二次革命的最佳途径。企业和地方政府应当感到欣慰而全力支持。调研得知，南宁糖业股份有限公司已经制定扩张整合并购亏损制糖企业的规划，且愿望很强烈。一些金融机构，如北部湾产业投资基金管理有限公司早有投资整合并购亏损制糖企业重整旗鼓的打算。通过市场杠杆，一劳永逸地解决政府往年投入再投入都无法解决的国际糖价一旦回落广西制糖企业就发抖、政府每年必须投入巨资设定保护价和补贴以确保社会稳定的多年难题，况且，整合并购之后，优化组合，产量和销量递增，地方政府财政收入不但不减反而倍增，何乐而不为呢？

基于空间面板数据模型的珠江—西江经济带城镇化质量发展驱动机理研究

2018年
广西蓝皮书
广西工业发展报告
热点问题
研究

一、引言

近年来，为助推珠江—西江经济带的发展，国家部委和地方政府出台了诸多相关配套政策，对把广西打造成为21世纪海上丝绸之路和丝绸之路经济带有机衔接的重要门户具有重要战略意义。珠江—西江经济带是我国首个跨省流域经济带，自2014年8月正式上升为国家战略以来，既发挥其优良的自然禀赋和产业基础，又在开放发展上面临巨大挑战。珠江—西江经济带是连接我国西部欠发达地区与东部发达地区的重要枢纽，也是珠江三角洲地区转型发展的战略腹地，拥有巨大的发展潜力。然而，城乡区域发展不平衡问题突出、公共服务水平差距较大、整体竞争力较弱等问题依旧亟待解决。珠江—西江经济带城镇化建设，有助于扩大内需、推进社会经济健康持续发展、缩小城乡区域发展不平衡状况、促进产业结构转型升级，对广西加快实现"两个建成"目标有着重要的推动作用。

国内关于城镇化的研究多以全国省域、市域为研究单元，彭立、刘邵权等学者运用川滇黔接壤地区各县市的城镇化率作为测度指标，并借助空间计量模型，分析研究区域的城镇化分布态势及对其驱动力进行研究；陈忠暖、高权等学者运用因子分析与空间计量模型相结合，研究中国省际城镇化综合水平分布状况；王建康、谷国锋等学者以中国285个地级市为研究单元，建立城镇化综合评价指标，结合空间计量模型，深刻剖析中国新型城镇化的空间格局演变及影响因素。以上述学者的研究为参考，本文将立足于珠江—西江经济带的11个地级市、63个县域单元，运用空间滞后模型与空间误差模型探究城镇化质量发展驱动机理，进而为研究区域的可持续协调发展提供参考建议。

二、珠江—西江经济带发展现状

（一）珠江—西江经济带发展概述

在2004年，黎鹏等学者在桂粤协同发展研究中提出打造"西江走廊"的观点，以西江流域的区位优势为依托，积极促进广西与广东的区域协同发展。2012年8月，广西壮族自治区人民政府批复实施《广西西江经济带发展总体规划》，力争将西江经济带建设成为一条贯穿我国中西部欠发达地区与东部发达地区的重要国土空间开发轴带。该规划是旨在打造以西江干流为中心轴线的区域发展规划，依次提出了2020年、2030年、2050年的近期、远期与展望期目标。西江经济带包括南宁、柳州、来宾、梧州、贵港、百色、崇左沿江7市，是我国沟通东南亚的运输主干线和面向东盟国家的前沿地带。

与此同时，广西在推进泛珠三角区域合作方面也做出了不懈努力并取得了一定成果，其中也包括划定珠江—西江经济带及粤桂合作特别试验区这两个重点合作区域。2014年7月，国务院正式批复实施《珠江—西江经济带发展规划》。该规划指出，充分发挥经济带连接我国西南、中南的区位优势，积极打造我国西南、中南地区经济与社会快速发展的战略支点；以面向东盟和港澳的区位特点为依托，推进实施经济带的开放开发战略。珠江—西江经济带的空间布局为"一轴、两核、四组团和延伸区"。珠江—西江经济带的核心区域包括广东4市与广西7市，分别为广州、佛山、云浮、肇庆和南宁、崇左、梧州、柳州、来宾、百色、贵港，区域面积为16.5万平方千米。

本文以珠江—西江经济带核心区域的63个县域单元为研究对象，即《珠江—西江经济带发展规划》的规划范围。截至2013年末，本文研究区域常住人口为5228万人，常住人口与户籍人口城镇化率分别为61.5%、37%，城镇居民人均可支配收入与农民纯收入分别为30010元、12050元。可见，珠江—西江经济带户籍人口城镇化率不高，只是刚刚步入城镇化发展的加速阶段。然而，常住人口的城镇化率却达61.5%，与户籍人口城镇化率差别极大。这表明农村人口向城镇流动程度大，侧面反映了贫困地区的劳动力人口流失严重。同时，珠江—西江经济带城镇居民与农民收入的差距也较大，区域内的贫富差距十分明显。

（二）珠江—西江经济带经济发展速度与全国水平的比较分析

自 2014 年珠江—西江经济带上升为国家战略以来，珠江—西江经济带经济平稳增长，为两广地区的经济合作与发展做出突出贡献。为了解珠江—西江经济带在 2014—2015 年间的经济发展情况，本文绘制了珠江—西江经济带地区生产总值与国内生产总值数据对比图（见图 1），数据主要来源于 2015 年的《珠江—西江经济带发展报告》蓝皮书及相关新闻报道。

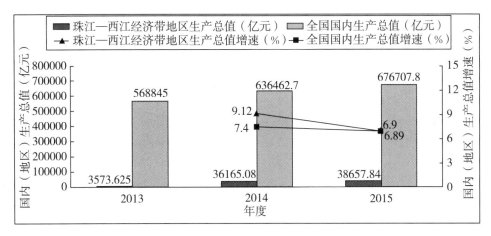

图 1　珠江—西江经济带与全国经济发展对比图

由图 1 可知，2013—2015 年，珠江—西江经济带的地区生产总值占全国经济总量的比重分别为 0.628％、5.682％、5.713％。然而，珠江—西江经济带占全国国土面积比例较小，大约为 1.72％；但珠江—西江经济带的地区生产总值占比在 2014 年呈显著上升趋势。另外，2014 年珠江—西江经济带生产总值增速远大于全国水平，说明珠江—西江经济带上升为国家战略的重大举措在很大程度上推进了珠江—西江经济带整体经济的增长速度；然而，2015 年珠江—西江经济带生产总值增速与全国水平又呈现持平状况，说明珠江—西江经济带经济整体增速没有拉低国家发展水平，而是居全国经济增速的平均水平。

综合而言，自 2014 年 8 月以来，珠江—西江经济带的经济发展增速呈现明显上升趋势，并与全国增速基本持平；地区生产总值占全国比重较低，但呈现较为明显的上升态势。因此，合理利用国家政策给珠江—西江经济带提供的发展机遇，进一步提升珠江—西江经济带的经济发展水平与质量，对提升城镇化质量有积极推进作用。

三、城镇化质量发展驱动机制研究

（一）城镇化质量评价指标体系及综合水平测算

立足于城镇化质量的内涵和特点，本文以系统性、科学性、有效性、数据可获取性与可操作性为原则，将涉及生活水平、产业结构、空间利用效率、基础设施水平、城镇人口比率、资源利用效率等 14 个指标纳入城镇化质量评价体系中，并将其系统地分为经济发展质量、社会发展质量、城镇化发展潜力这三大类别（见表1）。

表1　珠江—西江经济带城镇化质量评价指标体系

系统层	指标类别	一级测量指标	二级测度指标	指标类型
珠江—西江经济带城镇化质量评价系统（A）	经济发展质量（B₁）	C₁：生活水平	X₁：人均 GDP（元）	正向
		C₂：财政收入	X₂：人均地方财政一般预算内收入（元）	正向
		C₃：居民收入水平	X₃：城镇居民人均可支配收入（元）	正向
			X₄：农村居民人均纯收入（元）	正向
		C₄：产业结构	X₅：非农产业 GDP 比重（%）	正向
		C₅：生产空间效率	X₆：人均耕地面积（公顷/万人）	逆向
	社会发展质量（B₂）	C₆：社会公共事业发展	X₇：以每千人拥有病床位数（张）	正向
		C₇：基础设施建设水平	X₈：境内公路密度（千米/平方千米）	正向
		C₈：人口城镇化程度	X₉：户籍城镇人口比重（%）	正向
			X₁₀：户籍人口密度（万人/平方千米）	正向
		C₉：城乡发展协调程度	X₁₁：城镇居民与农村居民收入比（%）	适度
	城镇化发展潜力（B₃）	C₁₀：能源利用效率	X₁₂：单位 GDP 耗电量（千瓦时）	逆向
		C₁₁：资本利用效率	X₁₃：单位固定资产投资实现的 GDP（元）	正向
		C₁₂：经济发展活力	X₁₄：社会消费品零售总额占 GDP 比重（%）	正向

本文以珠江—西江经济带核心范围的 63 个县域单元（包括直辖市）为研究对象，以 2005—2015 年为研究的时间跨度，研究数据主要来源于 2006—2016 年《广西统计年鉴》《广东统计年鉴》、各县市国民经济和社会发展统计公报，对于缺失数据采用插补等方法处理。本文的珠江—西江经济带城镇化质量综合水平是通过改进的主成分分析法测算。

（二）理论模型概述

空间面板数据模型能捕捉到研究单元的个体异质性，因为它考虑到观测单元的个体特定效应，从而弥补遗漏变量偏误。最初的空间计量模型多用于研究截面数据，Anselin（1995）和 Elhorst（2008）将空间滞后模型与空间误差模型推广至面板数据之后，形成了空间面板滞后模型与空间面板误差模型的相关研究理论与实践，为空间计量的发展做出了巨大的贡献。本文主要运用空间面板滞后模型（SLPDM）与空间面板误差模型（SEPDM）研究影响珠江—西江经济带城镇化质量发展的驱动因子，以期为经济带城镇化质量的发展提供有价值的参考意见。

SLPDM 模型的基本形式为：$Y = \lambda W_{NT} Y + X\beta + \varepsilon$ (1)

SEPDM 模型的基本形式为：$\begin{cases} Y = X\beta + \varepsilon \\ \varepsilon = \rho W_{NT}\varepsilon + \gamma \end{cases}$ (2)

式中，Y 表示 $NT \times 1$ 的因变量观测值向量，X 表示 $NT \times k$ 非随机外生自变量观测值矩阵，β 为自变量 X 对因变量 Y 的影响系数矩阵；式子中的 ε、γ 均表示随机误差向量。W_{NT} 是一个 NT 阶方阵，可表示为 $W_{NT} = I_T \times W_N$；其中，I_T 表示维数为 $T \times T$ 的单位阵，W_N 为确定好的 $N \times N$ 的空间权重矩阵且对角线元素均设为 0。空间面板滞后模型中，λ 是空间滞后系数，表示邻近区域的 Y 对本区域 Y 的影响程度及方向，即因变量是否存在空间依赖性；空间面板误差模型中的 ρ 表示空间误差参数，表示周边区域关于 Y 的扰动误差 ε 对原区域 Y 冲击程度。λ 和 ρ 作为两个空间面板模型的系数，反映着经济变量空间关联模式的不同。

上述两种空间面板数据回归模型又可分为随机效应面板回归模型和固定效应面板回归模型，后者又可根据固定的条件分为空间固定、时间固定、时空固定三种形式。对空间面板数据进行分析通常的估计方法是极大似然估计。确定选取何种面板数据回归模型进行分析，可以选取拉格朗日乘数检验 LMsar、LMerr 及其稳健（Robust）的 RLMsar、RLMerr 等统计量加以判断：若 LMsar、RLMsar 不显著而 LMerr、RLMerr 显著，应考虑使用空间面板误差模型；反之，则使用空间面板滞后模型。

（三）驱动因子选择

在城镇化动力机理的研究中，欧向军（2008）认为城镇化发展动力包括四个方面：外向力、行政力、市场力和内源力。综合国内外相关研究可得：外向力是指外资的利用对研究区域城镇化质量带来的推动作用；行政力是指以政府的行政力量为引导，进一步推动区域城镇化发展进程；市场力是指合理的市场资源配置、地域组合等市场行为可进一步推进城镇化质量的发展；内源力是指研究区域的基层社区通过筹集资金等方式发展地方工业，以推动乡村地区城镇化发展进程的力量。

本文以珠江—西江经济带 63 个县域单元为研究对象、以 2005—2015 年为时间跨度。因县域层面的外资数据缺失十分严重，难以获得外向力度量指标。所以，基于数据的可得性、科学性和有效性原则，本文从行政力、市场力和内源力三个角度研究珠江—西江经济带城镇化质量发展的驱动机理。本文选取境内公路密度（highway）、每千人拥有病床位数（sickbed）这两个指标作为推进珠江—西江经济带城镇化质量发展的行政力，分别衡量区域政府部门对基础设施建设、公共服务设施状况的投入力度；选取农业 GDP 占比（agriculture）、社会消费品零售总额占 GDP 比重（consumption）指代影响城镇化质量发展的市场力，分别表示区域产业结构分配状况、消费市场活力；选取城镇居民与农村居民收入比（income-ratio）、单位固定资产投资实现的 GDP（investment）代表推进城镇化质量发展的内源力，分别表示区域城乡协调发展程度、社会固定资产投资效率。

本文以城镇化质量综合水平（Y）为因变量，选取的城镇化质量发展驱动因子如下：

表 2　城镇化质量驱动因子的选择

驱动力类型	指标选取	指标内涵
行政力	highway：境内公路密度（km/km^2）	地区基础设施水平
	sickbed：每千人拥有病床位数（张）	地区公共服务设施状况
市场力	agriculture：农业 GDP 比重（%）	地区产业结构状况
	consumption：社会消费品零售总额占 GDP 比重（%）	地区市场活力
内源力	income-ratio：城镇居民与农村居民收入比（%）	地区城乡居民收入差距状况
	investment：单位固定资产投资实现的 GDP（元）	地区固定资产投资效率

为了更好地消除时间序列异方差对模型结果的影响，以保证原始变量之间的关系不改变，本文对模型变量取自然对数。在针对珠江—西江经济带城镇化质量发展的驱动机理的研究中，本文构建的空间面板数据模型如下：

SLPDM：

$$\ln Y_{it} = C + \lambda W_{NT} Y_{it} + \beta_1 \ln highway_{it} + \beta_2 \ln sickbed_{it} + \beta_3 \ln agriculture_{it} +$$
$$\beta_4 \ln consumption_{it} + \beta_5 \ln income\_ratio_{it} + \beta_6 \ln investment_{it} + \varepsilon_{it}$$

$$(1)$$

SEPDM：

$$\ln Y_{it} = C + \beta_1 \ln highway_{it} + \beta_2 \ln sickbed_{it} + \beta_3 \ln agriculture_{it} +$$
$$\beta_4 \ln consumption_{it} + \beta_5 \ln income\_ratio_{it} + \beta_6 \ln investment_{it} + \varepsilon_{it}$$
$$\varepsilon_{it} = \rho W_{NT} \varepsilon_{it} + \gamma_{it}$$

$$(2)$$

模型中，Y_{it} 表示第 i 个研究区域第 t 年的城镇化质量综合水平，其他被解

释变量的下标 i 表示研究区域编号，t 表示年份编号。其中，C 表示常数项；β_i，$i=1$，2，…，6 依次表示各解释变量对城镇化综合水平的弹性系数，其他参数与上述模型基本形式代表的含义相同。

（四）驱动力分析

首先，本文通过 MATLAB 软件计算拉格朗日乘数检验 LMsar、LMerr 及对应的稳健性统计量，计算结果如下：

表 3　珠江—西江经济带城镇化质量驱动因子研究的模型形式检验

检验形式	样本数	检验统计量	P 值
LMerr	704	1223.3	0.000
LMsar	704	1141.0	0.000
RLMerr	704	88.45	0.000
RLMsar	704	6.1466	0.0132

从检验结果显示看，两个拉格朗日乘数检验 LMsar、LMerr 和空间误差模型稳健的 RLMerr 检验均在 0.01 的水平下显著，而拉格朗日乘数稳健的 RLMsar 检验在 0.01 的水平下并未通过显著性检验；此外，LMerr 的统计量要远大于 LMsar，RLMerr 的统计量也远大于 RLMsar。综合上述，本文针对珠江—西江经济带城镇化质量驱动机理的研究，选择空间误差面板数据模型比空间滞后面板数据模型更为合适。

表 4　珠江—西江经济带城镇化质量综合水平的空间误差面板数据模型结果

变量	普通 SEM 模型	固定效应模型（FE）			随机效应模型（RE）
		空间固定	时间固定	时空固定	
ln highway	0.1216***	0.1185***	0.1402***	0.1181***	0.1382***
ln sickbed	0.1118***	0.0624***	0.1234***	0.0816***	0.0877***
ln agriculture	−0.1995***	−0.1316***	−0.1994***	−0.1225***	−0.2157***
ln consumption	0.0873***	0.0716***	0.0911***	0.0504*	0.0643***
ln income _ ratio	−0.0521***	−0.0264*	−0.0567***	−0.0204	−0.0488***
ln investment	0.0665***	0.01474	0.0898***	0.0051	0.0283
ρ	—	0.9577***	0.5858***	0.4893***	0.9565***
γ	—	—	—	—	0.3919***
R^2	0.1554	0.1966	0.9614	0.9780	0.9791
$Adj\,R^2$	0.1554	0.0418	0.8044	0.1386	0.1718

注：表中*，**，*** 分别表示数据在 0.1、0.05、0.01 的水平下显著。

以表 3 的检验结果为实证前提，本文运用 MATLAB 软件分别计算 SEPDM 模型的时间、空间、时空固定效应模型与随机效应模型。为了达到比较研究的目的，本文也将普通面板数据误差模型的结果一并列出（见表 4）。

综合模型结果中的拟合优度及估计系数的显著性水平，空间误差面板回归模型的估计结果要优于普通面板误差回归模型，尤其是空间误差面板数据的时间固定效应模型和随机效应模型。其中，回归结果最差的是空间固定与时空固定效应模型，虽然这两个模型的 R^2 分别为 0.1966、0.9780，但是调整后的 R^2 仅有 0.0418、0.1386，而且后者有两个解释变量未通过显著性检验。综合而言，虽然普通面板误差模型的解释变量均通过显著性水平为 0.01 的检验，但是其拟合程度太低，仅为 0.1554；空间误差面板数据的随机效应模型拟合程度虽然优于普通误差面板回归模型，但是有一个解释变量未通过显著性检验；只有空间误差面板数据的时间固定效应模型解释力度最高，因为其拟合程度最高且其解释变量均在 0.01 的水平下显著。所以，空间误差面板数据的时间固定效应模型最合适研究珠江—西江经济带城镇化质量的驱动机理。

除此之外，可从模型回归结果（表 4）得出以下结论：

第一，在 4 个空间误差面板数据模型中，空间误差参数 ρ 均显著为正，说明邻近区域城镇化质量综合水平的扰动误差对推动研究对象的城镇化质量发展有正面的影响，即珠江—西江经济带县域单元的城镇化质量综合水平误差项的空间依赖程度很高。广州、佛山、梧州、柳州、南宁等市辖区是珠江—西江经济带零散分布的增长极，在集聚周边县域生产资料的同时，也对周边县域的城镇化质量提升起到积极推动作用。

第二，行政力对珠江—西江经济带城镇化质量发展起到积极推进作用。衡量行政力的指标有境内公路密度（highway）、每千人拥有病床位数（sickbed），它们的估计系数在各个模型估计结果中均显著为正。相比于其他误差模型的回归结果，境内公路密度和每千人拥有病床位数的估计系数在时间固定效应模型中最大，分别为 0.1402、0.1234，这表明这两个指标数据每分别增加 1 个单位，研究单元的城镇化质量综合水平会分别增加 0.1402、0.1234 个单位。广州、佛山、柳州、南宁等市辖区的基础设施水平、公共服务设施状况明显优于珠江—西江经济带上游的百色市辖区，城镇化质量综合水平也明显高于低值区。可见，区域政策为城镇化质量发展营造了良好环境，也为区域基础设施建设、公共服务事业发展筹集了大量资金与资源，对城镇化质量提升起到正面推进作用。

第三，农业 GDP 占比（agriculture）、城镇居民与农村居民收入比（income-ratio）这两个指标变量对城镇化质量发展产生明显的负面作用。模型回归结果显示，农业 GDP 占比、城镇居民与农村居民收入比这两个指标的系数估计值均为通过显著性检验的负值，即这两个解释变量对被解释变量产生负面的影响。同时，珠江—西江经济带城镇化质量增长极的第二、第三产业发展水平较高，而农业 GDP 占比明显较低、城乡居民收入差距也较小；广州、佛山等市辖区城镇化质量综合水平明显高于以农业为主要生产方式的县域单元。可见，在市场力与内源力的影响下，合理的市场结构、均衡的城乡发展状况对城镇化质量提升起正向作用；反之，则会阻碍城镇化质量发展进程。

第四，由时间固定效应回归模型结果可知，社会消费品零售总额占 GDP 比重是衡量市场力的指标之一，其估计系数为 0.0911，对城镇化质量的发展起积极推动作用。但是，同比例增加的农业 GDP 占比、社会消费品零售总额占 GDP 比重，却难以抵消农业 GDP 占比对城镇化质量发展产生的负面影响，因为各模型的回归结果均显示农业 GDP 占比的系数绝对值大于社会消费品零售总额占 GDP 比重的系数。同时，单位固定资产投资实现的 GDP（investment）是衡量内源力的指标之一，在时间固定效应模型回归结果中的系数估计值为 0.0898，说明其对城镇化质量发展产生的正面效应要强于另一内源力指标的负面效应。可见，市场活力的大小、固定资产投资效率的高低是对城镇化质量发展潜力的衡量。得益于人口、科技、文化的集聚效应，珠江—西江经济带城镇化质量综合水平高值区的市场消费活力明显增强，固定资产投资效率也明显高于其他低值区。

四、结论及建议

本文首先简介珠江—西江经济带概况及城镇化质量综合评价指标的选取及测算，接着阐述空间面板数据模型的理论描述、确定城镇化质量发展驱动因子，然后进行模型选择，最终选取空间误差面板数据模型进行驱动力大小的分析。综合而言，在珠江—西江经济带城镇化质量发展驱动因子模型的研究中，代表行政力的地区基础设施水平、公共服务设施状况对城镇化质量的发展均起到积极推动作用；代表市场力的地区产业结构、市场发展活力对城镇化质量综合水平的提升亦起到重要作用，前者的合理性极大地促进区域产业的均衡发展，而后者则在一定程度上促进区域经济的快速发展；代表内源力的城镇居民收入差距状况、固定资产投资效率对城镇化质量发展起到的作用刚好相反，前者的数值越大则越不利于城镇化质量的提升，而后者起到的却是正面推动作用。在各种力量的综合影响下，珠江—西江经济带城镇化质量呈现出高值区与低值区分异明显的现象。

在城镇化建设进程中，需要在充分整合政府资源与民间资源的同时，充分发挥行政力的作用，进一步推进县域单元的基础设施建设，尤其注重贫困地区的农村公路建设；加强农村地区的公共服务设施建设，包括医疗卫生、文体娱乐、社会福利等诸多方面的建设，可在保障人民生活质量的同时提升县域单元的城镇化质量综合水平。同时，充分发挥珠江—西江经济带行政力、市场力与内源力的综合作用，才能将上述措施落到实处，才能切实保障农民权益、增加农民收入，从而为城乡居民营造一个共同分享现代化成果的环境与氛围，达到缩小城乡居民收入差距、促进城乡协调发展的效果。